Verilog HDL数字设计教程

贺敬凯　编著

西安电子科技大学出版社

内 容 简 介

全书共分 8 章。第 1 章和第 2 章为 Verilog HDL 基础知识；第 3 章从一个典型数字电路实例入手，详细介绍了 Verilog HDL 的常用建模方法；第 4 章介绍了一些常用的组合逻辑电路和时序逻辑电路；第 5 章从一个典型时序逻辑电路实例入手，引入同步有限状态机，并进一步探讨了同步状态机的特征；第 6 章则详细介绍了 Verilog HDL 的仿真技术，并对 ModelSim 软件进行了介绍；第 7 章介绍了几则实用的可综合的设计；第 8 章详细介绍了一个基于 Verilog 状态机控制的 10 位指令微处理器的设计流程。

书中的内容全部符合 IEEE 1364-2001 标准。

本书可作为高等院校电子信息工程、通信、自动化、计算机应用技术等专业 Verilog HDL 设计课程与相关实验课的指导教材或参考书，也可作为参与电子设计竞赛、FPGA 开发应用人员的参考书。

★本书配有电子教案，有需要者可从出版社网站下载，免费提供。

图书在版编目(CIP)数据

Verilog HDL 数字设计教程 / 贺敬凯编著. —西安：西安电子科技大学出版社，2010.4(2012.10 重印)

ISBN 978-7-5606-2414-3

Ⅰ. V… Ⅱ. 贺… Ⅲ. 硬件描述语言，Verilog HDL—程序设计—教材 Ⅳ. TP312

中国版本图书馆 CIP 数据核字(2010)第 039069 号

策　　划　云立实
责任编辑　阎　彬　云立实
出版发行　西安电子科技大学出版社(西安市太白南路 2 号)
电　　话　(029)88242885　88201467　邮　　编　710071
网　　址　www.xduph.com　　电子邮箱　xdupfxb001@163.com
经　　销　新华书店
印刷单位　陕西天意印务有限责任公司
版　　次　2010 年 4 月第 1 版　2012 年 10 月第 2 次印刷
开　　本　787 毫米×1092 毫米　1/16　印　张　15.5
字　　数　365 千字
印　　数　3001～6000 册
定　　价　28.00 元
ISBN 978-7-5606-2414-3/TP・1207

XDUP 2706001-2

*** * * 如有印装问题可调换 * * ***

前　言

使用硬件描述语言(HDL)进行数字系统设计是电子设计技术的发展趋势和方向。Verilog HDL 数字设计是电子信息工程技术专业以及相关专业的技术主干课，在高等院校开展此类课程的教学非常有必要，也非常有意义。这主要基于以下两点：

(1) 目前许多电子产品都使用了 CPLD(复杂可编程逻辑器件)，这些逻辑器件可以使用硬件描述语言进行设计。

(2) 一些测试工作需要测试工程师了解和掌握硬件描述语言及其相关开发环境及工具的使用方法，而高等教育的培养目标之一就是使学生能够做一些简单的开发设计工作和测试工作。

作者长期从事硬件描述语言及数字系统设计的教学工作，在对教学讲义进行充实和完善的基础上编写了本书。

全书共分 8 章。第 1 章和第 2 章为 Verilog HDL 基础知识；第 3 章从一个典型数字电路实例入手，对 Verilog HDL 的常用建模方法进行了详细介绍；第 4 章介绍了一些常用的组合逻辑电路和时序逻辑电路的设计；第 5 章从一个典型时序逻辑电路实例入手，引入同步有限状态机，并进一步探讨了同步状态机的特征；第 6 章则详细介绍了 Verilog HDL 的仿真技术，并对 ModelSim 软件进行了介绍；第 7 章介绍了几则实用的可综合的设计(本章所列的所有实验皆在 GW48-PK2 实验系统上验证通过)；第 8 章详细介绍了一个基于 Verilog 状态机控制的 10 位指令微处理器的设计流程，包括 CPU 的系统结构设计、基本组成部件设计、指令系统设计和 CPU 的 RTL 级仿真与实现。书中的内容全部符合 IEEE 1364-2001 标准。

本书有以下特色：

(1) 几乎对所有 Verilog HDL 知识点均配以完整的设计实例予以说明。

(2) 书中含有多个完整的设计项目，尤其是第 7 章和第 8 章，这些项目很多来源于实践，通过它们可以开展项目教学和实践教学。

(3) 本书以可综合的 Verilog HDL 知识点为主线，重点介绍可综合设计中的常用知识点，同时在第 6 章中全面介绍了 Verilog HDL 的语法。

本书主要面向高等院校本、专科 EDA 技术和 Verilog HDL 基础课，可作为电子信息工程、通信、自动化、计算机应用技术等专业 Verilog HDL 设计课程与相关实验指导课的教材或参考书，同时也可作为电子设计竞赛、FPGA 开发应用的自学参考书。

本书由贺敬凯编著。作者的妻子陈庶平参加了部分章节的排版与校对工作，同时在生活和工作中也给予作者悉心照顾，在此表示深深的谢意。还要感谢作者所在院系的各级领导、各位老师和同事，正是由于他们对课程改革与教材编写的热情关心、全力支持与帮助，本书才得以如期问世。

本书在编写过程中引用了许多学者的著作和论文中的研究成果，作者在这里向这些著作和论文的作者表示衷心的感谢。同时，也要感谢西安电子科技大学出版社的云立实编辑，感谢他为本书出版付出的努力！

限于作者水平，书中难免存在错误和不当之处，希望读者批评指正。

作者

2009 年 12 月

目　录

第 1 章　Verilog HDL 数字设计综述

本章首先介绍电子系统设计技术的发展历程，随后详细介绍数字系统的设计流程、Verilog HDL 的特点、Quartus II 软件等内容。

1.1　电子系统设计技术的发展

设计实现是指如何利用设计技术将所需的系统功能从概念转变成现实。设计实现不仅要达到设计指标的最佳化，而且还要有较高的设计速度。

传统的电子系统设计采用的是手工设计方法。手工设计方法一般是根据系统的要求，首先画出系统的硬件流程图，再根据功能将系统划分成不同的模块。设计过程一般从底层开始，先要选择具体的元器件，用所选择的元器件组成各功能模块的逻辑电路，手工画出一张张的电路原理图，再根据原理图制作印刷电路板。每个功能模块都调试通过后，再把各个模块连接起来进行系统的调试。对整个系统的仿真、调试只能在完成硬件设计以后才能进行，因此系统设计中的问题在调试的后期才能发现。如果出现设计中没有考虑到的问题，就要再从底层重新设计，所以设计周期一般较长。设计结果是若干张电路原理图和信号的连接表，如果是一个大的系统，将是一大摞图纸，以后系统若出现问题，查找、修改起来都很麻烦。

上述过程是从底层开始，或在已有的功能模块的基础上来搭建高层次的模块直至整个系统的。因此这种传统的电子系统的设计过程是一种自底向上(Bottom-Up)的设计，设计过程必须从存在的基本单元模块出发，基本单元模块必须是已经设计成熟的标准单元模块或其他项目已开发好的单元模块。

在现代数字系统设计中，现场可编程器件 FPGA 和 CPLD 的使用越来越广泛。与此同时，基于大规模可编程逻辑器件的电子设计自动化(Electronic Design Automation，EDA)硬件解决方案也被广泛采用。这使得电子电路的设计方法发生了根本性的变化，即从手工设计向电子设计自动化的方向发展。

最早的电子设计自动化软件仅仅是一些绘图软件，包括绘制电路原理图、印刷电路板图、集成电路芯片板图的软件，并能进行一些简单的数值计算等，随后又出现了自动布局布线工具，这类软件被称为第一代 EDA 软件。后来又出现了第二代 EDA 软件，可以通过硬件描述语言输入生成设计，它包括逻辑综合、仿真等。近年来又出现了第三代 EDA 软件，称为电子系统设计自动化(ESDA)，可以通过概念输入(框图、公式等)自动生成各种设计结果，包括 ASIC 芯片设计结果、电路原理图、PCB 板图以及软件等，并且可以进行机电一体计。与传统的设计方法不同，现代电子工程师们设计系统的过程首先是描述系统，然后用EDA 工具在计算机上进行系统级仿真，设计适合自己用的 ASIC 芯片，用通用和专用芯片构成系统，进行功能模拟和带时延的仿真，布 PCB 板，对 PCB 板进行仿真，最终生产调试成功。这种电子系统的设计过程是一种自顶向下(Top-Down)的设计。

当前，自顶向下的设计流程比较流行，其理想形式如图 1-1 所示。系统设计者将系统细化为多个抽象级。在系统级，设计者以某种语言(如 C 语言)来描述所需系统，称为系统规范；设计者把这个规范进一步细分，将其各部分分散到几个通用或专用处理器，产生各处理器的行为规范；然后，设计者再把这些行为规范细分为寄存器传输规范(RT 规范)，即对于通用处理器而言，是将行为规范转换为汇编软件代码，而对于单用途处理器而言，则转换为连接寄存器元件与状态机的硬件；下一步，对于软件汇编代码则不需要进一步细化，而对于硬件则需要进一步将寄存器传输规范转变成由布尔公式组成的逻辑规范；最后，设计者将所得规范转换成最终实现，包括通用处理器的机器代码和单用途处理器的逻辑门级网表。

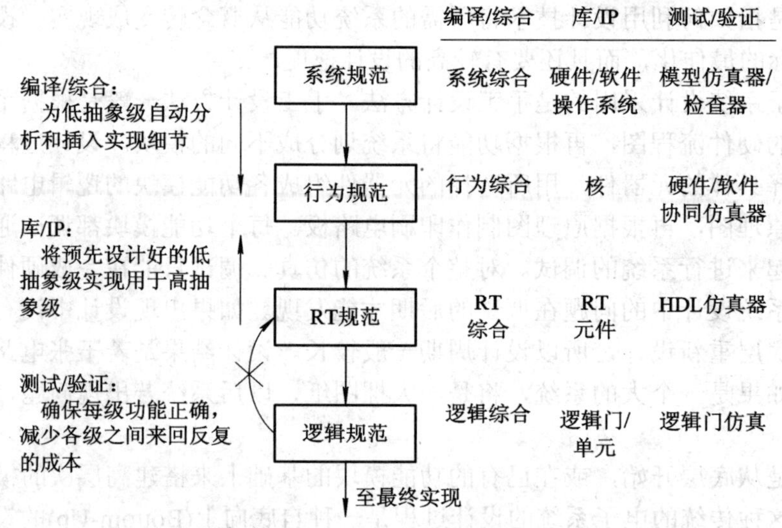

图 1-1　理想的自顶向下设计流程

通过图 1-1 我们可以看出，若想改进设计流程以提高设计效率，可以从编译/综合、库/IP 以及测试/验证三个方面着手。当前 EDA 工具的发展方向也主要着眼于这三个方面。

电子设计自动化(EDA)技术利用计算机完成电子系统设计，是一种节省时间而又高效率的现代设计理念，现在已经逐渐成为电子系统的主要设计手段。尤其是可编程器件和软件仿真模拟方法的使用，给传统的电路设计方法带来了重大的变革，使得设计工程师们从繁杂而零乱的工作中解脱出来，而把重点放在电路的设计上。EDA 技术以计算机为工具，设计者只需要完成对系统功能的描述，就可以由计算机软件完成数字系统的逻辑综合、仿真模拟和布局布线等工作。其中模拟硬件电路在实际工作时的时序关系是相当重要的，因为系统设计上的错误通过仿真模拟波形就可以发现，而不必等到线路板调试时才发现。即使在线路板调试时又发现新错误，在外部连接线已经固定的情况下，只要对内部的软件设计进行改进，就可达到修改设计方案的目的。

当今的硬件设计方法有几大优点：一是设计方法由手工设计变为自动设计，可以大大提高设计效率和设计质量，缩短设计周期；二是在系统设计的各个过程中可分别进行仿真，保证了设计的正确性，使得设计能够一次成功；三是能够根据实际需要来自行设计 ASIC 芯片。

可编程逻辑器件和 EDA 技术给硬件系统设计者提供了强有力的工具。如今，只要拥有一台计算机、一套相应的 EDA 软件和空白的可编程器件芯片，在实验室就可以完成数字系统的设计与生产。可以说，当今的数字系统设计离不开可编程器件和 EDA 设计工具。

1.2　数字系统典型设计流程

完整地了解利用EDA技术进行数字系统设计开发的流程对于正确地选择和使用EDA软件、优化设计项目、提高设计效率十分有益。一个完整的、典型的 EDA 设计流程既是自顶向下设计方法的具体实施途径，也是 EDA 工具软件本身的组成结构。数字系统典型的设计流程如图 1-2 所示。

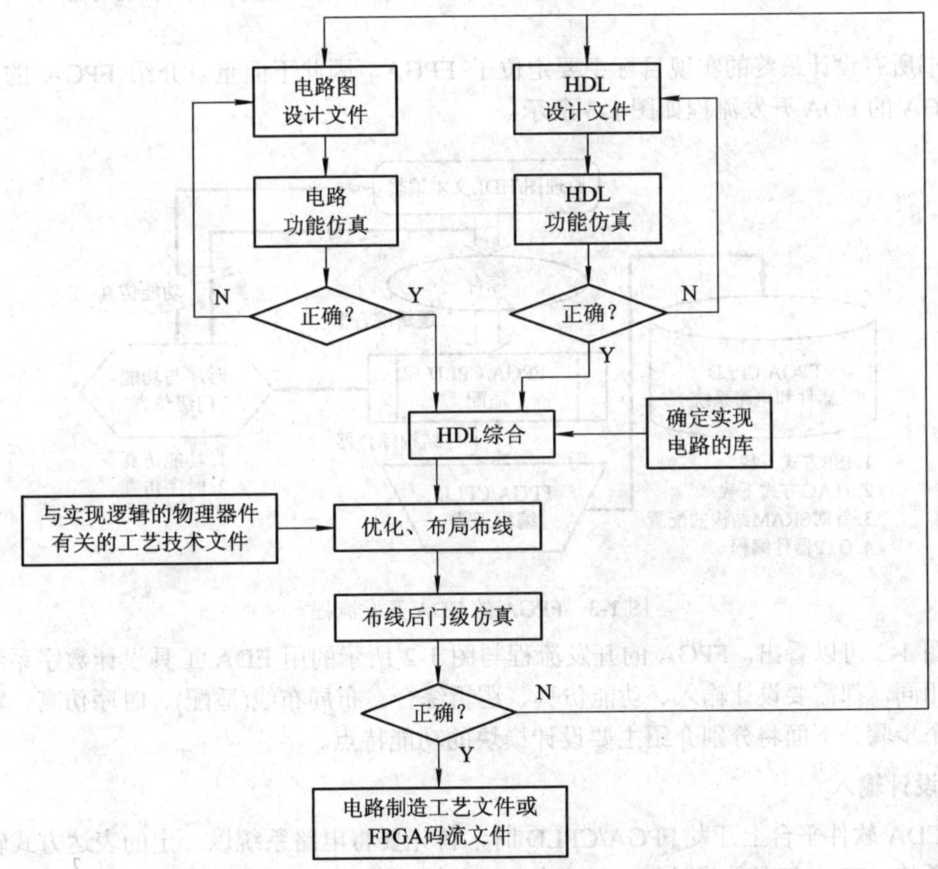

图 1-2　用 EDA 工具设计数字系统的流程

一般来说，利用 EDA 技术进行数字系统设计，最后实现的目标主要有两种：集成芯片

IC 和具有特定功能的 FPGA。FPGA 是英文 Field Programmable Gate Array(现场可编程门阵列)的缩写，它是在 PAL、GAL、PLD 等可编程器件的基础上进一步发展的产物，是专用集成电路(ASIC)中集成度最高的一种。FPGA 采用了逻辑单元阵列(Logic Cell Array，LCA)这样一个新概念，内部包括可配置逻辑模块(Configurable Logic Block，CLB)、输出输入模块(Input Output Block，IOB)和内部连线(Interconnect)三个部分。用户可对 FPGA 内部的逻辑模块和 I/O 模块重新配置，以实现用户的逻辑。它还具有静态可重复编程和动态在系统重构的特性，使得硬件的功能可以像软件一样通过编程来修改。作为专用集成电路(ASIC)领域中的一种半定制电路，FPGA 既解决了定制电路的不足，又克服了原有可编程器件门电路数有限的缺点。FPGA 能完成任何数字器件的功能，上至高性能 CPU，下至简单的 74 电路，都可以用 FPGA 来实现。FPGA 如同一张白纸或是一堆积木，工程师可以通过传统的原理图输入法或是硬件描述语言自行设计一个数字系统。通过软件仿真，我们可以事先验证设计的正确性。在 PCB 完成以后，还可以利用 FPGA 的在线修改能力，随时修改设计而不必改动硬件电路。使用 FPGA 来开发数字电路，可以大大缩短设计时间，减少 PCB 面积，提高系统的可靠性。对同一片 FPGA，不同的编程数据可以产生不同的电路功能。因此，FPGA 的使用非常灵活。可以说，FPGA 芯片是小批量应用中提高系统集成度和系统可靠性的最佳选择之一。

本书所有设计最终的实现目标主要定位于 FPGA，因此下面重点介绍 FPGA 的开发流程。FPGA 的 EDA 开发流程如图 1-3 所示。

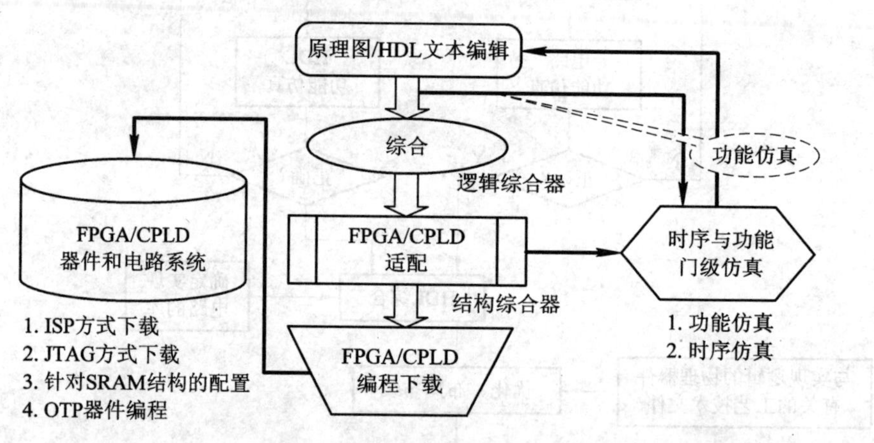

图 1-3　FPGA 的 EDA 开发流程

从图 1-3 可以看出，FPGA 的开发流程与图 1-2 所示的用 EDA 工具设计数字系统的流程基本相同，都需要设计输入、功能仿真、逻辑综合、布局布线(适配)、时序仿真、物理实现等几个步骤。下面将分别介绍主要设计模块的功能特点。

1. 设计输入

在 EDA 软件平台上开发 FPGA/CPLD 时，首先要将电路系统以一定的表达方式输入计算机。通常，EDA 工具的设计输入可分为以下两种类型：

(1) 图形输入。图形输入通常包括原理图输入、状态图输入和波形图输入等方法。

状态图输入方法就是根据电路的控制条件和不同的转换方式，用绘图的方法在 EDA 工具的状态图编辑器上绘出状态图，然后由 EDA 编译器和综合器将此状态图编译、综合成电路网表。

波形图输入方法则是将待设计的电路看成是一个黑盒子，只需告诉 EDA 工具该黑盒子电路的输入和输出时序波形图，EDA 工具就可以完成黑盒子电路的设计。

原理图输入方法是一种类似于传统电子设计方法的原理图编辑输入方式，即在 EDA 软件的图形编辑界面上绘制能完成特定功能的电路原理图。原理图由逻辑器件(符号)和连接线构成，图中的逻辑器件可以是 EDA 软件库中预制的功能模块，如与门、非门、或门、触发器、各种宏功能模块，也可以是一些类似于 IP 的功能块。

(2) 硬件描述语言文本输入。这种方式与传统的计算机软件语言编辑输入基本一致，就是将使用了某种硬件描述语言(HDL)的电路设计文本，如 VHDL 或 Verilog 的源程序进行编辑输入。

2. 综合

综合(Synthesis)就是把设计抽象层次中的一种表述转化成另一种表述的过程。进一步讲，综合就是将用行为和功能层次表达的电子系统转换为由低层次的便于具体实现的模块组合而成的系统的过程。

设计过程通常从高层次的行为描述开始，以最底层的结构描述结束，每个步骤都是一个综合过程。这些步骤包括：

(1) 从自然语言表述转换到 HDL 算法表述，是自然语言综合。

(2) 从算法表述转换到寄存器传输级(Register Transport Level，RTL)表述，即从行为域到结构域的综合，是行为综合。

(3) 从 RTL 级表述转换到逻辑门(包括触发器)的表述，即逻辑综合。

(4) 从逻辑门表述转换到版图表述(ASIC 设计)，或转换到 FPGA 的配置网表文件，可称为版图综合或结构综合。

一般地，综合是仅对应于 HDL 而言的。利用 HDL 综合器对设计进行综合是十分重要的一步，因为这一综合过程将把软件设计的 HDL 描述与硬件结构联系起来，是将软件转化为硬件电路的关键步骤，是文字描述与硬件实现的一座桥梁。因此，综合就是将电路的高级语言(如行为描述)转换成低级的、可与 FPGA/CPLD 的基本结构相映射的网表文件或程序的过程。

当输入的 HDL 文件在 EDA 工具中检测无误后，首先面临的是逻辑综合，因此要求 HDL 源文件中的语句都是可综合的。

在综合之后，HDL 综合器一般都可以生成一种或多种文件格式的网表文件，如 EDIF、VHDL、Verilog 等标准格式，在网表文件中用各自的格式描述电路的结构，如在 HDL 网表文件中采用 HDL 的语法，用结构描述的风格重新诠释综合后的电路结构。

整个综合过程就是将设计者在 EDA 平台上编辑输入的 HDL 文本、原理图或状态图描述，依据给定的硬件结构组件和约束控制条件进行编译、优化、转换和综合，最终获得门级电路甚至更底层的电路描述网表文件。由此可见，综合器工作前，必须给定最后实现的硬件结构参数，它的功能就是将软件描述与给定的硬件结构用某种网表文件的方式对应起来，形成相应的映射关系。如果把综合理解为映射过程，那么显然这种映射不是唯一的，并且综合的优化也不是单纯的或一个方向的。为达到速度、面积、性能的要求，往往需要对综合加以约束，称为综合约束。

3. 布线布局(适配)

适配器也称结构综合器，它的功能是将由综合器产生的网表文件配置于指定的目标器件中，使之产生最终的下载文件，如 sof、pof 格式的文件。适配所选定的目标器件必须属于原综合器指定的目标器件系列。通常，EDA 软件中的综合器可由专业的第三方 EDA 公司提供，而适配器则需由 FPGA/CPLD 供应商提供，因为适配器的适配对象直接与器件的结构细节相对应。

适配器的功能就是将综合后的网表文件针对某一具体的目标器件进行逻辑映射操作，其中包括底层器件配置、逻辑分割、优化、布局布线操作。适配完成后可以利用适配所产生的仿真文件作精确的时序仿真，同时产生可用于编程的文件。

4. 仿真

仿真就是让计算机根据一定的算法和一定的仿真库对 EDA 设计进行模拟，以验证设计，排除错误。仿真是 EDA 设计过程中的重要步骤。图 1-3 所示的时序与功能门级仿真通常由 PLD 公司的 EDA 开发工具直接提供(当然也可以选用第三方的专业仿真工具)，它可以完成以下两种不同级别的仿真测试：

(1) 功能仿真，就是直接对 HDL、原理图描述或其他描述形式的逻辑功能进行测试模拟，以了解其实现的功能是否满足原设计要求的过程。功能仿真过程不涉及任何具体器件的硬件特性，不经历适配阶段，在设计项目编辑、编译(或综合)后即可进入门级仿真器进行模拟测试。直接进行功能仿真的好处是设计耗时短，对硬件库、综合器等没有任何要求。

(2) 时序仿真，就是接近真实器件运行特性的仿真，仿真文件中已包含了器件的硬件特性参数，因而仿真精度高。但时序仿真的仿真文件必须来自针对具体器件的适配器。综合后所得的 EDIF 等网表文件通常作为 FPGA 适配器的输入文件，FPGA 适配器输出的仿真网表文件中包含了精确的硬件延时信息。

5. 下载和硬件测试

把适配后生成的下载或配置文件，通过编程器或编程电缆向 FPGA 或 CPLD 进行下载，以便最终验证设计项目在目标系统上的实际工作情况，以排除错误，改进设计。

1.3 HDL 的发展、特点与应用

1.3.1 什么是 HDL

硬件描述语言(HDL)是 EDA 技术的重要组成部分，常见的 HDL 主要有 VHDL、Verilog HDL、ABEL、AHDL、SystemVerilog 和 SystemC。其中 VHDL、Verilog HDL 在现在的 EDA 设计中使用最多，也获得了几乎所有主流 EDA 工具的支持，而 SystemVerilog 和 SystemC 还处于完善过程中。下面重点介绍 Verilog HDL 和 VHDL 的区别与联系。

1. Verilog HDL

Verilog HDL 是一种硬件描述语言，用于从算法级、门级到开关级的多种抽象设计层次

的数字系统建模。被建模的数字系统对象的复杂性可以介于简单的门和完整的电子数字系统之间。数字系统能够按层次描述，并可在相同描述中显式地进行时序建模。

Verilog HDL 语言具有下述描述能力：设计的行为特性、设计的数据流特性、设计的结构组成以及包含响应监控和设计验证方面的时延和波形产生机制。所有这些都使用同一种建模语言。此外，Verilog HDL 语言提供了编程语言接口，通过该接口可以在模拟、验证期间从事外部访问设计，包括模拟的具体控制和运行。

Verilog HDL 语言不仅定义了语法，而且对每个语法结构都定义了清晰的模拟、仿真语义。因此，用这种语言编写的模型能够使用 Verilog 仿真器进行验证。

Verilog HDL 语言从 C 编程语言中继承了多种操作符和结构。Verilog HDL 语言的核心子集非常易于学习和使用，这对大多数建模应用来说已经足够了。当然，完整的硬件描述语言足以对从最复杂的芯片到完整的电子系统进行描述。

Verilog HDL 语言最初是 1983 年由 Gateway Design Automation 公司为其模拟器产品开发的硬件建模语言。那时它只是一种专用语言。由于该设计公司的模拟、仿真器产品被广泛使用，Verilog HDL 作为一种便于使用且实用的语言逐渐为众多设计者所接受。目前，Verilog HDL 已经是公认的 IEEE 标准。Verilog HDL 的第一个标准(IEEE Std 1364-1995)是在 1995 年被批准的。最新的 IEEE Std 1364-2001 标准与原标准相比有了显著的改进。

2. VHDL

VHDL 的英文全名是 VHSIC(Very High Speed Integrated Circuit)Hardware Description Language，它于 1983 年由美国国防部(DOD)发起创建，由 IEEE(the Institute of Electrical and Electronics Engineers)进一步发展，并在1987 年作为“IEEE std 1076”发布。从此，VHDL 成为硬件描述语言的业界标准之一。自 IEEE 公布了 VHDL 的标准版本(IEEE Std 1076)之后，各 EDA 公司相继推出了自己的 VHDL 开发环境，或宣布自己的设计工具支持 VHDL。此后，VHDL 在电子设计领域得到了广泛应用，并逐步取代了原有的非标准硬件描述语言。

VHDL 作为一个规范语言和建模语言，随着它的标准化，出现了一些支持该语言的行为仿真器。创建 VHDL 的最初目标是用于标准文档的建立和电路功能模拟，其基本想法是在高层次上描述系统和元件的行为。但到了 20 世纪 90 年代初，VHDL 不仅可以作为系统模拟的建模工具，而且可以作为电路系统的设计工具，可以利用软件工具将 VHDL 源码自动地转化为以文本方式表达的基本逻辑元件连接图，即网表文件。这种方法对于电路自动设计显然是一个极大的推进。很快，电子设计领域出现了第一个软件设计工具，即 VHDL 逻辑综合器，它可以标准地将 VHDL 的部分语句描述转化为具体电路实现的网表文件。

VHDL 语言具有很强的电路描述和建模能力，能从多个层次对数字系统进行建模和描述，从而大大简化硬件设计任务，提高设计效率和可靠性。VHDL具有与具体硬件电路无关和与设计平台无关的特性，并且具有良好的电路行为描述和系统描述的能力，并在语言易读性和层次化、结构化设计方面表现出了强大的生命力和应用潜力。因此，VHDL 在支持各种模式的设计方法，如自顶向下与自底向上或混合方法方面，以及在面对当今许多电子产品生命周期缩短，需要多次重新设计以融入最新技术、改变工艺等方面都表现出了良好的适应性。用 VHDL 进行电子系统设计的一个很大的优点是设计者可以专心致力于其功能的实现，而不需要对不影响功能的、与工艺有关的因素花费过多的时间和精力。

1993年，IEEE对VHDL进行了修订，从更高的抽象层次和系统描述能力上扩展了VHDL

的内容，公布了新版本的 VHDL，即 IEEE Std 1076-1993 版本。最新的 VHDL 标准版本是 IEEE Std 1076-2002。

3. Verilog HDL 和 VHDL 的区别与联系

现在，Verilog HDL 和 VHDL 作为 IEEE 的工业标准硬件描述语言，得到了众多 EDA 公司的支持。在电子工程领域，它们已成为事实上的通用硬件描述语言。

这两种语言均可在不同的抽象层次对电路进行描述。图1-4 中将抽象层次分为五个层次，分别为系统级、算法级、寄存器传输级、逻辑门级和开关电路级，并在这五个层次上比较了两者的建模能力。

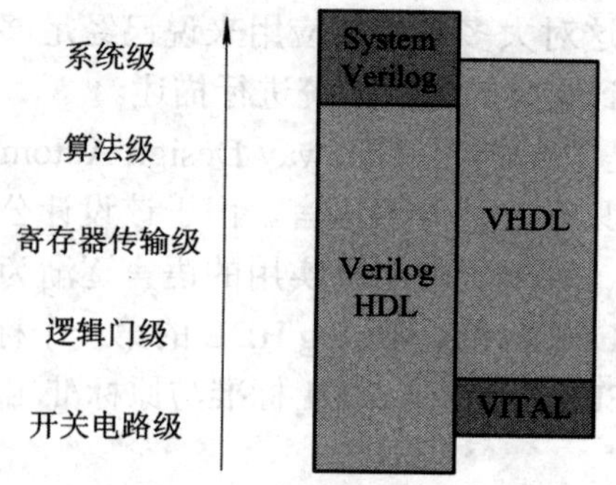

图 1-4　Verilog HDL 与 VHDL 建模能力的比较

除此之外，两种语言还有以下区别：

VHDL：

- 比 Verilog HDL 早几年成为 IEEE 标准；
- 语法/结构比较严格，因而编写出的模块风格比较清晰；
- 比较适合由较多的设计人员合作完成特大型项目(100 万门以上)。

Verilog HDL：

- 获得了较多的第三方工具的支持；
- 语法结构比 VHDL 简单；
- 学习起来比 VHDL 容易；
- 测试激励模块容易编写。

对于初学者或者中小数字系统设计工程师来说，建议这两种语言都学习，并将其中一种语言作为自己设计数字系统的语言，另一种语言仅仅用于借鉴学习其他设计时使用。这样做主要基于以下两点认识：第一，Verilog HDL 和 VHDL 的建模思想和建模方法基本上是一致的，最主要的区别是在语言结构及一些语法细节上，只要掌握了这两种语言的语法，将一种语言的数字系统设计转化为另一种语言是非常简单的事情；第二，目前采用这两种语言的设计项目都非常多，项目比例持平，掌握了两种语言后可大大增加自己设计项目时可参考的资料数，加快项目进度。

1.3.2　Verilog HDL 的特点

下面列出了 Verilog HDL 的主要特点：

● 设计能够在多个层次上加以描述，从开关级、门级、寄存器传送级(RTL)到算法级。

● 可采用多种不同方式或混合方式对设计建模。这些方式包括：行为描述方式——使用过程语句建模；数据流方式——使用连续赋值语句建模；结构化方式——使用门和模块实例语句描述建模。Verilog HDL 的混合方式建模能力是指在一个设计中每个模块均可以在不同设计层次上建模。

● 开关级基本结构模型，例如 pmos 和 nmos 等被内置在语言中，能够使用内置开关级原语在开关级对设计完整建模。

● 基本逻辑门，例如 and、or 和 not 等都内置在语言中，能够使用内置门级原语在门级对设计完整建模。

● 用户自定义原语(UDP)创建灵活。用户定义的原语既可以是组合逻辑原语，也可以是时序逻辑原语。

● Verilog HDL 还具有内置逻辑函数，例如&(按位与)和|(按位或)。使用这些内置逻辑函数可以在数据流级对设计完整建模。

● 对高级编程语言结构，例如条件语句、选择语句和循环语句，Verilog HDL 中都可以使用。可使用这些高级语言结构在行为级对设计完整建模。

● 能够描述层次设计，可使用模块实例结构描述任何层次。

● 设计的规模可以是任意的。Verilog HDL 不对设计的规模(大小)施加任何限制。

● Verilog HDL 中有两类数据类型：线网数据类型和寄存器数据类型。线网类型表示元件间的物理连线，而寄存器类型表示抽象的数据存储元件。

● 可以显式地对并发和定时进行建模。Verilog HDL 提供显式语言结构，指定设计中的端口到端口的时延及路径时延和设计的时序检查。

● 同一语言可用于生成模拟激励和指定测试的验证约束条件，例如输入值的指定。

● Verilog HDL 能够监控模拟验证的执行，即模拟验证执行过程中设计的值能够被监控和显示。这些值也能够用于与期望值的比较，若不匹配，则打印报告消息。

● 提供强有力的文件读写能力。

● Verilog HDL 语言的描述能力能够通过使用编程语言接口(PLI)机制进一步扩展。PLI 是允许外部函数访问 Verilog 模块内信息、允许设计者与模拟器交互的例程集合。

● Verilog HDL 在特定情况下是非确定性的，即在不同的模拟器上模型可以产生不同的结果。例如，事件队列上的事件顺序在标准中没有定义。

1.3.3 Verilog HDL 的功能

Verilog HDL 可以在各种抽象层次上描述数字电路，可以测试各种层次数字电路的行为，可以设计出正确有效的复杂电路结构，因此 Verilog HDL 功能非常强大。使用 Verilog HDL 设计数字系统是一种趋势，大到复杂的 CPU，小到一些简单的逻辑门，而数字化是技术发展的趋势，因此未来 Verilog HDL 的应用领域会越来越广。

在设计中小型数字系统时，采用 Verilog HDL 明显优于采用其他硬件描述语言。另外，Verilog HDL 的语言现象非常类似于 C 语言，非常灵活，易学易用，因此许多大型公司都采用 Verilog HDL 作为数字系统设计的首选语言。

另外，Verilog HDL 带给我们的更重要的是编程思想，这点很重要。如果将来工作中用到其他语言，则在 Verilog HDL 语言的基础上再学习其他硬件描述语言就会事半功倍。

1.4　Quartus Ⅱ概述

本书给出的示例和实验都是基于 Quartus Ⅱ的，其应用方法和设计流程对于其他流行 EDA 工具的使用具有一定的典型性和普遍性，所以在此对 Quartus Ⅱ作一些介绍。

Quartus Ⅱ是 Altera 提供的 FPGA/CPLD 集成开发环境。Altera 是世界上最大的可编程逻辑器件供应商之一。Quartus Ⅱ在 21 世纪初推出，是 Altera 前一代 FPGA/CPLD 集成开发环境 MAX+plus Ⅱ的更新换代产品，其界面友好，使用便捷。在 Quartus Ⅱ上可以完成本章 1.2 节所述的整个流程，它提供了一种与结构无关的设计环境，使设计者能方便地进行设计输入、综合、适配和器件编程。

Altera 的 Quartus Ⅱ设计工具完全支持 VHDL 和 Verilog HDL，其内部嵌有 VHDL、Verilog HDL 逻辑综合器。Quartus Ⅱ也可以利用第三方的综合工具，如 Leonardo Spectrum、Synplify Pro、FPGA Compiler Ⅱ，并能直接调用这些工具。同样，Quartus Ⅱ具备仿真功能，同时也支持第三方的仿真工具，如 ModelSim、NCSim 等。

Quartus Ⅱ包括模块化的编译器。编译器包括的功能模块有分析/综合器(Analysis & Synthesis)、适配器(Fitter)、装配器(Assembler)、时序分析器(Timing Analyzer)、设计辅助模块(Design Assistant)、EDA 网表文件生成器(EDA Netlist Writer)、编辑数据接口(Compiler Database Interface)等。可以通过选择 Start Compilation 来运行所有的编译器模块，也可以通过选择 Start 单独运行各个模块。还可以通过选择 Compiler Tool(Tools 菜单)，在 Compiler Tool 窗口中运行该模块来启动编译器模块。在 Compiler Tool 窗口中，可以打开该模块的设置文件或报告文件，或打开其他相关窗口。

此外，Quartus Ⅱ还包含许多十分有用的 LPM(Library of Parameterized Modules)宏功能模块，它们是复杂或高级系统构建的重要组成部分，也可与 Quartus Ⅱ普通设计文件一起使用。Altera 提供的 LPM 均基于 Altera 器件的结构作了优化设计。在许多实际情况中，只有使用了宏功能模块才可以使用一些 Altera 特定器件的硬件功能，例如各类片上存储器、PLL 等。

图 1-5 中，上排是 Quartus Ⅱ编译设计主控界面，它显示了 Quartus Ⅱ自动设计的各主要处理环节和设计流程，包括设计输入编辑、设计分析与综合、适配、编程文件汇编(装配)、时序参数提取以及编程下载等几个步骤。图 1-5 中下排的流程框图是与上面的 Quartus Ⅱ设计流程相对应的标准 FPGA 的 EDA 开发流程。

Quartus Ⅱ支持层次化设计，可以在一个新的编辑输入环境中对使用不同输入设计方式完成的模块(元件)进行调用，从而解决了原理图与 HDL 混合输入设计的问题。在设计输入之后，Quartus Ⅱ的编译器将给出设计输入的错误报告。可以使用 Quartus Ⅱ带有的 RTL Viewer 观察综合后的 RTL 图。

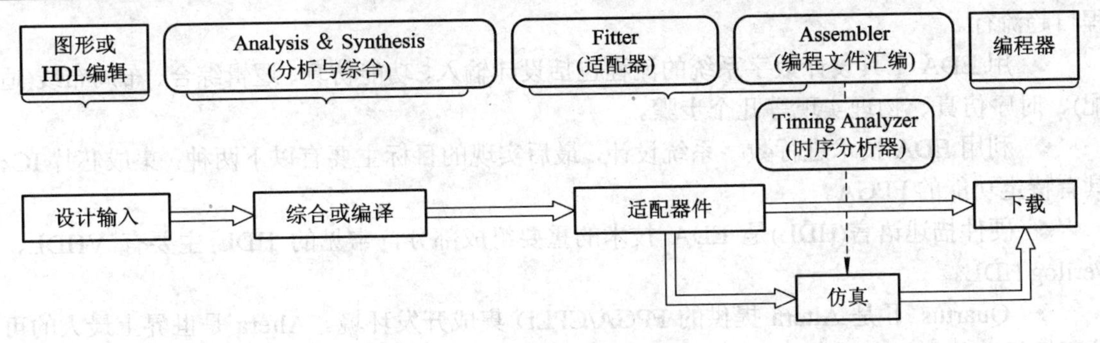

图 1-5　Quartus Ⅱ设计流程

1.5　硬件描述语言的发展趋势

数字电路的速度和复杂性正在迅速地增长，这就要求设计者从更高的抽象层次对电路进行描述。这样做的好处是设计者只需从功能的角度进行分析设计，由 EDA 工具来完成具体的实现细节。在设计者的指导下，EDA 工具可以完成非常复杂的从设计到实现的转换，并且达到近似的优化效果。

由于逻辑综合工具可以从 RTL 描述生成门级网表，因此目前基于 HDL 的主流设计方式是 RTL 级设计。行为级综合工具允许直接对电路的算法和行为进行描述，然后由 EDA 工具在各个设计阶段进行转换和优化，但这对 EDA 工具提出了更高的要求，目前的综合工具尚无法做到对任何算法和行为描述都可以综合。同时，Verilog HDL 本身也在不断地补充和完善，以适应新的设计验证方法。

对于像微处理器这样的超高速、对时序有着严格要求的电路来说，逻辑综合工具生成的门级网表并不是优化的。在这种情况下，设计者经常需要直接在 RTL 描述中嵌入门级描述，以达到优化的效果。由于设计者希望尽最大可能提高电路的速度，而 EDA 工具有时并不能满足这种要求，因此设计过程中人为参与进行优化的方法(如在 RTL 描述中嵌入门级描述)经常被设计者采用。

系统级设计采用的另一种技术是在采用自顶向下的方法的同时，结合自底向上的方法。设计者通过使用现有的 Verilog HDL 模块、基本功能模块或第三方提供的核心功能模块来快速搭建系统，以便进行仿真。这种方法降低了开发费用，缩短了开发周期。这种用于数字系统设计的预先设计好的电路功能模块称为 IP(Intelligent Property)。IP 在 EDA 技术和开发中越来越重要。今天的 IP 需要广开设计源头，汇纳优秀模块，不论出自谁家，只要是优化的设计，与同类模块相比达到芯片面积更小、运行速度更快、功率更低、工艺容差更大，就会有人愿意花钱使用这个模块。我国在 IP 设计方面尚处于起步阶段，发展前景广阔。

1.6　小　　结

本章我们讨论了以下知识点：

❖ 数字系统设计方法包括自顶向下的设计和自底向上的设计，其中自顶向下的设计流程日趋流行。

❖ 用 EDA 工具设计数字系统的流程包括设计输入、功能仿真、逻辑综合、布局布线(适配)、时序仿真、物理实现等几个步骤。

❖ 利用 EDA 技术进行数字系统设计，最后实现的目标主要有以下两种：集成芯片 IC、具有特定功能的 FPGA。

❖ 硬件描述语言(HDL)是 EDA 技术的重要组成部分，常见的 HDL 主要有 VHDL、Verilog HDL。

❖ Quartus Ⅱ是 Altera 提供的 FPGA/CPLD 集成开发环境。Altera 是世界上最大的可编程逻辑器件供应商之一。Quartus Ⅱ在 21 世纪初推出，是 Altera 前一代 FPGA/CPLD 集成开发环境 MAX+plus Ⅱ的更新换代产品，其界面友好，使用便捷。

习　题　1

1. 浅谈对电子系统设计技术的认识。
2. 简述数字系统的典型设计流程。
3. 常用的硬件描述语言有哪些？简述其特点。
4. 浅谈硬件描述语言的发展趋势。

第 2 章　Verilog HDL 基本概念

第 1 章介绍了 Verilog HDL 语言的发展、特点与应用，从本章开始，我们将逐步认识 Verilog HDL 强大的功能。本章重点介绍 Verilog HDL 语言的集成开发环境 Quartus Ⅱ软件，并通过几个简单的 Verilog HDL 程序来介绍 Verilog HDL 的一些基本概念，包括常量与变量、数据类型、层次建模、编译预处理等内容，这些实用的技术是使用 Verilog 进行设计建模的基础。

2.1　编写并运行一个简单的 Verilog HDL 程序

2.1.1　编写一个简单的 Verilog HDL 程序

一个完整的 Verilog HDL 程序是由一个或若干个模块组合而成的。

【例 2-1】 实现一个二选一多路选择器。

设计代码如下：

```
module mux21a(a,b,s,y);
input a,b,s;
output y;
assign y = s ? b : a;      //实现二选一功能
endmodule
```

程序说明：

(1) module 和 endmodule 是 Verilog HDL 语言的关键字，用来说明模块。Verilog HDL 程序是由模块构成的，每个模块的内容都嵌在 module 和 endmodule 两个语句之间。

(2) input 和 output 是 Verilog HDL 语言的关键字，用来说明模块的端口属性。端口属性有三种，即 input、output 和 inout，分别为输入、输出和输入输出属性。每个模块要进行端口列表声明，说明这些端口的输入、输出属性。

(3) assign 是 Verilog HDL 语言的关键字，用来说明模块内部信号的连接关系。语句 assign y = s ? b : a;的功能是：当 s=1 时，y=b；当 s=0 时，y=a。

(4) 使用 Quartus Ⅱ软件可以对设计进行综合，综合出来的电路图如图 2-1 所示。

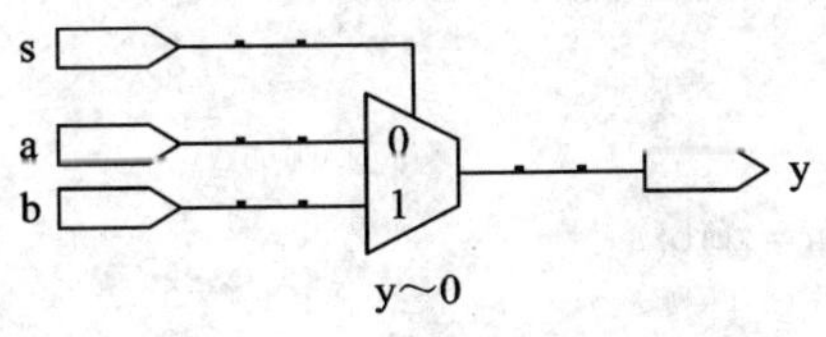

图 2-1　二选一多路选择器

由图 2-1 可以看出，该设计最终实现的是一个二选一选择电路。

关于 Verilog HDL 程序的进一步说明：

(1) Verilog HDL 程序是由模块构成的，每个模块的内容都嵌在 module 和 endmodule 两个语句之间。每个模块实现特定的功能。模块是可以进行层次嵌套的。正因为如此，才可以将大型的数字电路设计分割成不同的小模块来实现特定的功能，最后通过顶层模块调用子模块来实现整体功能。

(2) 每个模块要进行端口列表声明，说明输入、输出端口属性，然后对模块的功能进行描述。

(3) Verilog HDL 程序的书写格式自由，一行可以写几个语句，一个语句也可以分写多行。

(4) 除了 endmodule 语句外，每个语句和数据定义的最后必须有分号。

(5) 可以用/*...*/和//...对 Verilog HDL 程序的任何部分作注释。一个好的、有使用价值的源程序都应当加上必要的注释，以增强程序的可读性和可维护性。

2.1.2 Verilog HDL 程序开发环境——Quartus Ⅱ 6.0

本节将简单介绍在 Quartus Ⅱ 6.0 环境下开发 Verilog HDL 程序的基本操作。由于 Altera FPGA 教学开发板可以很容易地设计或者购买到，因此配合 FPGA 开发板，使用 Quartus Ⅱ 软件来学习 Verilog HDL 语言，可以达到事半功倍的效果。

Quartus Ⅱ是 Altera 提供的 FPGA/CPLD 开发集成环境，图 1-5 是 Quartus Ⅱ设计流程，下面使用文本输入设计方法结合该设计流程来介绍 Quartus Ⅱ软件的使用。

【例 2-2】 实现一个跑马灯程序设计，使 8 个灯逆时针轮流显示，每个灯显示 1 s 时间。

设计代码如下：

```
module led_run_statemachine (clk_1Hz, reset, led_run);
input clk_1Hz,reset;
output reg[7:0] led_run;
//下面定义 9 个状态，其中 zero 对应所有灯全灭，其他状态分别对应着一个灯亮
parameter zero=8'b00000000, one=8'b00000001, two=8'b00000010,
three=8'b00000100, four=8'b00001000, five=8'b00010000, six=8'b00100000,
seven=8'b01000000,eight=8'b10000000;
//异步高电平复位
always @(posedge clk_1Hz or posedge reset)
    begin
        if (reset)
            led_run = zero;
        else
```

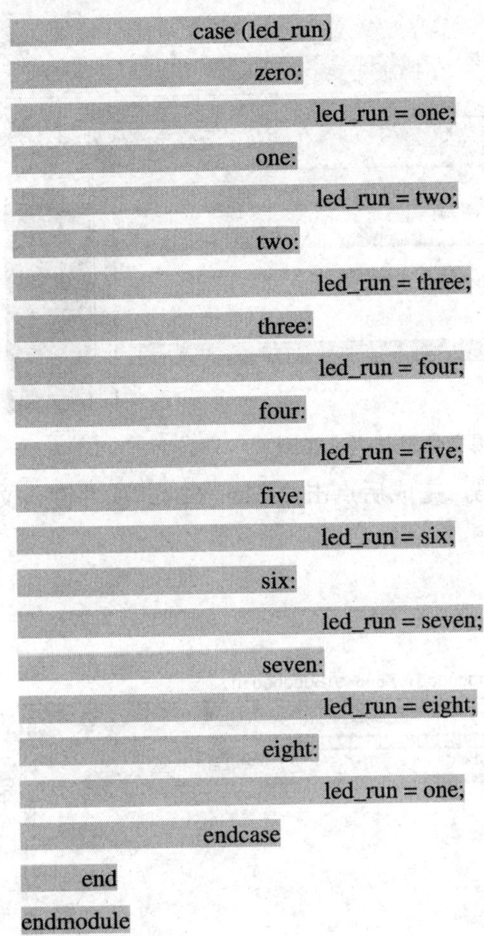

```
            case (led_run)
                zero:
                    led_run = one;
                one:
                    led_run = two;
                two:
                    led_run = three;
                three:
                    led_run = four;
                four:
                    led_run = five;
                five:
                    led_run = six;
                six:
                    led_run = seven;
                seven:
                    led_run = eight;
                eight:
                    led_run = one;
            endcase
    end
endmodule
```

程序说明：

(1) always 语句是一种结构化过程语句，它是 Verilog HDL 行为建模的基本语句之一。每个 always 语句代表一个独立的执行过程，在一个模块内部可以有多个 always 语句。

(2) case 语句是多路分支语句，其行为类似于多路选择器。case 语句只能用在行为建模 always 语句中。该 case 语句根据 led_run 的当前值来决定 led_run 下一个状态的值，从而控制 led 按照设定的顺序点亮。

(3) 本例主要用于介绍 Quartus Ⅱ软件的使用，程序中各语句的具体含义及其用法将在后续章节予以介绍。

下面详细介绍 Quartus Ⅱ软件的使用流程。

1. 创建工程准备工作

(1) 双击桌面上的 Quartus Ⅱ图标，打开 Quartus Ⅱ软件。也可以通过“开始—程序—Altera—Quartus Ⅱ 6.0—Quartus Ⅱ 6.0”打开。

(2) 选择“File—New”打开 New 对话框，在该对话框中选择“Verilog HDL File”，如图 2-2 所示。

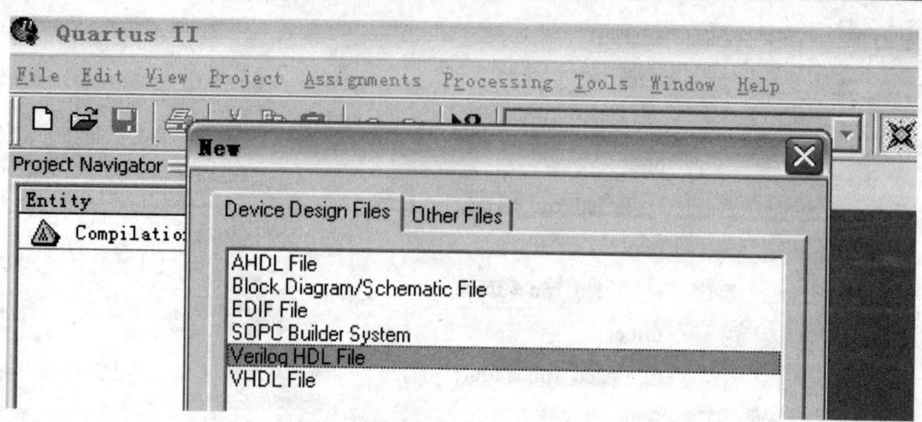

图 2-2　选择编辑文件及其语言类型

(3) 在打开的界面中输入 Verilog 源代码，完成后点击“File—Save”，并键入文件名为 led_run，如图 2-3 所示。

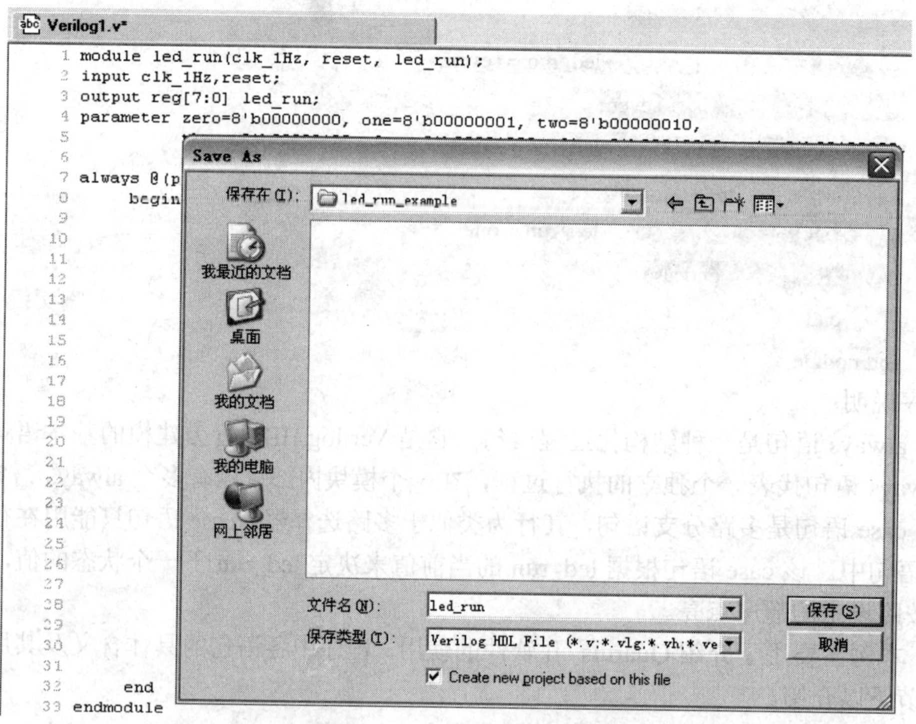

图 2-3　键入源程序并存盘

2. 创建工程

创建工程有两种方法：第一种方法是在图 2-3 中最下方选中“Create new project based on this file”，点击图 2-3 中的保存后即出现创建工程的其他对话框；第二种方法是利用“New Preject Wizard”创建工程。这两种方法创建工程的步骤和涉及的内容是一致的，下面我们用第二种方法来创建工程。

(1) 选择“File—New Project Wizard…”，见图 2-4。

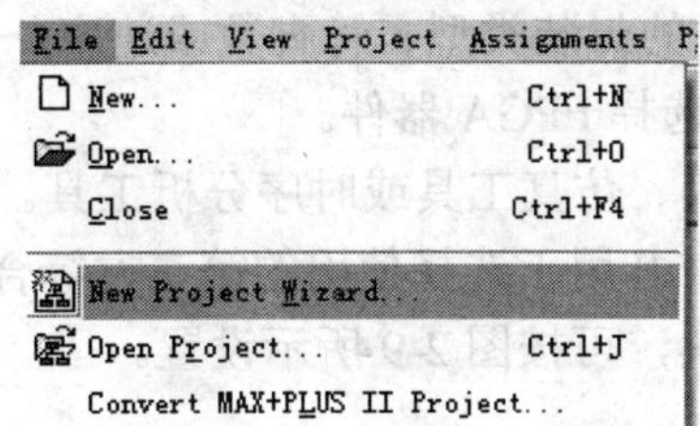

图 2-4　选择创建新工程

(2) 选择编缉工程位置、工程名称、顶层模块名称，见图 2-5。

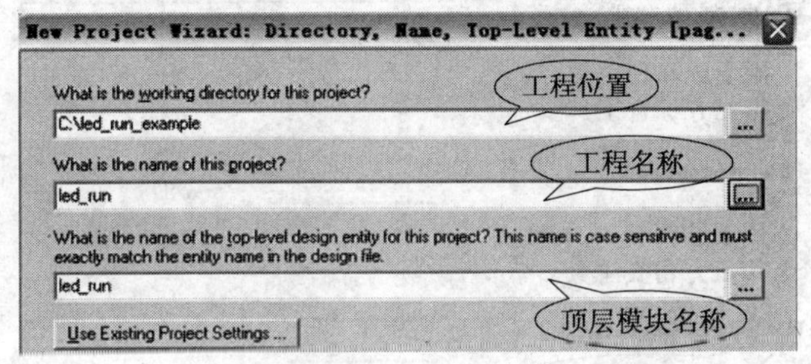

图 2-5　工程位置、工程名称、顶层模块名

(3) 加入 Verilog HDL 源文件，见图 2-6。

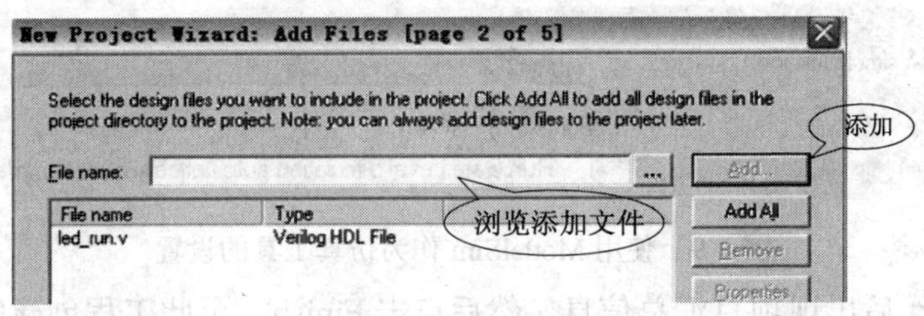

图 2-6　将所有相关的文件都加入此工程

这一步将所有相关的文件都加入此工程。对于本例只有一个 Verilog HDL 文件 led_run.v，将该文件添加进工程即可。

(4) 选择 FPGA 器件，界面见图 2-7。

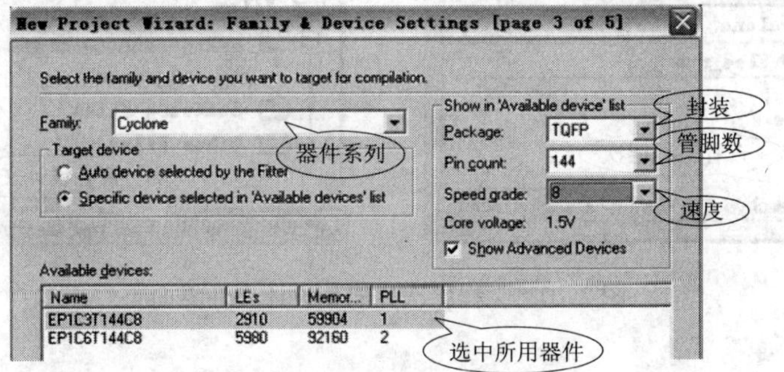

图 2-7　选择目标 FPGA 器件

如果熟悉所用 FPGA 器件的封装类型、管脚数或速度，可以通过直接选择封装类型、引脚数量或速度来方便快捷地选择 FPGA 器件。

(5) 选择第三方的综合工具、仿真工具或时序分析工具。

图 2-8 所示为 Quartus Ⅱ 6.0 用于选择使用的第三方综合、仿真、时序分析工具。如果要使用 ModelSim 作为仿真工具，可按图 2-9 所示设置。

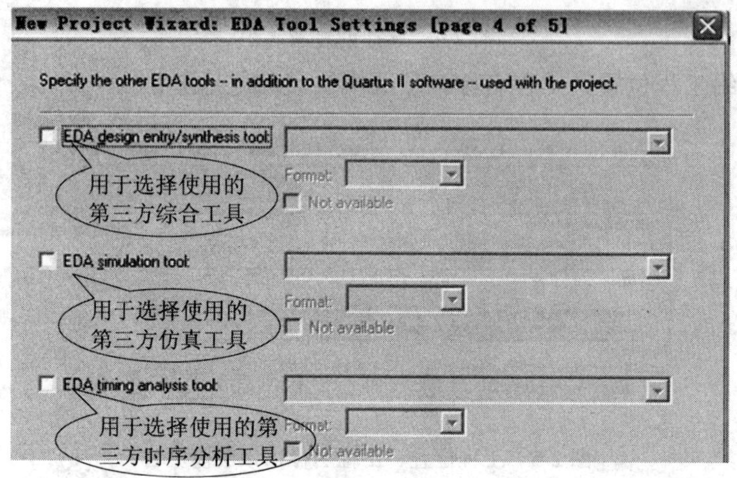

图 2-8　用于选择使用的第三方综合、仿真、时序工具

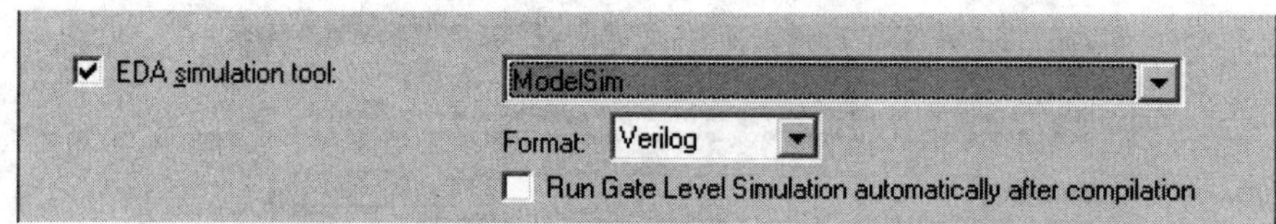

图 2-9　使用 ModelSim 作为仿真工具的设置

(6) 点击 Next 后出现项目汇总信息，然后点击 Finish，至此工程创建完毕。

工程创建完成后，可以查看工程的层次信息以及工程中的设计文件信息，如图 2-10 所示。在查看设计文件界面时，通过点击文件名 led_run.v，可以在右侧显示该文件的 Verilog HDL 代码，并可以编辑修改该文件。

图 2-10　工程层次界面和设计文件界面

3. 编译设置

(1) 在工程层次界面，在 led_run 上单击右键，然后点击 Setting…，出现图 2-11 所示的

对话框。

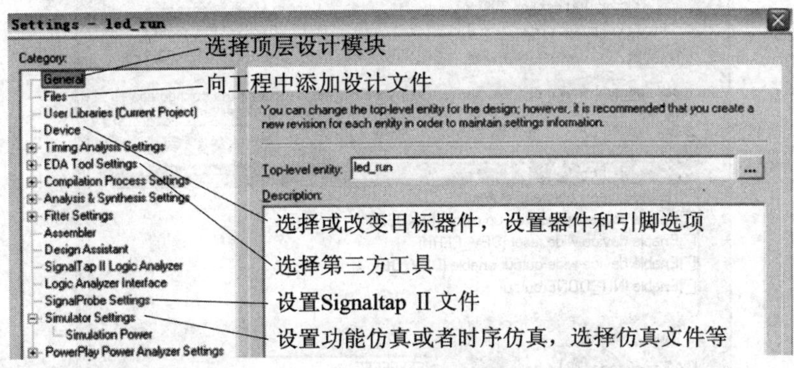

图 2-11　设置对话框

图 2-11 所示对话框在设计过程中经常要用到，我们也对一些常用的功能作了简单的注释。比如：在 General 选项卡中，可以随时更改顶层设计文件，这样就可以在同一个工程中对不同层次的文件进行编译、综合、仿真等；在 Device 选项卡中，可以根据情况随时选定或更改目标器件；在 Simulator Settings 选项卡中，可以选用第三方仿真工具，可以随时更改仿真为功能仿真或时序仿真，也可以随时更改仿真用的仿真向量文件，等等。对于在创建工程过程中的错误的设置，也可以通过这个界面更正过来。

(2) Device 设置。在图 2-11 中点击 Device，出现如图 2-12 所示对话框，设置信息如图 2-12 所示。

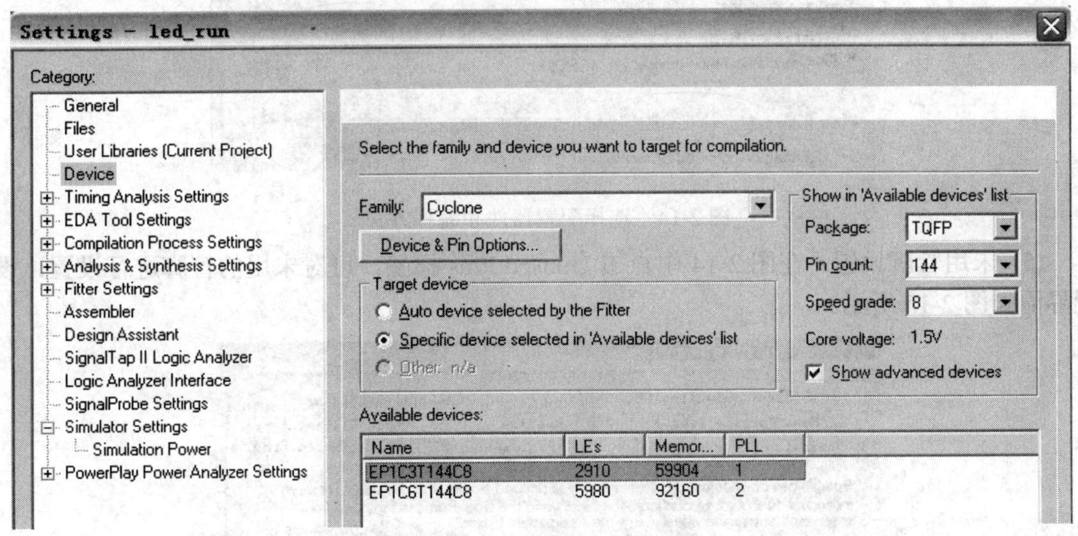

图 2-12　Device 设置对话框

(3) 设置器件工作方式。图 2-12 中显示的目标器件是我们在创建工程中设置的。点击 Device&Pin Options…标签，弹出如图 2-13 所示对话框。

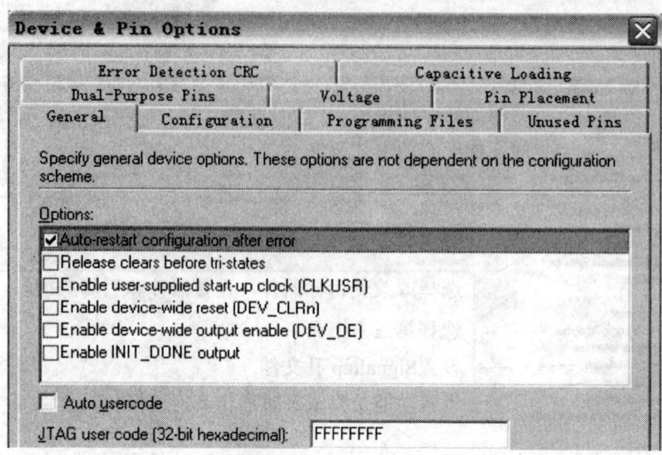

图 2-13　选择配置器件的工作方式

(4) 选择配置器件和编程方式。在图 2-13 中点击 Configuration 标签，可设置器件的编程方式和配置器件，设置信息如图 2-14 所示。

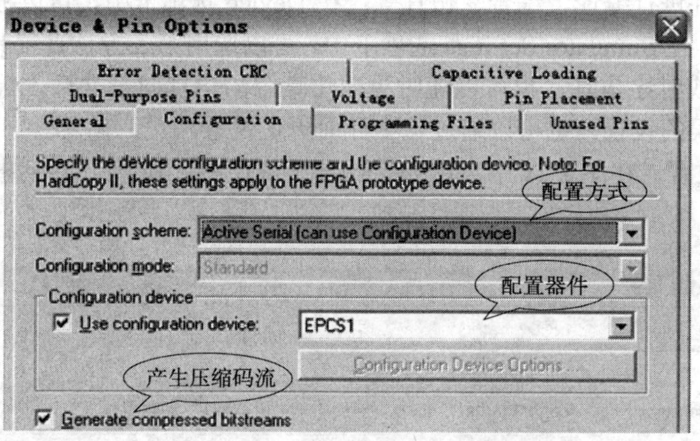

图 2-14　选择配置器件和编程方式

(5) 未用管脚设置。在图 2-14 中点击 Unused Pins 标签，可对未用的管脚进行设置，设置界面如图 2-15 所示。

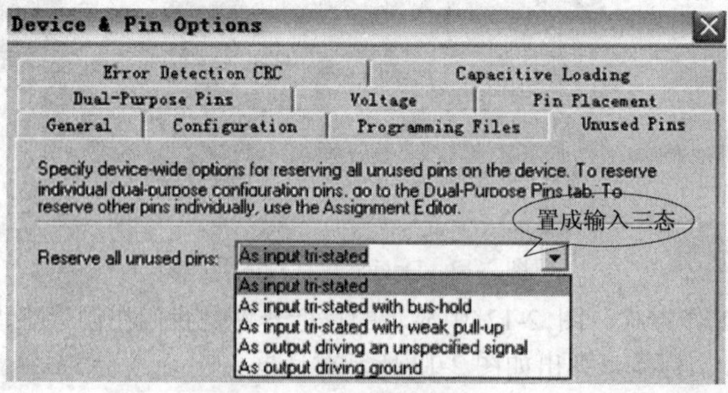

图 2-15　未用管脚设置

一般情况下，我们把不用的管脚置为输入三态，原因有两个：一是 SRAM 等设备是低电平启动，置成高阻态可防止错误地启动类似 SRAM 的设备；二是为了降低功耗，一般我们的设计都比较小，未用管脚较多，而未用管脚若默认为输出低电平，则会形成电流回路，产生较大的功耗。

(6) 编译整个工程，显示编译进度，如图 2-16 所示。

Status

Module	Progress %	Time
Full Compilation	12 %	00:00:01
Analysis & Synthesis	49 %	00:00:01
Fitter	0 %	00:00:00
Assembler	0 %	00:00:00
Timing Analyzer	0 %	00:00:00

整体进度
分析综合
器件适配
装配
时序分析

图 2-16　编译进度

通常，我们的设计较小，建议选用全程编译。如果我们的设计较大，建议按照“分析综合—器件适配—装配—时序分析”的步骤一步步来编译工程。

全程编译过程中，如果设计中有错误，则 Quartus Ⅱ将停止编译并给出错误信息，如图 2-17 所示。

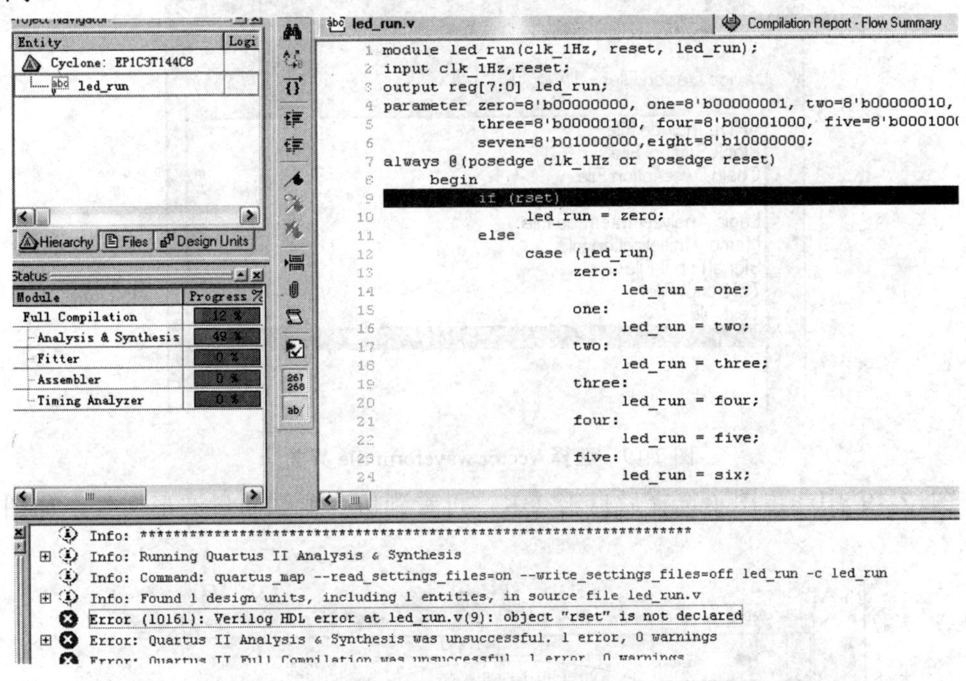

图 2-17　全程编译后出现报错信息

出现报错信息后，我们找到第一个错误，双击后可将错误定位到源码中，如图 2-17 所示。从图中可以看出，错误行中的 rset 未定义，将其修改成 reset 即可。通常，源码中的一个错误可能引发多个报错信息，因此我们将第一个错误修改完成后，应该再次进行全程编译，这样一步步地修改所有错误，直到没有错误。

全程编译成功后，会给出一个编译报告，其中有许多有用的信息，如图 2-18 所示。

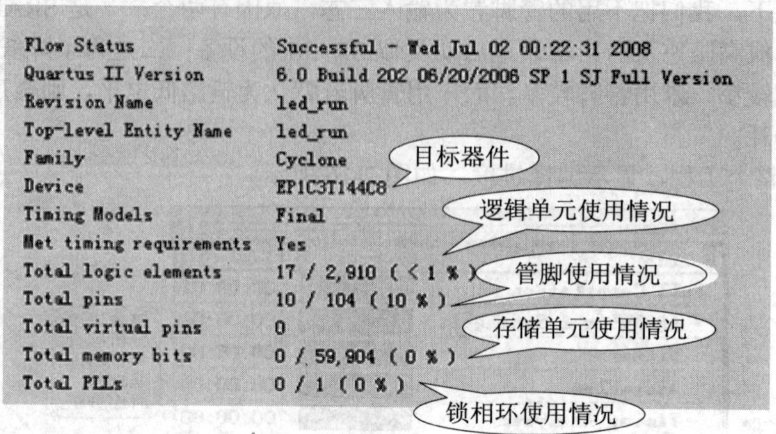

图 2-18　全程编译成功后的汇总信息

4. 仿真

(1) 建立仿真文件。选择 File—New—OtherFiles 后，出现如图 2-19 所示界面。

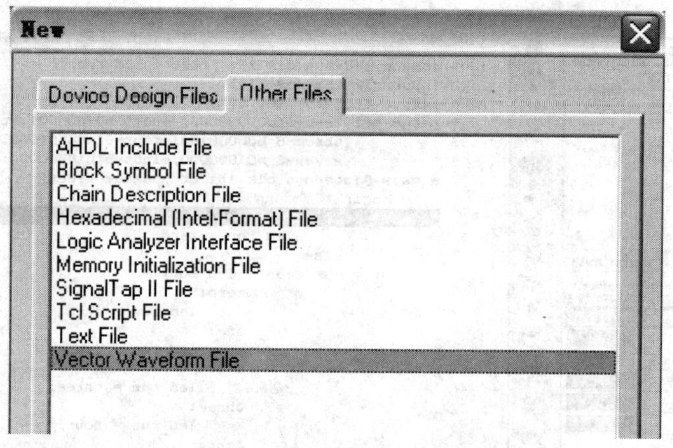

图 2-19　选择 Vector waveform file 界面

在图 2-19 中作出图示选择后点击 OK，可看到仿真测试向量波形文件，如图 2-20 所示。

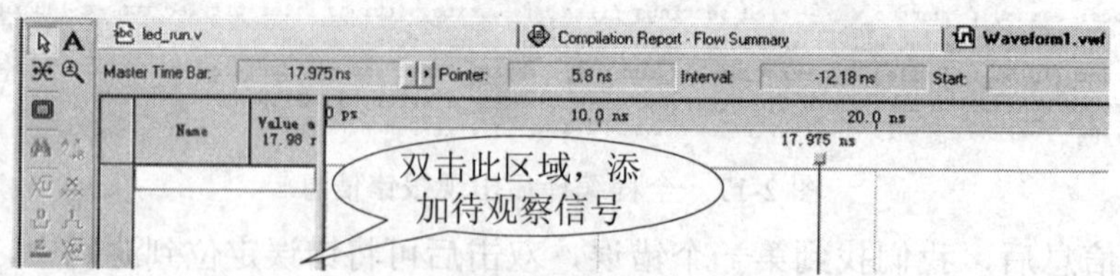

图 2-20　仿真测试向量波形文件

按图 2-20 指示，双击左边的空白区域后，会弹出一个对话框，在弹出的对话框中选择 “Node Finder…” 按钮，则弹出如图 2-21 所示对话框。

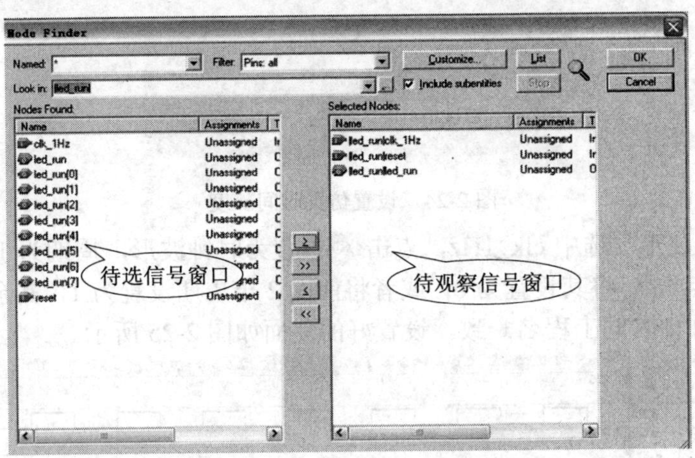

图 2-21　仿真波形信号设置

图 2-21 中，选择 Filter：Pins：all，然后点击 List，Node Found 栏将列出所有输入、输出端口。选择要观察的信号，点击 > 加入到观察目标窗口中。选择 OK，则在波形图中加入了待观察信号的图形，如图 2-22 所示。

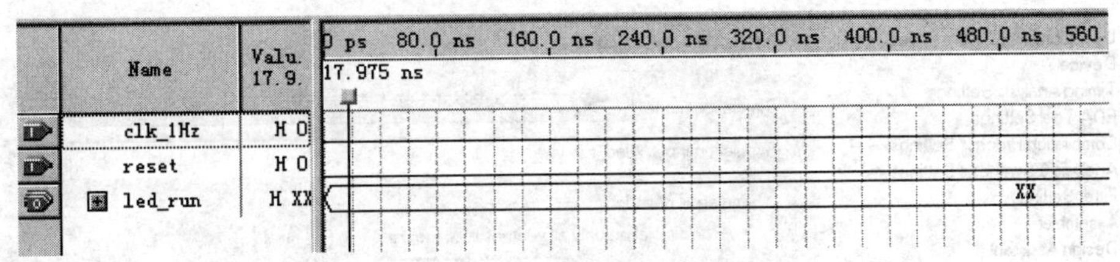

图 2-22　加入了待观察信号的波形图

(2) 设置仿真时间的最小间隔。本例中使用的是硬件环境提供的 1 Hz 的时钟信号，即时钟周期为 1 s。选择 Edit—Grid Size，将仿真时间的最小间隔设为 1 s，设置界面如图 2-23 所示。

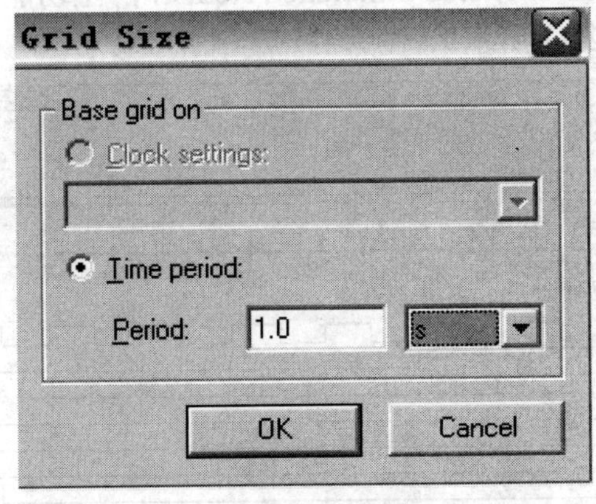

图 2-23　设置仿真时间最小间隔

(3) 选择仿真时间长度为 10 s。选择 Edit—End Time，将仿真时间长度设为 10 s，如图 2-24 所示。

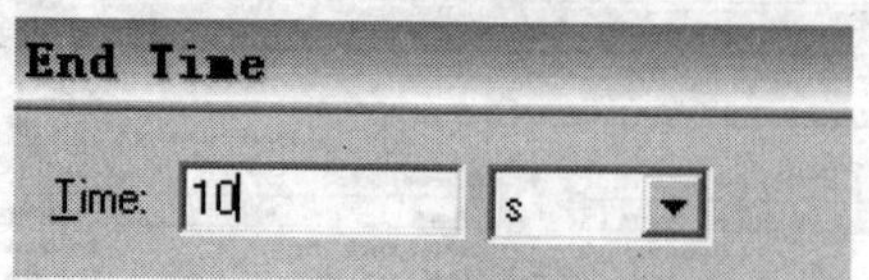

图 2-24　设置仿真时间长度

(4) 编辑输入波形。选中 clk_1Hz，点击 设置为时钟波形，周期为 1 s。

选中 reset，点击 将其设置为 0，或者将前面 2 个周期设置为 1，其余设为 0。设置完成，保存，默认文件名同工程名一致。设置好的界面如图 2-25 所示。

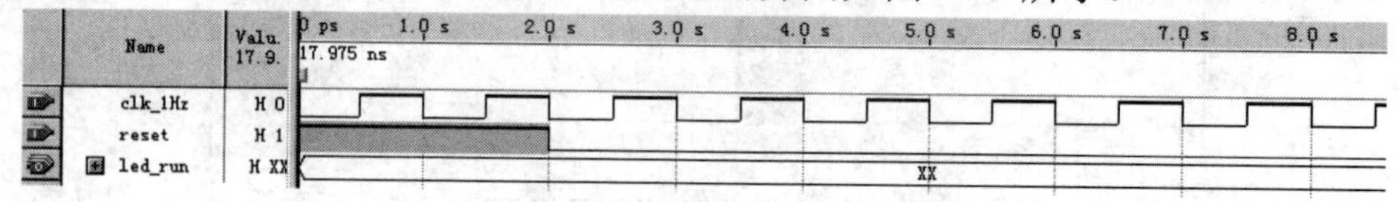

图 2-25　设置好的激励波形图

(5) 功能仿真(前仿真)。选择 Settings—Simulator Settings，选择 Simulation mode 为 Functional，将仿真设置为功能仿真，设置界面见图 2-26。

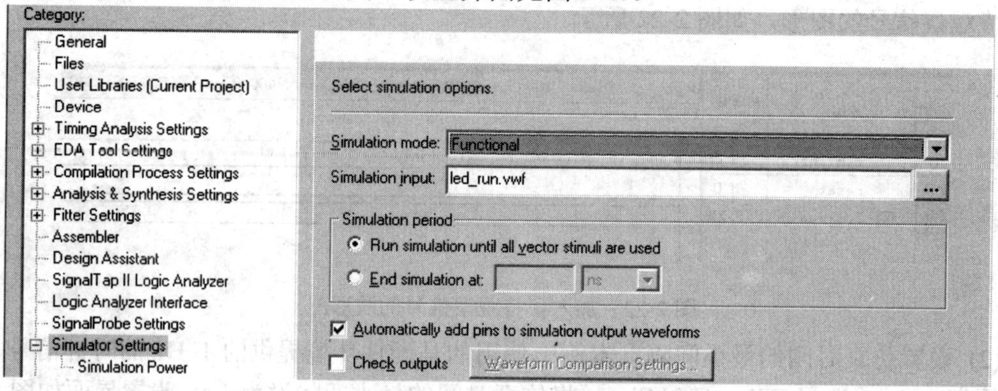

图 2-26　功能仿真设置界面

点击 process—Generate Functional Simulation Netlist，产生功能仿真网表。然后选择 Start 开始仿真，仿真结果如图 2-27 所示。

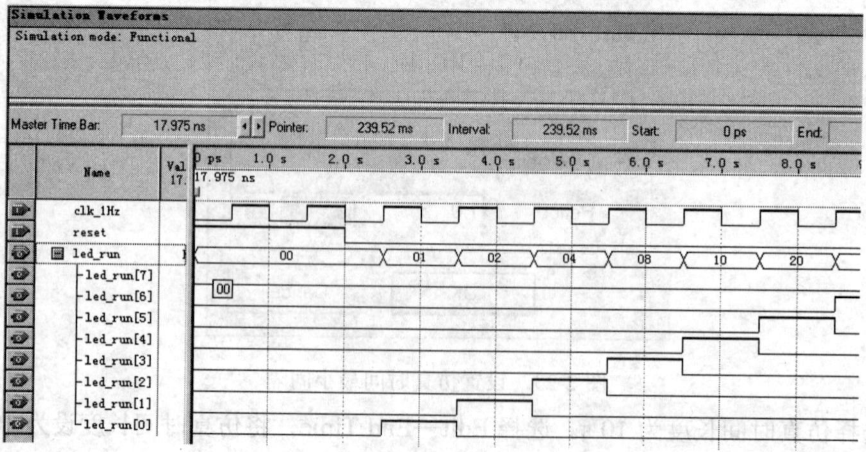

图 2-27　功能仿真波形输出

(6) 时序仿真(后仿真)。功能仿真后，如果仿真波形与预想的一致，则开始做时序仿真，检查波形延时对设计有没有影响。

选择 Settings—Simulator Settings，选择 Simulation mode 为 Timing，将仿真设置为时序仿真，设置界面见图 2-28。

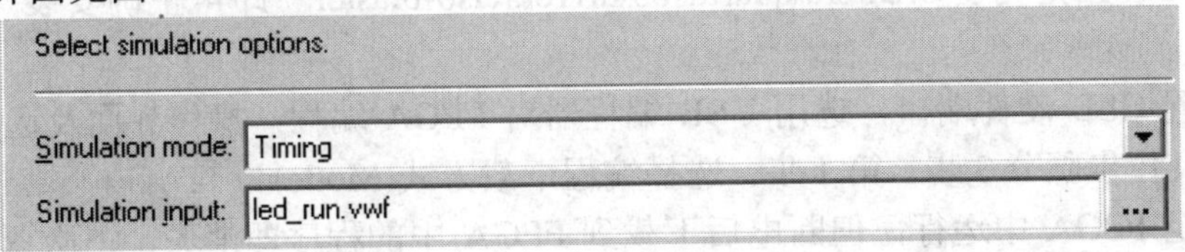

图 2-28 时序仿真设置界面

点击 Start 开始时序仿真。时序仿真比功能仿真要慢一些。仿真波形如图 2-29 所示。从图中可以看出 led_run 有毛刺，同时时序仿真存在延时。但由于延时时间很短，为几纳秒，所以在波形中看起来不是很明显。

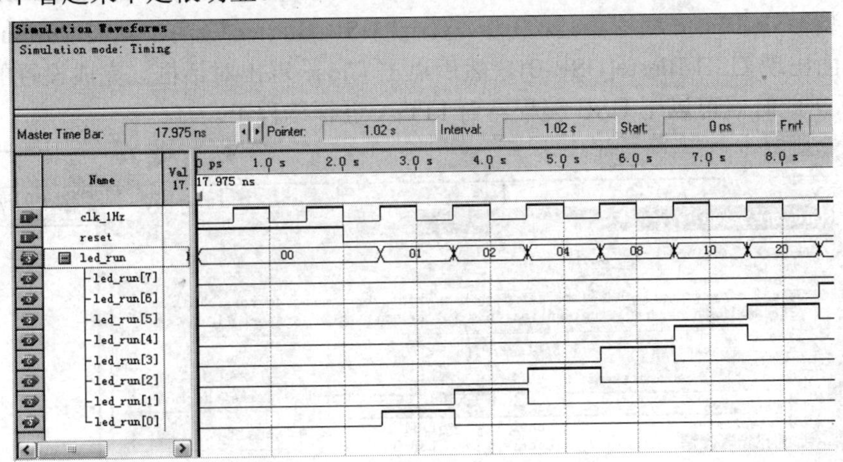

图 2-29 时序仿真波形输出

5. 引脚锁定

选择 Assignments—Pins，弹出如图 2-30 所示对话框，按图示进行引脚锁定，然后保存。

	Node Name	Direction	Location	I/O Bank	Vref Group	I/O Standard
1	clk_1Hz	Input	PIN_93	3	B3_N1	LVTTL (default)
2	led_run[6]	Output	PIN_37	4	B4_N2	LVTTL (default)
3	led_run[5]	Output	PIN_36	1	B1_N2	LVTTL (default)
4	led_run[4]	Output	PIN_35	1	B1_N2	LVTTL (default)
5	led_run[3]	Output	PIN_34	1	B1_N2	LVTTL (default)
6	led_run[2]	Output	PIN_33	1	B1_N2	LVTTL (default)
7	led_run[1]	Output	PIN_32	1	B1_N2	LVTTL (default)
8	led_run[0]	Output	PIN_11	1	B1_N1	LVTTL (default)
9	led_run[7]	Output	PIN_38	4	B4_N2	LVTTL (default)
10	reset	Input	PIN_1	1	B1_N0	LVTTL (default)
11	<<new node>>					

图 2-30 引脚锁定对话框图

6. 把程序下载到硬件上进行测试

首先安装 USB-Blaster 编程器。将 USB-Blaster 编程器的 USB 口插入 PC 机，如果是第一次使用 USB-Blaster，则 PC 机会弹出提示，要求安装驱动程序 FTD2XX.sys。根据提示，将驱动程序路径指定为“C:\altera\quartus60\drivers\usb-blaster”即可正确安装 USB-Blaster 编程器。

然后设置 USB 硬件端口，选用 USB 编程器对 FPGA 编程，操作界面及选项如图 2-31 所示。具体操作步骤分 3 步。第 1 步，选择编程下载方式(Mode)为 JTAG 模式。这种模式可将程序下载至 FPGA 中运行，但断电后下载到 FPGA 中的程序即消失，下次调试程序时还需要重新下载。如果要保存下载的程序而不必每次调试都重新下载，则可以选择其他下载模式，将需要下载的程序保存在程序存储器中，每次上电时 FPGA 从程序存储器中取出程序运行。第 2 步，点击右上角的 Hardware Setup…选择下载电缆，在弹出的对话框中可以看到“USB-Blaster”，这说明 USB-Blaste 编程器已安装完成，若没有出现“USB-Blaster”，则需要重新安装 USB-Blaste 编程器。第 3 步，双击“USB-Blaster”选项，则在 Currently selected hardware 后面出现 USB-Blaste[USB-0]。然后点击 Close 退出对话框。完成设置的对话框如图 2-32 所示，此时就可以用 USB 编程器对 FPGA 进行编程了。

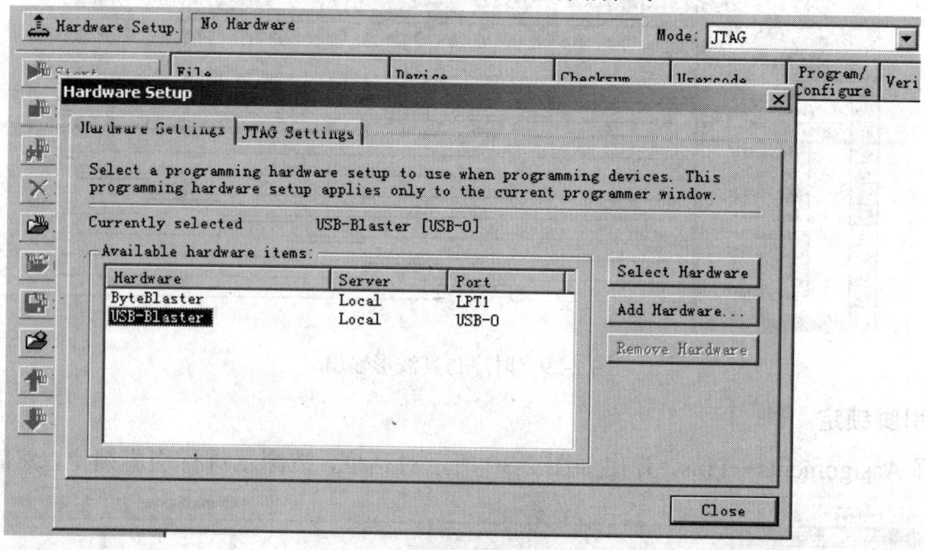

图 2-31　设置 USB 硬件端口

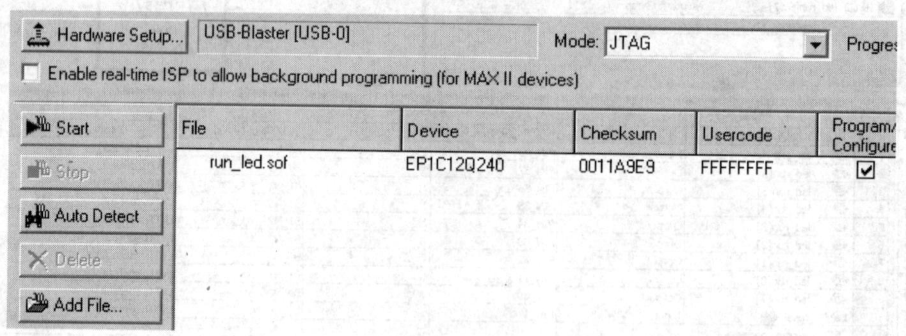

图 2-32　下载界面

在图 2-32 中，点击 Add File…，弹出如图 2-33 所示的对话框，然后选取 run_led.sof 文件作为下载文件，所有准备工作完成后的界面如图 2-32 所示。

图 2-33　选择下载文件

在图 2-32 中选中 Program/Configure，然后在 Quartus Ⅱ软件界面下选择 Tools—Programmer，或者点击图 2-32 中的 Start 按钮，程序就下载到 FPGA 中了。程序下载后，就可以看到硬件板上的跑马灯的效果了。

需要说明的是，上文介绍了使用 Quartus Ⅱ软件的完整的数字系统设计流程，包括设计输入编辑、设计分析与综合、适配、编程文件汇编(装配)、时序参数提取以及编程下载几个步骤。我们在后文中主要是借用 Quartus Ⅱ软件来学习 Verilog HDL 语言，因此对于整个设计流程我们可能只用其中的一部分，并且不同的例题可能用到的部分也不相同。

2.2　层 次 建 模

在详细讨论 Verilog 语言之前，我们首先需要理解数字系统设计中的层次建模的概念。本章通过一个典型的实例来介绍层次建模的方法。

【例 2-3】 实现一个 1 位全加器。

1 位全加器的 Verilog HDL 实现代码如下：

```
/*以下为全加器顶层模块*/
module f_adder(ain,bin,cin,cout,sum);
output cout,sum;
input ain,bin,cin;
wire ain,bin,cin,cout,sum;
wire d,e,f;
h_adder u0(ain,bin,d,e);
h_adder u1(e,cin,f,sum);
or2a   u2(d,f,cout);
endmodule

/*以下为半加器模块*/
```

```
module h_adder(a,b,co,so);
output co,so;
input a,b;
wire a,b,co,so,bbar;
and and2(co,a,b);
not not1(bbar,b);
xnor xnor2(so,a,bbar);
endmodule

/*以下为或门模块*/
module or2a(a,b,c);
output c;
input a,b;
wire a,b,c;
assign c=a | b;
endmodule
```

使用 Quartus Ⅱ软件综合的全加器的电路图如图 2-34 所示。

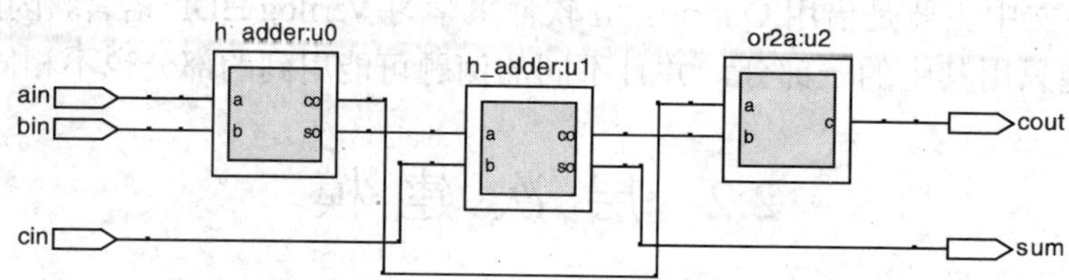

图 2-34　全加器 f_adder 电路图

从图 2-34 可见，全加器是由两个半加器和一个或门组成的。双击图中的半加器，可以看出半加器又由与门、异或门和非门构成，如图 2-35 所示。

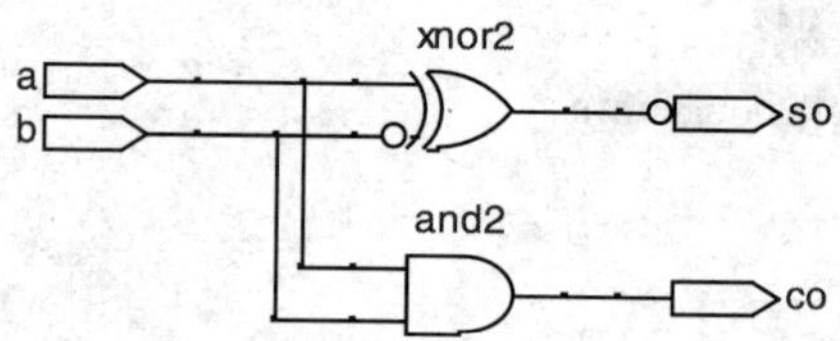

图 2-35　半加器 h_adder 电路图

程序说明：

(1) 语句 `assign c=a | b;` 中，“|”是按位或运算符，其功能是将 a 与 b 按位或的结果赋给信号 c。

(2) 语句 `wire a,b,c;` 中，wire 是线网数据类型，表示 a、b、c 是线网，是硬件单元之间的连接。

(3) 一个 Verilog HDL 模块内部的实现方式有多种。本例中，在或门模块内部使用了数据流语句 assign；在半加器模块内部调用了基本逻辑门原语；在全加器模块内部调用了半加器模块和或门模块。

(4) 在全加器模块中有两处调用了半加器：h_adder u0(ain,bin,d,e); 和 h_adder u1(e,cin,f,sum);。每次调用均给出一个唯一的实例名，而且调用时端口列表名称不同。在 Verilog HDL 设计中，在模块调用的时候，可以按顺序将模块定义的端口与外部环境中的信号连接起来，这种方法称为“按顺序连接”。h_adder u0(ain,bin,d,e);调用将 ain、bin、d、e 分别与模块定义中的端口 a、b、co、so 连接；h_adder u1(e,cin,f,sum);调用将 e、cin、f、sum 分别与模块定义中的端口 a、b、co、so 连接。

(5) 全加器的仿真波形如图 2-36 所示。从仿真波形可以看出，该设计完成了一位全加器的功能。

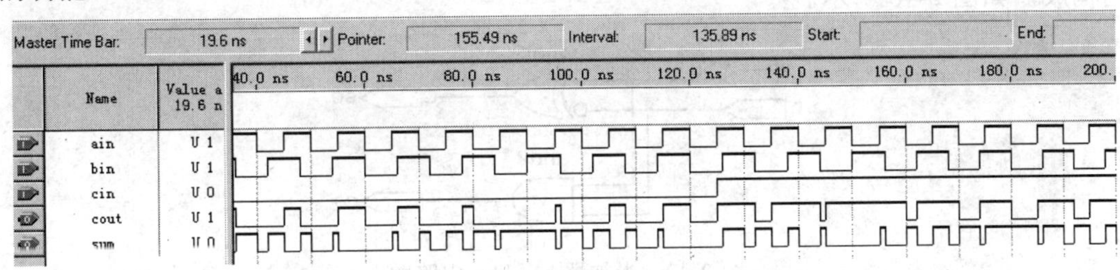

图 2-36　一位全加器功能仿真波形

关于该例的进一步说明：

(1) 层次建模。数字电路设计中有两种基本的设计方法：自底向上和自顶向下。

在自顶向下设计方法中，我们首先定义顶层功能块，随后将顶层模块分解为多个必要的子模块，然后进一步对各个子模块进行分解，直到达到无法进一步分解的底层功能块，如图 2-37 所示。

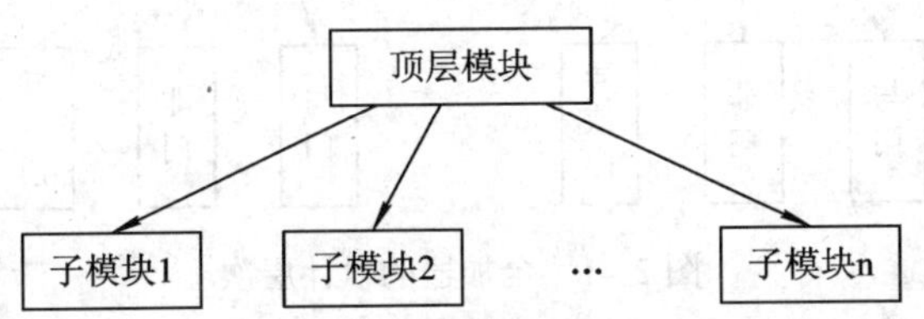

图 2-37　自顶向下设计方法

在自底向上设计方法中，我们首先对现有的功能块进行分析，然后使用这些模块来搭建规模大一些的功能块，直至得到顶层模块，如图 2-38 所示。

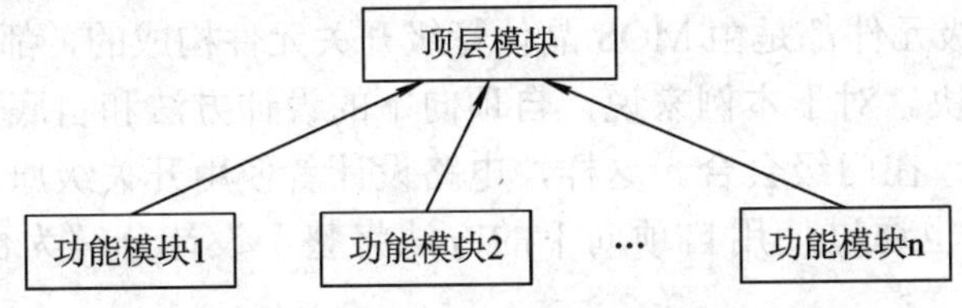

图 2-38　自底向上设计方法

在典型的设计中，这两种方法是混合使用的。为了说明层次建模的概念，下面我们以全加器为例进行说明。

全加器的电路图如图 2-39 所示。

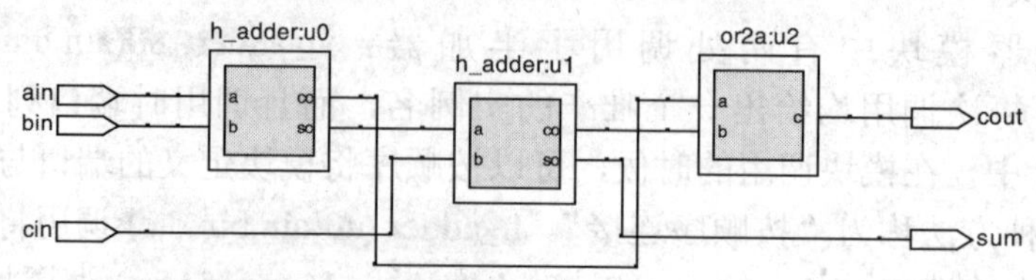

图 2-39　全加器 f_adder 电路图

图 2-39 中的全加器是由两个半加器和一个或门组成的，而半加器又由与门、异或门和非门构成，如图 2-40 所示。

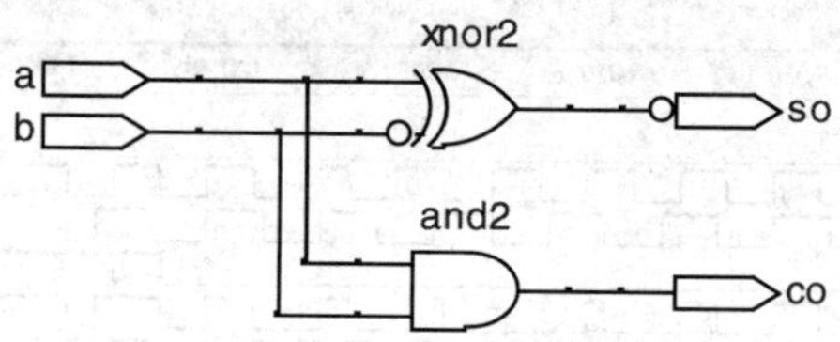

图 2-40　半加器 h_adder 电路图

综上所述，全加器的设计层次如图 2-41 所示。

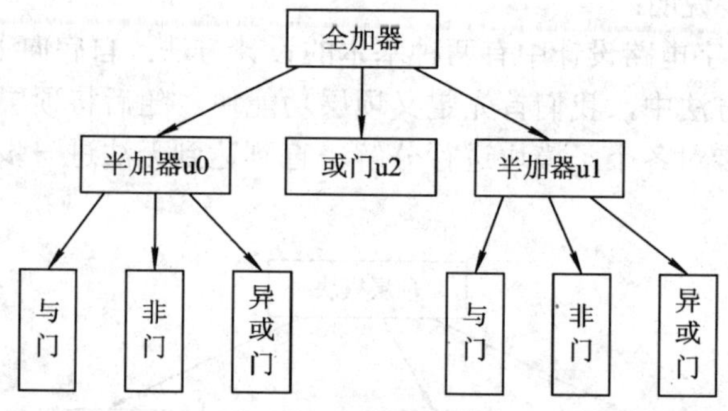

图 2-41　全加器的设计层次

使用自顶向下的方法进行设计，首先需要说明全加器的功能。在使用半加器和或门搭建顶层模块之后，进一步使用与门、异或门和非门来实现半加器。这样就可以将较大的功能块分解为较小的功能块，直到无法继续分解。对于本例，我们可以认为基本门就是最小的功能块，不可再分解。事实上，这些基本门是可以继续分解的，这里就隐含着自底向上的设计方法。各种门级元件都是由 MOS 晶体管级开关元件构成的，都经过了优化设计，都可以用来搭建高层模块。对于本例来说，自顶向下的设计方法和自底向上的设计方法按相反的方向独立地进行，在门级会合。这样，电路设计者使用开关级原语创建了一个底层元件库，而逻辑设计者也通过使用自顶向下的方法将整个设计分解为由库单元构成的结构描述。

(2) 模块实例化。在顶层模块中调用了两个半加器子模块和一个或门子模块。模块的调用过程称为模块的实例化，调用模块后创建的对象称为实例。

模块实例化是实现自顶向下设计的一种重要途径。模块实例化可以是多层次的，一个调用了较低层次模块的模块，可以被更高层次的模块调用。例如，上例中，我们可以先设计一个异或门模块，这个模块在半加器中被实例化，半加器模块又在全加器模块中被实例化。

需要说明的是，模块的调用(实例化)与 C 语言中的函数调用有着本质的区别。模块被调用后会生成一个实例，这个实例可以使用实例名对其进行唯一标识。如果在某个模块内出现了多次模块调用，则各次调用所指定的实例名必须不相同，即在同一模块内不能出现两个相同的实例名。同一个上级模块可以对多个下级模块进行调用，也可以对一个下级模块进行多次调用。这样，就会在同一电路中生成多个一模一样的电路结构单元，这些电路结构单元就是每次模块调用后生成的模块实例。为了对这些相同的电路结构单元进行区分，为它们所取的模块实例名应该是各不相同的。

实例名和模块名的区别是：模块名标志着不同的模块，用来区分电路单元的不同种类；而实例名则标志着不同的模块实例，用来区别电路系统中的不同硬件电路单元。

(3) 端口关联。在模块实例化中，端口起着非常重要的作用。端口是模块与外界环境交互的接口，事实上，我们可以将模块理解为一颗芯片，端口可理解为芯片的引脚。对于外部环境来说，模块内部是不可见的，对模块的实例化只能通过其端口进行。这种特点为设计者提供了很大的灵活性，只要端口保持不变，就可以对模块内部的实现细节作任意修改。

在模块实例化中，可以使用两种方法将模块定义的端口与外部环境中的信号连接起来：位置关联法和名称关联法。

① 位置关联法。在位置关联方法下，端口连接表的格式为：

(<端口 1>,<端口 2>,…,<端口 n>)

这些信号端口将与在模块定义时给出的“端口列表”中出现的各个模块端口依次相连：端口连接表中的端口 1 与第 1 个模块端口相连，端口连接表中的端口 2 与第 2 个模块端口相连，依此类推。

在全加器的 Verilog HDL 描述中，采用了位置关联的方法，即以下三条实例语句：

```
h_adder u0(ain,bin,d,e);
h_adder u1(e,cin,f,sum);
or2a    u2(d,f,cout);
```

② 名称关联法。在名称关联方法下，端口连接表的格式为：

(.<模块端口 1>(<端口 1>),.<模块端口 2>(<端口 2>),…, .<模块端口 n>(<端口 n>))

端口连接表内显式地指明了与每个外部信号端口相连的模块端口名，即模块端口1 所代表的端口将与端口 1 相连，依此类推。

在全加器的 Verilog HDL 描述中，若采用名称关联的方法，则需要用以下三条实例语句来替换相应的位置关联语句：

```
h_adder u0(.a(ain),.b(bin),.co(d),.so(e));      //替换 h_adder u0(ain,bin,d,e);
h_adder u1(.a(e),.b(cin),.co(f),.so(sum));      //替换 h_adder u1(e,cin,f,sum);
or2a    u2(.a(d),.b(f),.c(cout));               //替换 or2a    u2(d,f,cout);
```

需要说明的是，不能在同一个端口连接表内混合使用名称关联和位置关联。例如下面这条语句是非法的：

```
h_adder u0(ain,.b(bin),.co(d),.so(e));          //同时使用名称关联和位置关联是非法的
```

但对于不同的实例语句，则可以选择不同的端口关联方法。如下面的语句共存于同一个模块中是合法的：

```
h_adder u0(.a(ain),.b(bin),.co(d),.so(e));
h_adder u1(e,cin,f,sum);
```

另外，在端口名称关联方法下，模块端口和信号端口的连接关系被显式地说明，因此端口连接表内各项的排列顺序对端口连接关系是没有影响的。例如，在全加器中对于半加器的实例化语句可写成：

```
h_adder u0(.so(e),.co(d),.b(bin),.a(ain)); //替换 h_adder u0(.a(ain),.b(bin),.co(d),.so(e));
```

这样，在大型设计中可以避免端口连接错误。

2.3　Verilog HDL 的数据类型及常量和变量

数据类型是用来表示数字电路硬件中的数据存储和传送元素的，其中 reg 型、wire 型、integer 型、parameter 型是四个最基本的数据类型。Verilog HDL 中也有常量和变量之分，它们分别属于以上这些类型。

2.3.1　变量及其数据类型

变量就是在程序运行过程中其值可以改变的量。变量有多种数据类型，下面介绍几个最基本的数据类型：reg 型、wire 型、integer 型和 memory 型。

1. 值的种类

Verilog HDL 使用四值逻辑来对实际的硬件电路建模，四值逻辑如表 2-1 所示。

表 2-1　四 值 逻 辑

逻辑值	硬件电路中的条件
0	逻辑 0，条件为假
1	逻辑 1，条件为真
x	逻辑值不确定
z	高阻，浮动状态

2. wire 类型

wire 表示硬件单元之间的连接，就像真实的电路中一样。wire 是由其连接器件的输出端连续驱动的。如果没有驱动源，则 wire 的值为 z。如果没有显式地说明为向量，则默认 wire 型变量的位宽为 1。

wire 型数据常用来表示以 assign 关键字指定的组合逻辑信号。Verilog HDL 程序模块中的输入/输出信号类型缺省时自动定义为 wire 型。wire 型信号可以用作任何表达式的输入，也可以用作“assign”语句或实例元件的输出。

wire 型信号的格式如下：

```
wire [n-1:0] 数据名 1,数据名 2,…,数据名 i;
//共有 i 条总线，每条总线内有 n 条线路
```

或

wire [n:1] 数据名 1,数据名 2,…,数据名 i;

其中：wire 是 wire 型数据的确认符；[n-1:0]和[n:1]代表该数据的位宽，即该数据有几位(bit)；最后是数据的名字。如果一次定义多个数据，则数据名之间用逗号隔开。声明语句的最后要用分号表示语句结束。例如：

```
wire   a;          //定义了一个 1 位的 wire 型数据
wire [7:0] b;      //定义了一个 8 位的 wire 型数据
wire [4:1] c, d;   //定义了二个 4 位的 wire 型数据
```

3. reg 类型

寄存器用来表示存储元件，它保持原有的数值，直到被改写。注意，不要将这里的寄存器与实际电路中的由触发器构成的硬件寄存器相混淆。在 Verilog HDL 中，reg 仅仅意味着一个保存数值的变量。与 wire 不同，寄存器不需要驱动源，而且也不像硬件寄存器那样需要时钟信号。在任何时刻，寄存器的值都可以通过赋值来改变。

寄存器是数据存储单元的抽象。寄存器数据类型中最常用的是 reg 类型，通过赋值语句可以改变寄存器存储的值。reg 类型数据的缺省初始值为不定值 x。

reg 型数据的格式如下：

reg [n-1:0] 数据名 1,数据名 2,…,数据名 i;

或

reg [n:1] 数据名 1,数据名 2,…,数据名 i;

其中：reg 是 reg 型数据的确认标识符；[n-1:0]和[n:1]代表该数据的位宽，即该数据有几位(bit)；最后的是数据的名字。如果一次定义多个数据，则数据名之间用逗号隔开。声明语句的最后要用分号表示语句结束。例如：

```
reg   rega;              //定义了一个 1 位的名为 rega 的 reg 型数据
reg [3:0]   regb;        //定义了一个 4 位的名为 regb 的 reg 型数据
reg [4:1]   regc, regd;  //定义了两个 4 位的名字分别为 regc 和 regd 的 reg 型数据
```

【例 2-4】 二选一数据选择器示例。

```
module mux21a(a,b,s,y);
input wire a,b,s;
output reg y;
always @(a,b,s)
if(s==1) y=b;
else y=a;
endmodule
```

程序说明：

(1) 在模块中，输入端口只能为 wire 类型，输出端口可以为 wire 类型，也可以为 reg 类型。通常情况下，如果输出端口在 always 语句中使用，则必须声明为 reg 类型。

(2) `if(s==1) y=b;  else y=a;`为条件语句结构，表达的意思是当 s 为 1 时 y=b，否则 y=a。条件语句只能用在 always 语句中。

关于 reg 类型的进一步说明：

(1) reg 型数据常用来表示"always"模块内的指定信号。通常，在设计中要由"always"块通过使用行为描述语句来表达逻辑关系。在"always"块内被赋值的每一个信号都必须定义成 reg 型。

(2) 对于 reg 型数据，其赋值语句的作用就象改变一组触发器的存储单元的值。在 Verilog 中有许多构造用来控制何时或是否执行这些赋值语句。这些控制构造可用来描述硬件触发器的各种具体情况，如时钟上升沿等，或用来描述具体判断逻辑的细节，如各种多路选择器。reg 型数据可以赋正值，也可以赋负值。但当一个 reg 型数据是一个表达式中的操作数时，它的值被当作是无符号值，即正值。例如：当一个四位的寄存器用作表达式中的操作数时，如果开始寄存器被赋以值-1，则在表达式中进行运算时，其值被认为是 15。

(3) reg 型只表示被定义的信号将用在"always"块内，并不是说 reg 型信号一定是寄存器或触发器的输出。虽然 reg 型信号常常是寄存器或触发器的输出，但并不一定总是这样。

4. integer 类型

除了 reg 数据类型外，Verilog 还支持 integer 寄存器数据类型。

整数是一种通用的寄存器数据类型，用于对数据进行操作，使用关键字 integer 进行声明。整数的默认位宽为 32 位。通常，声明为 reg 类型的寄存器变量为无符号数，而整数类型的寄存器变量则为有符号数。

5. 向量

wire 和 reg 型的数据均可以声明为向量(位宽大于 1)。如果在声明中没有指定位宽，则默认为标量(1 位)。

向量通过[MSB : LSB]进行说明，方括号中左边的数总是代表向量的最高有效位。例如：wire[0:31] addr; reg[7:0] data;定义了向量 addr 和 data，则向量 addr 的最高有效位为它的第 0 位，向量 data 的最高有效位为它的第 7 位。

【例 2-5】 一个使用多种数据类型的程序片断。

```
integer M;
reg[3:0]A;
reg[7:0]B;
initial
begin
M=-1;    //M 为 32 位整数，采用补码形式存放，补码形式为 32 个 1
A=M;     //A 为 4 位无符号数，截取 M 的低 4 位赋给 A：1111
B=A;  //B 为 8 位无符号数，将 A 零扩展后送给 B：00001111
B=A+14;     //B 为 29：11101
A=A+14;     //A+14 为 29，截取低 4 位送给 A：1101
end
```

程序说明：

(1) 程序中定义了 3 个变量，即 1 个整型变量 M，2 个寄存型变量 A 和 B。其中，整型变量是有符号数，而寄存器变量是无符号数。

(2) M=-1;是将−1 赋值给变量 M，在内存中采用补码的形式存放，故 M=32'hffffffff。

(3) A=M;是将变量 M 赋值给变量 A，由于变量 A 是 4 位的，故将 M 的补码形式的低 4 位赋给 A。

(4) B=A;是将 A 的值赋给 B，因为 B 是 8 位无符号数，A 是 4 位无符号数，所以将 A 赋值给 B 时，还需要将 A 高位零扩展 4 位后赋给 B。

(5) A=A+14;是将 A+14 的结果赋给 A，因为 A+14 的结果为 5 位，所以在赋值给 A 时，需要截取低 4 位。

6. memory 型

Verilog HDL 通过对 reg 型变量建立数组来对存储器建模，可以描述 RAM 型存储器、ROM 型存储器、寄存器文件。数组中的每一个单元通过一个数组索引进行寻址。在 Verilog HDL 中没有多维数组存在。

【例 2-6】 存储器建模。

```
module rom(clk,rst,rd,data,addr);
input clk,rst,rd;              //rd 为读使能信号
input[2:0] addr;               //建立的存储器有 8 个地址空间
output reg[7:0] data;          //数据是 8 位的
reg[7:0] memory[0:7];          //8× 8 位数据的存储器
always @(posedge clk,posedge rst)
    if(rst)
      begin: init              //该顺序块用于初始化 ROM 值
          memory[0] = 8'b0000_0001;
          memory[1] = 8'b0000_0010;
          memory[2] = 8'b0000_0100;
          memory[3] = 8'b0000_1000;
          memory[4] = 8'b0001_0000;
          memory[5] = 8'b0010_0000;
          memory[6] = 8'b0100_0000;
          memory[7] = 8'b1000_0000;
      end
    else
      begin: read    //该顺序块用于读取 ROM 值
          if(rd) data=memory[addr];
      end
endmodule
```

程序说明：

(1) reg[7:0] memory[0:7]定义了一个存储器，reg[7:0]定义了这个存储器中每一个存储单元的大小为 8 位，而 memory[0:7]定义了这个存储器中有 8 个这样的存储单元。也就是说，该存储器有 8 个 8 位的数据，该存储器的地址范围为从 0 到 7。

(2) 对存储器进行寻址的地址索引可以是表达式，而且表达式的值可以取决于电路中其他寄存器的值，这样就可以对存储器的不同单元进行操作。例如，data=memory[addr]根据addr的不同值对存储器进行寻址。

(3) ROM可以用来实现组合逻辑电路功能，本例中ROM实现的是一个3-8线译码器。

2.3.2　常量及其数据类型

常量是指其值不能被改变的量。常量也有多种数据类型，如整型、参数型等。下面分别予以介绍。

1. 数字声明

在Verilog HDL中，整型常量即整常数有以下四种进制表示形式：二进制整数(b或B)、十进制整数(d或D)、十六进制整数(h或H)和八进制整数(o或O)。

数字表达方式有以下三种:

(1) <位宽><进制><数字>，这是一种全面的描述方式。

(2) <进制><数字>，在这种描述方式中，数字的位宽采用缺省位宽(这由具体的机器系统决定，但至少为32位)。

(3) <数字>，在这种描述方式中，进制缺省为十进制。

在表达式中，位宽指明了数字的精确位数，即该数在二进制数形式下的位数。例如：

```
8'b10101001   //位宽为8的数的二进制表示
8'ha5         //位宽为8的数的十六进制表示，等价于8'b10100101
```

2. x和z值

在数字电路中，x代表不定值，z代表高阻值。一个x可以用来定义十六进制数的四位状态，八进制数的三位状态，二进制数的一位状态。z的表示方式同x类似。z还有一种表达方式是可以写作“?”。例如：

```
4'b10x0   //位宽为4的二进制数从低位数起第二位为不定值
4'b101z   //位宽为4的二进制数从低位数起第一位为高阻值
12'dz     //等价于12'bzzzzzzzzzzzz，位宽为12的十进制数其值为高阻值(第一种表达方式)
12'd?     //同上(第二种表达方式)
8'h4x     //位宽为8的十六进制数其低四位值为不定值，等价于8'b0100xxxx
```

3. 负数

一个数字可以被定义为负数，只需在位宽表达式前加一个减号，减号必须写在数字定义表达式的最前面。注意减号不可以放在位宽和进制之间，也不可以放在进制和具体的数之间。例如：

```
-8'd4 //这个表达式代表4的补数(用八位二进制数表示)
8'd-4 //非法格式
```

4. 下划线

下划线可以分隔开数的表达，以提高程序可读性，但它不可以用在位宽和进制处，只能用在具体的数字之间。例如：

```
16'b1010_1011_1111_1010     //合法格式
8'b_0011_1010               //非法格式
```

当常量不说明位数时，默认值是 32 位。例如：

```
10＝32'd10＝32'b1010
1=32'd1=32'b1
-1=-32'd1=32'hFFFFFFFF
'BX=32'BX=32'HXXXXXXXX
```

5. 参数(parameter)型

在 Verilog HDL 中用 parameter 来定义常量，即用 parameter 定义一个标识符来代表一个常量，称为符号常量，即标识符形式的常量。采用标识符代表一个常量可提高程序的可读性和可维护性。

parameter 型数据是一种常数型的数据，其说明格式如下：

parameter　参数名 1＝表达式，参数名 2＝表达式，　…，　参数名 n＝表达式；

parameter 是参数型数据的确认符，确认符后跟着一个用逗号分隔开的赋值语句表。在每一个赋值语句的右边必须是一个常数表达式。也就是说，该表达式只能包含数字或先前已定义过的参数。例如：

```
parameter   msb=-3'b1;          //定义参数 msb 为常量 7
parameter   e=2_5;  //定义常数参数 e=25
parameter   byte_size=8, byte_msb=byte_size-1; //用常数表达式赋值
```

参数型常数经常用于定义延迟时间和变量宽度。在模块或实例引用时可通过参数传递改变在被引用模块中已定义的参数。

【例 2-7】 设计参数型 N 位加法器。

```
module add_N( X, Y, sum, co);
parameter N=4;
input [N-1: 0] X, Y;
output [N-1: 0]   sum;
output co;
assign      { co,   sum } = X + Y;
endmodule
//16 位加法器只需要调用参数型 N 位加法器即可
module add_16(X, Y, s, c);
input [15 : 0] X, Y;
output [15 : 0]   s;
output c;
add_N #(16) add16(X, Y, s, c);
endmodule
//8 位加法器只需要调用参数型 N 位加法器即可
module add_8(X, Y, s, c);
```

```
input [7 : 0] X, Y;
output [7 : 0]    s;
output c;
add_N add8(X, Y, s, c);
defparam add8.N=8;
endmodule
```

程序说明：

(1) 在调用 add_N 模块时，可用#(16)使参数 N 的值变为 16，从而使模块功能变为 16 位加法器，具体实现语句为 add_N #(16) add16(X, Y, s, c);。

(2) 也可以使用 defparam 来改变参数。用后缀改变引用模块的参数要用被引用模块的实例名作为参数的前缀，如 add8.N=8，从而使被引用模块的功能变为 8 位加法器。具体实现语句为：add_N add8(X, Y, s, c); defparam add8.N=8;。

通过使用参数，用户可以更加灵活地对模块进行说明。用户不但可以根据参数来定义模块，还可以方便地通过参数值重定义来改变模块的行为。

2.4　编 译 预 处 理

Verilog HDL 和 C 语言一样也提供了编译预处理的功能。“编译预处理”是 Verilog HDL 编译系统的一个组成部分。Verilog HDL 允许在程序中使用几种特殊的命令，其编译系统通常先对这些特殊的命令进行“预处理”，然后对预处理的结果和源程序一并进行通常的编译处理。

在 Verilog HDL 语言中，为了和一般的语句相区别，这些预处理命令以符号“`”开头(注意这个符号不同于单引号“'”)。这些预处理命令的有效作用范围为定义命令之后到本文件结束或到其他命令定义替代该命令之处。下面介绍 Verilog HDL 提供的两种常用的预编译命令：`define 和`include。

2.4.1　宏定义 `define

宏定义用一个指定的标识符来代表一个字符串，它的一般形式为：

`define 标识符(宏名) 字符串(宏内容)

其中，`define 是宏定义命令。如：`define signal string，其作用是指定用标识符 signal 来代替 string 这个字符串，在编译预处理时，把程序中在该命令以后所有的 signal 都替换成 string。这种方法使用户能以一个简单的名字代替一个长的字符串，也可以用一个有含义的名字来代替没有含义的数字和符号，因此把这个标识符称为“宏名”。在编译预处理时将宏名替换成字符串的过程称为“宏展开”。

例如，已有`define WORDSIZE 8，则 reg[1:`WORDSIZE] data;相当于定义 reg[1:8] data;。

【例 2-8】　宏定义应用举例。

```
`define M 3+2
module macro_ex(x,y);
```

```
input[3:0] x;
output[5:0] y;
assign y=`M*x;
endmodule
```

程序说明：

(1) `define 命令可以出现在模块定义里面，也可以出现在模块定义外面。宏名的有效范围为定义命令之后到本文件结束。通常，`define 命令写在模块定义的外面，作为程序的一部分，在此程序内有效。对于本例，M 的有效范围至 endmodule。

(2) 在引用已定义的宏名时，必须在宏名的前面加上符号“`”，表示该名字是一个经过宏定义的名字，如 assign y=`M*x;中对宏的引用。

(3) 宏定义用宏名代替一个字符串，也就是作简单的置换，不作语法检查。预处理时宏名照样代入，不管含义是否正确。只有在编译已被宏展开后的源程序时才报错。本例中，assign y=`M*x; 作简单宏置换后，变为 assign y=3+2*x;，因此若 x 取值为 1，则 y=3+2×1=5，若 x 取值为 2，则 y=3+2×2=7。

(4) 宏名可以用大写字母表示，也可以用小写字母表示。建议使用大写字母，以与变量名相区别。

(5) 宏定义不是 Verilog HDL 语句，不必在行末加分号。如果加了分号会连分号一起进行置换。如：`define expression a+b+c+d; assign out = `expression * e;，经过宏展开以后，该语句为：assign out = a+b+c+d;+e;，显然出现了语法错误。

关于宏定义的进一步说明：

● 宏名和宏内容必须在同一行中进行声明。如果在宏内容中包含注释行，注释行不会作为被置换的内容。如：`define typ_nand nand #5 //define a nand with typical delay，则 `typ_nand g121(q21,n10,n11);经过宏展开以后，该语句为：nand #5 g121(q21,n10,n11);。

● 使用宏名代替一个字符串，可以减少程序中重复书写某些字符串的工作量。而且记住一个宏名要比记住一个无规律的字符串容易，这样在读程序时能立即知道它的含义，当需要改变某一个变量时，可以只改变 `define 命令行。如前面的例子，先定义了 WORDSIZE 代表常量 8，这时寄存器 data 是一个 8 位的寄存器。如果需要改变寄存器的大小，只需把该命令行改为：`define WORDSIZE 16。这样寄存器 data 则变为一个 16 位的寄存器。由此可见，使用宏定义可以提高程序的可移植性和可读性。

● 在进行宏定义时，可以引用已定义的宏名，可以层层置换。如已有：`define aa a+b，`define cc c+`aa，assign out =`cc;，则经过宏展开以后，assign 语句为 assign out = c + a + b;。

● 宏内容可以是空格，在这种情况下，宏内容被定义为空的。当引用这个宏名时，不会有内容被置换。

2.4.2 “文件包含”处理 `include

“文件包含”处理是指一个源文件可以将另外一个源文件的全部内容包含进来，即将另外的文件包含到本文件之中。Verilog HDL 语言提供了`include 命令来实现“文件包含”的操作。其一般形式为：

`include “文件名”

“文件包含”命令是很有用的，它可以节省程序设计人员的重复劳动。可以将一些常用的宏定义命令或任务组成一个文件，然后用`include 命令将这些宏定义包含到自己所写的源文件中，相当于工业上的直接将标准元件拿来使用。另外在编写 Verilog HDL 源文件时，一个源文件可能经常要用到另外几个源文件中的模块，遇到这种情况即可用`include 命令将所需模块的源文件包含进来。

【例 2-9】 文件包含示例。

文件 one.v：

```
`define aa a+b
`define cc c+`aa
```

文件 two.v：

```
`include   "one.v"
module   two(a,b,cout);
input a,b,c;
output out;
  assign out =`cc;
endmodule
```

程序说明：

在上面的例子中，文件 two.v 用到了文件 one.v 中的宏定义，通过“文件包含”处理来引用。在经过编译预处理后，文件 two.v 实际上相当于下面的程序文件 two.v：

```
`define aa a+b
`define cc c+`aa
module   two(a,b,cout);
input a,b,c;
output out;
  assign out =`cc;
endmodule
```

关于“文件包含”的进一步说明：

● 一个`include 命令只能指定一个被包含的文件，如果要包含 n 个文件，则要用 n 个`include 命令。例如，`include"one.v""two.v"的写法是非法的。

● include 命令可以出现在 Verilog HDL 源程序的任何地方，被包含文件名可以是相对路径名，也可以是绝对路径名。例如：'include"parts/count.v"。

● 可以将多个`include 命令写在一行，在`include 命令行只可以出现空格和注释行。例如下面的写法是合法的：'include "fileB" 'include "fileC" //including fileB and fileC。

● 如果文件 1 包含文件 2，而文件 2 要用到文件 3 的内容，则可以采用例 2-10 所给出的方法来实现。

【例 2-10】 实现文件 1 包含文件 2，而文件 2 要用到文件 3 的两种方法。

方式一：在文件 1 中用两个`include 命令分别包含文件 2 和文件 3，而且文件 3 应出现在文件 2 之前，即在 file1.v 中定义：

```
`include"file3.v"
`include"file2.v"
module test(a,b,out);
input[1:`size2] a, b;
output[1:`size2] out;
wire[1:`size2] out;
assign   out= a+b;
endmodule
```

file2.v 的内容为：

```
`define size2   `size1+1
.
.
.
```

file3.v 的内容为：

```
`define size1   4
.
.
.
```

方式二：在文件 1 中用`include 命令包含文件 2，在文件 2 中用`include 命令包含文件 3，即在 file1.v 中定义：

```
`include"file2.v"
module test(a,b,out);
input[1:`size2] a, b;
output[1:`size2] out;
wire[1:`size2] out;
assign   out= a+b;
endmodule
```

file2.v 的内容为：

```
`include"file3.v"
`define size2   `size1+1
.
.
.
```

file3.v 的内容为：

```
`define size1   4
.
.
.
```

这样，file1.v 和 file2.v 都可以用到 file3.v 的内容。在 file2.v 中不必再用`include "file3.v"了。

2.5 小　　结

本章讨论了以下知识点：

❖ Verilog HDL 程序是由模块构成的。每个模块的内容都嵌在 module 和 endmodule 两个语句之间。每个模块实现特定的功能。

❖ 数字电路设计中两种基本的设计方法：自底向上和自顶向下。

❖ 模块实例化是实现自顶向下设计的一种重要途径。模块实例化可以是多层次的，一个调用了较低层次模块的模块，可以被更高层次的模块调用。

❖ 在模块实例化中，可以使用两种方法将模块定义的端口与外部环境中的信号连接起来：位置关联法和名称关联法。

❖ 数据类型是用来表示数字电路硬件中的数据存储和传送元素的，其中 reg 型、wire 型、integer 型、parameter 型是几个最基本的数据类型。Verilog HDL 语言中也有常量和变量之分，它们分别属于以上这些类型。

❖ 通过使用参数，用户可以更加灵活地对模块进行说明。用户不但可以根据参数来定义模块，还可以方便地通过参数值重定义来改变模块的行为。

❖ 编译预处理命令以符号“`”开头，其有效作用范围为定义命令之后到本文件结束或到其他命令定义替代该命令之处。本章重点介绍了两种常用的预编译命令：`define 和`include。

习　题　2

1. 简述自顶向下(Top-Down)的设计方法。
2. 定义两个 8 位的名为 RegA 和 RegB 的 reg 型数据。
3. 根据图 2-42 所示电路，选择恰当的选项填入程序中的适当位置。

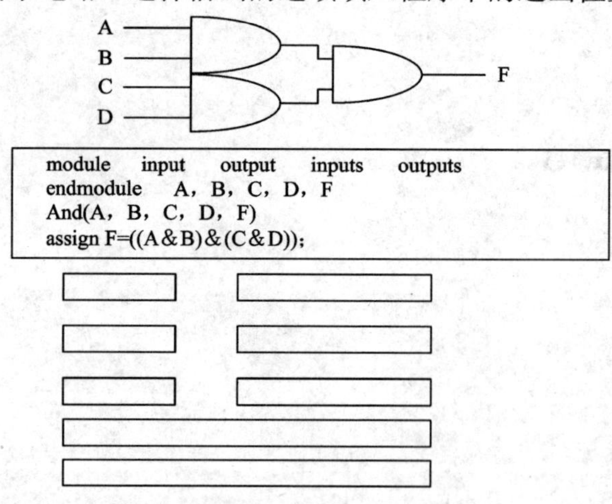

图 2-42　习题 3 的图

4. 下面定义了一个参数型乘法器模块，请使用两种方法修改参数，实现 4 位乘法器。

```
module mul_N( X, Y, mul);
parameter N=2;
input [N-1: 0] X, Y;
output [2*N-1: 0]   mul;
assign    mul = X * Y;
endmodule
```

5. 请根据以下两条语句，从选项中找出正确答案。

(1)
```
reg [7:0] A;
A=2'hFF;
```

运行以上两句代码后 A 的值为：(　)。

A) 8'b0000_0011　B) 8'h03　C) 8'b1111_1111　D) 8'b11111111

(2)
```
reg [7:0] B;
B=8 'bZ0;
```

运行以上两句代码后 B 的值为：(　)。

A) 8'0000_00z0　　B) 8'bzzzz_0000　C) 8'b0000_zzz0　　D) 8'bzzzz_zzz0

第 3 章　Verilog HDL 常用建模方法

本章从一个典型数字电路实例入手来引入建模方法，然后详细介绍 Verilog HDL 的常用建模方法，包括结构建模方法、数据流建模方法和行为建模方法。

3.1　建模方法引例

下面通过一个典型数字电路实例来引入建模方法。

【例 3-1】 设计实现一个 3 人判决电路，若 3 个人中有 2 人或者超过 2 人同意，则表决结果为通过；否则表决结果为不通过。

这是一道经典的数字电路例题，下面我们来看一下数字电路中对该问题的求解过程。

第一步：理解题意。

设 a、b、c 分别代表 3 个人，同意用 1 表示，不同意用 0 表示，y 代表表决结果，1 表示通过，0 表示不通过。

根据题意有，当 a、b、c 三个中有 2 个为 1，或者 3 个均为 1 时，y 为 1，否则 y 为 0。

第二步：根据题意，列真值表，如表 3-1 所示。

表 3-1　例 3-1 对应的真值表

a	b	c	y
0	0	0	0
0	0	1	0
0	1	0	0
0	1	1	1
1	0	0	0
1	0	1	1
1	1	0	1
1	1	1	1

第三步：根据真值表，列输出方程：

$$y = a'bc + ab'c + abc' + abc$$

第四步：化简方程，可以采用代数化简法或者卡诺图化简法(见图 3-1)。

y　a \ bc	00	01	11	10
0	0	0	1	0
1	0	1	1	1

图 3-1　卡诺图化简

化简后的方程为：y = ab + bc + ca。

第五步：根据化简后的方程画出电路图，如图 3-2 所示。

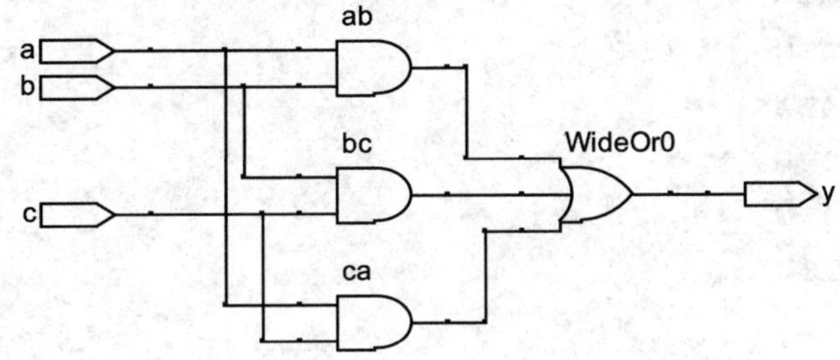

图 3-2　例 3-1 的电路实现

至此解题完毕。

以上五步，我们均可以采用 Verilog HDL 语言进行数字电路建模，建模过程见例 3-2 至例 3-6。

【例 3-2】 对应于步骤一的 Verilog 建模。

```
module decision_1(a,b,c,y);
input a,b,c;
output reg y;
always @(a,b,c)
if((a&b==1)|(b&c==1)|(c&a==1)|(a&b&c==1)) y=1;
else y=0;
endmodule
```

使用 Quartus Ⅱ软件综合的结果如图 3-3 所示。

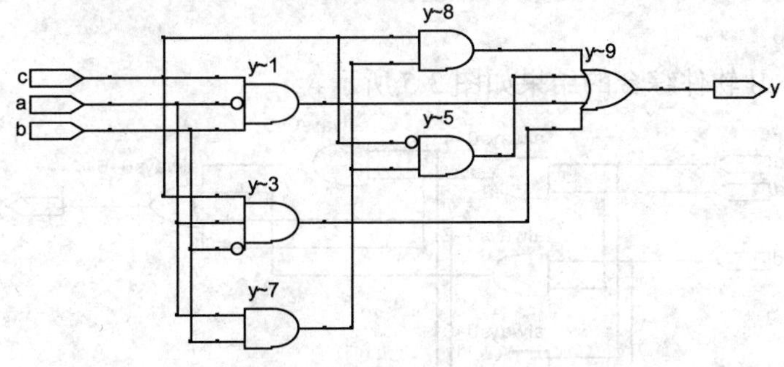

图 3-3　例 3-2 的综合结果

【例 3-3】 对应于步骤二的 Verilog 建模。

```
module decision_2(a,b,c,y);
input a,b,c;
output reg y;
always @(a,b,c)
case({a,b,c})
        3'b000: y=0;
        3'b001: y=0;
        3'b010: y=0;
        3'b011: y=1;
        3'b100: y=0;
        3'b101: y=1;
        3'b110: y=1;
        3'b111: y=1;
endcase
endmodule
```

使用 Quartus Ⅱ软件综合的结果如图 3-4 所示。

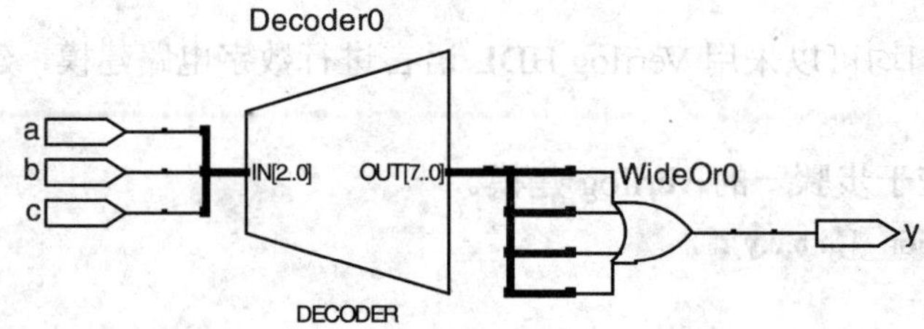

图 3-4　例 3-3 的综合结果

【例 3-4】 对应于步骤三的 Verilog 建模。

```
module decision_3(a,b,c,y);
input a,b,c;
output y;
assign y=(~a&b&c)|(a&~b&c)|(a&b&~c)|(a&b&c);
endmodule
```

使用 Quartus Ⅱ软件综合的结果如图 3-5 所示。

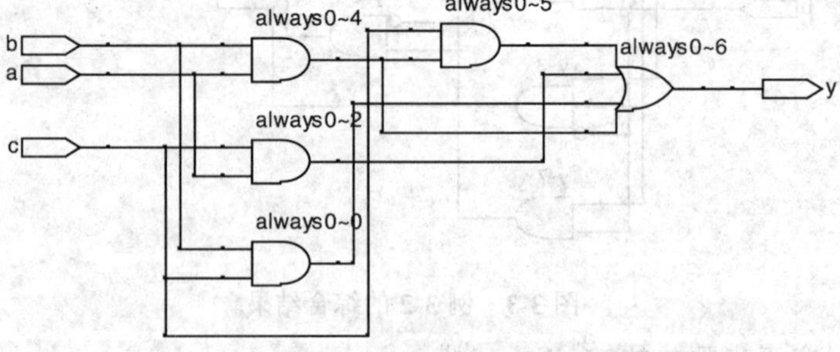

图 3-5　例 3-4 的综合结果

【例 3-5】　对应于步骤四的 Verilog 建模。

```
module decision_4(a,b,c,y);
input a,b,c;
output y;
assign y=(a&b)|(b&c)|(c&a);
endmodule
```

使用 Quartus Ⅱ软件综合的结果如图 3-2 所示。

【例 3-6】　对应于步骤五的 Verilog 建模。

```
module decision_5(a,b,c,y);
input a,b,c;
output y;
//assign y=(a&b)+(b&c)+(c&a);
//assign y=a&b+b&c;
and (ab,a,b),
      (bc,b,c),
      (ca,c,a);
or (y,ab,bc,ca);
endmodule
```

使用 Quartus Ⅱ软件综合的结果如图 3-2 所示。

以上五步对应着不同的建模方法，但其功能仿真波形都是相同的，如图 3-6 所示。

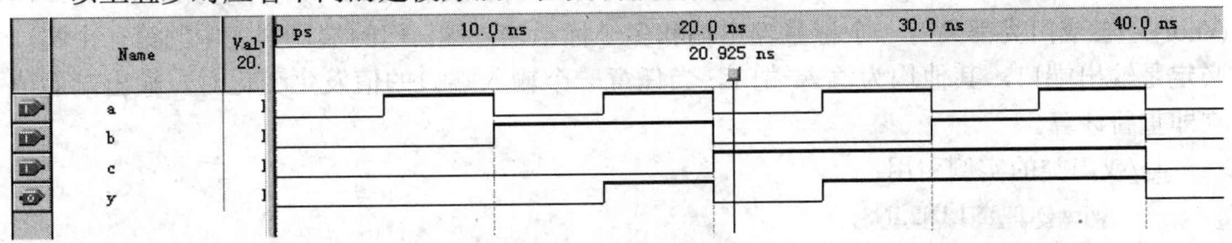

图 3-6　功能仿真波形

从仿真波形可以看出，以上五种不同的建模方法均实现了判决功能，都是问题的解决方法。

对例 3-2 至例 3-6 的说明：

(1) 各种建模方法得出的电路图不尽相同，但最终的仿真结果完全相同，也就是说，最终的电路实现不同，但功能却相同。

(2) 例 3-2 和例 3-3 采用了行为建模方式建模，用到了always 语句；例 3-4 和例 3-5 采用了数据流建模方式建模，用到了assign 语句；例 3-6 采用了门级建模方式建模，调用了门级原语。这三种建模方式是 Verilog HDL 最主要的建模方式。在一个模块中，可以采用以上三种建模方式的一种建模，也可以采用多种方式混合建模。本章后续内容还要对上述三种建模方式展开讨论。

(3) 例 3-2 用到了条件语句 if，例 3-3 用到多路分支语句 case，这些语句只能用在 always 语句中，也就是只能用在行为建模中；assign 语句是数据流建模的标志；模块调用类似于门级原语调用，均归属结构化建模。

(4) 从以上例子也可以看出，从门级建模到数据流建模再到行为建模，建模抽象程度越来越高，距离电路的具体实现越来越远，但是也越来越接近人类解决问题的思维。

3.2 结构化形式建模

在 Verilog HDL 中可使用如下方式描述结构：

(1) 开关级原语(在晶体管级)——开关级建模。

(2) 内置门原语(在门级)——门级建模。

(3) 用户定义的原语。

(4) 模块实例(创建层次结构)。

上述几种结构化描述方式之中，比较常用的是门级建模、用户自定义原语和模块实例。而模块实例化已在第 2 章中进行了介绍，下面仅就门级建模和用户自定义原语作详细介绍。

3.2.1 门级建模

简单的逻辑电路可以使用逻辑门来设计实现。

基本的逻辑门分为两类：与/或门类、缓冲/非门类。

1. 与/或门类

与/或门类包括与门(and)、或门(or)、与非门(nand)、或非门(nor)、异或门(xor)、同或门(xnor)。与/或门类都具有一个标量输出端和多个标量输入端，门的端口列表中的第一个端口必定是输出端口，其他均为输入端口。当任意一个输入端口的值发生变化时，输出端的值立即重新计算。

与/或门类的实例引用：

```
wire OUT,IN1,IN2,IN3;
and and2(OUT,IN1,IN2);  //基本门的实例引用
nand nand3(OUT,IN1,IN2,IN3);  //输入端超过两个，三输入与非门
and (OUT,IN1,IN2,IN3);         //合法的门实例引用，不给实例命名
```

2. 缓冲/非门类

缓冲/非门类包括缓冲器(buf)、非门(not)、带控制端的缓冲器/非门(bufif1、bufif0、notif1、notif0)。缓冲/非门类具有一个标量输入端和多个标量输出端，门的端口列表中的最后一个端口必定是输入端口，其他均为输出端口。

缓冲/非门类的实例引用：

```
wire OUT1,OUT2,OUT3,IN,ctrl;
buf b1(OUT1,IN);  //基本门的实例引用
not n1(OUT1,IN);    //基本门的实例引用
buf   b2(OUT1,OUT2,OUT3,IN);  //输出端超过两个，三输出缓冲
not   (OUT1,OUT2,IN);          //合法的门实例引用，不给实例命名
```

```
bufif1(OUT1,IN,ctrl);      //ctrl 为 1 时，OUT1=IN
notif0(OUT1,IN,ctrl);      // ctrl 为 0 时，OUT1=~IN
```

【例 3-7】　利用双输入端的 nand 门，编写自己的双输入端的与门(my_and)、或门(my_or)、非门(my_not)、异或门(my_xor)。

```
module my_and(a,b,y);   //用两个 nand 门实现与门
input a,b;
output y;
wire nandab;
nand(nandab,a,b),
     (y,nandab,nandab);
endmodule

module my_or(a,b,y);   //用三个 nand 门实现或门
input a,b;
output y;
wire nandaa,nandbb;
nand(nandaa,a,a),
     (nandbb,b,b),
     (y,nandaa,nandbb);
endmodule

module my_not(a,y);   //用一个 nand 门实现非门
input a;
output y;
nand(y,a,a);
endmodule

module my_xor(a,b,y);   //用四个 nand 门实现异或门
input a,b;
output y;
wire andab,c,d;
nand(andab,a,b),
(c,andab,a),
(d,andab,b),
(y,c,d);
endmodule
```

程序说明：

(1) 在以上示例中，调用门级原语时均没有给出实例名。注意，在门级原语实例引用的时候，我们可以不指定具体的实例名，这一点对需要实例引用几百个甚至更多门的模块提

供了方便。但对于初学者，建议在调用门级原语时给出实例名。

(2) 在实际应用中，与非门和或非门的应用更为普遍，这是因为由这两种门生成其他逻辑门较容易实现。

(3) 例子中有 4 个模块，分别实现与门、或门、非门、异或门，可在多模块编译环境 Quartus Ⅱ中逐个模块编译并进行仿真验证，这部分工作留给读者完成。

逻辑门是最基本的电路单元，任何复杂的数字逻辑电路均可由逻辑门实现。但复杂电路的设计如果从逻辑门开始来搭建，显然是不现实的，必须采用其他建模方式。

3.2.2 用户自定义原语

Verilog HDL 提供了一整套标准的原语，例如 and、or、nor 和 not 等，它们是该语言的一部分，即通常所说的内置原语。然而，在设计过程中，设计者有时希望使用自己编写的原语。Verilog HDL 具有这种自定义原语的能力，这种原语就是用户自定义原语(User Defined Primitive，UDP)。UDP 是自成体系的，在 UDP 中不能调用其他模块或者其他原语。UDP 的调用方式和门级原语的调用方式完全相同。

UDP 有两类：

(1) 表示组合逻辑的 UDP：输出仅取决于输入信号的组合逻辑。

(2) 表示时序逻辑的 UDP：下一个输出值不但取决于当前的输入值，还取决于当前的内部状态。

UDP 的语法定义如下：

```
primitive   <UDP 名称>  (<输出端口名>,<输入端口名>);
//端口说明语句
output <输出端口名>;
input <输入端口名>;
reg <输出端口名>;(可选，只有表示时序逻辑的 UDP 才需要)
//UDP 初始化(只有时序逻辑才需要)
Initial <输出端口名>= <值>
//UDP 状态表
table
<状态表>
endtable
endprimitive
```

下面举例对这两类 UDP 进行说明。

【例 3-8】 表示组合逻辑的 UDP 举例：一位全加器。

全加器进位实现部分：

```
primitive U_ADD_C(CO, A, B, CI);
   output CO;
   input A, B, CI;
   table  //    A    B   CI : CO
```

```
              1   1   ?:  1;
              1   ?   1:  1;
              ?   1   1:  1;
              0   0   ?:  0;
              0   ?   0:  0;
              ?   0   0:  0;
    endtable
endprimitive
```

全加器求和实现部分：

```
primitive U_ADD_S(S, A, B,CI);
    output S;
    input A, B, CI;
    table  // A  B  CI  :  S
              0   0   0  :  0;
              0   0   1  :  1;
              0   1   0  :  1;
              0   1   1  :  0;
              1   0   0  :  1;
              1   0   1  :  0;
              1   1   0  :  0;
              1   1   1  :  1;
    endtable
endprimitive
```

调用上述两个 UDP 的全加器模块：

```
module U_ADD(SUM,CO,a, b,ci);
input a, b,ci;
output SUM,CO;
U_ADD_S U1(SUM, a, b,ci);
U_ADD_C U2(CO,a, b,ci);
endmodule
```

程序说明：

(1) 若使用 UDP 设计全加器，仅需要两个 UDP 来描述全加器的逻辑功能；而使用 Verilog HDL 原语元件，则需要多个 Verilog HDL 提供的基本门级原语元件。当设计需要使用大量全加器时，采用 UDP 来表示全加器，将大大减少内存的需要，事件的数目将大大降低。

(2) 两个 UDP 的端口列表中，第一个端口 CO 和 S 均为输出端口，其余端口均为输入端口。

(3) 程序中的“？”表示逻辑值可以为 0、1 或 x。

(4) 使用 Quartus Ⅱ软件综合的结果如图 3-7 所示。

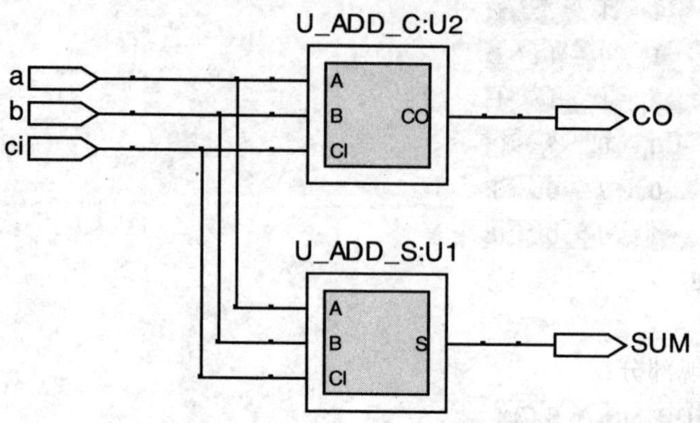

图 3-7　一位全加器的综合结果

其仿真波形如图 3-8 所示。

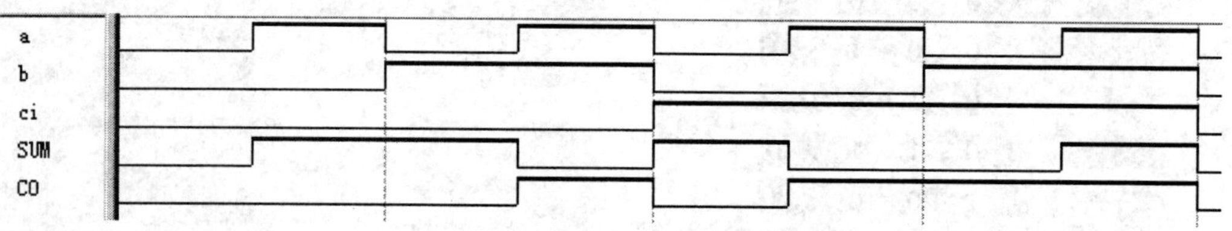

图 3-8　一位全加器的仿真波形

从仿真波形可以看出，该设计实现了一位全加器的功能。

【例 3-9】 表示时序逻辑的 UDP 举例：D 触发器。

```
primitive d_edge_ff (q, clk, data);
      output q;
      input clk, data;
      reg q;
    table // clk dat state next
      (01)  0  :  ?    : 0 ;
      (01)  1  :  ?    : 1 ;
//时钟下降沿
      (?0)  ?  :  ?    : - ;
//时钟稳定时忽略 data 的变化
      ?    (??) : ?    : - ;
      endtable
endprimitive
```

程序说明：

(1) 使用 Quartus Ⅱ软件综合的结果如图 3-9 所示。

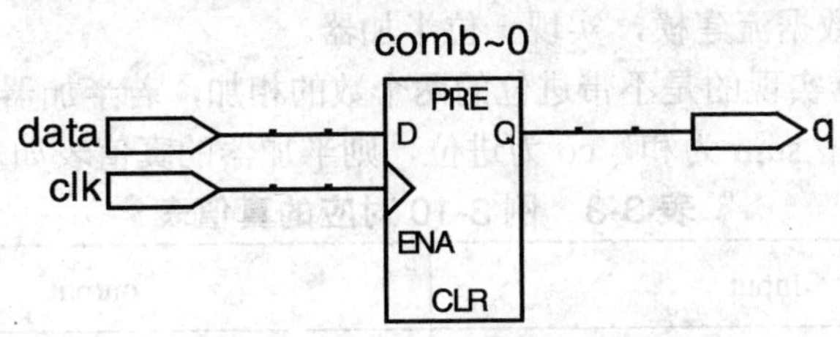

图 3-9　D 触发器的综合结果

从综合结果可以看出，该设计实现了一个 D 触发器。

(2) 程序中的“？”表示逻辑值可以为 0、1 或 x。

(3) 端口列表中的第一个端口 q 为输出端口，其余为输入端口。

对用户自定义原语的进一步说明：

(1) UDP 只能有一个输出，输出端口必须列为端口列表的第一个。如果在功能上要求有多个输出，则需要在 UDP 输出端连接其他的基本单元，或者同时使用几个 UDP。

(2) UDP 可以有 1～10 个输入。若输入端口超过 5，则存储需求会大幅增加。表 3-2 列出输入端口数与存储需求的关系。

表 3-2　输入端口数与存储需求的关系

输入端口数	存储器/KB	输入端口数	存储器/KB
1～5	1	8	56
6	5	9	187
7	17	10	623

(3) 所有端口必须为标量且不允许是双向端口。

(4) 不支持逻辑值 z。

3.3　数据流级建模

在电路规模较小的情况下，由于包含的门数比较少，因此使用门级建模进行设计不仅直观，而且方便。但是，如果电路的功能比较复杂，则通常该电路包含的逻辑门的个数会很多，这时使用门级建模不仅繁琐而且很容易出错。在这种情况下，如果从更高抽象层次入手，将设计重点放在功能实现上，则不仅能避免繁琐的细节，还可以大大提高设计的效率。

本节介绍更高抽象层次的建模方法：数据流建模。

3.3.1　连续赋值语句

以关键词 assign 开始的语句为连续赋值语句，连续赋值语句是 Verilog 数据流建模的基本语句，用于对线网进行赋值。

【例 3-10】 使用数据流建模，实现一位半加器。

解题指引：半加器实现的是不带进位的两个数的相加，若半加器的输入为 ain 和 bin，输出为 sum 和 co，其中 sum 为和，co 为进位，则半加器的真值表如表 3-3 所示。

表 3-3　例 3-10 对应的真值表

input		output	
ain	bin	sum	co
0	0	0	0
0	1	1	0
1	0	1	0
1	1	0	1

Verilog HDL 实现代码如下：

```
module adder_half(ain,bin,sum,co);
input ain,bin;
output sum,co;
assign {co,sum}= ain+bin;
endmodule
```

程序说明：

(1) assign {co,sum}= ain+bin; 是一条连续赋值语句，它将 ain 和 bin 的和存放在{co,sum}中。该语句中，“{ }”为位拼接符，其功能是将 co 和 sum 拼接成一个两位的数。

(2) 连续赋值语句的左边必须是一个标量或向量线网，或者是标量或向量线网的拼接，而不能是任何形式的寄存器。例如下面的形式是非法的：

```
reg sum;
assign {co,sum}= ain+bin;   //非法，sum 不能为寄存器类型
```

对连续赋值语句的进一步说明：

(1) 连续赋值语句的基本元素是表达式、运算符和操作数。其功能是计算右侧表达式的值，然后赋给左边变量。表达式由运算符和操作数构成，根据运算符界定的功能对操作数进行运算后得出结果。数据流的强大建模能力体现在多种运算符类型上。下一节我们将详细介绍运算符类型。

(2) 连续赋值语句总是处于激活状态。只要任意一个操作数发生变化，表达式就会被立即重新计算，并且将结果赋给等号左边的线网。

(3) 操作数可以是标量或向量线网，也可以是标量或向量寄存器。

3.3.2　运算符类型

Verilog HDL 提供了许多类型的运算符，分别是算术、关系、逻辑、按位、缩减、条件、移位和位拼接运算符。表 3-4 按运算符类型列出了常用的运算符。

表 3-4　Verilog HDL 运算符

运算符类型	运算符	执行的操作	操作数的个数	运算符类型	运算符	执行的操作	操作数的个数
算术	*	乘	2	关系	>	大于	2
	/	除	2		<	小于	2
	%	取模	2		>=	大于等于	2
	**	乘方	2		<=	小于等于	2
	+	加	2		==	等于	2
	-	减	2				
逻辑	!	逻辑反	1		!=	不等于	2
	&&	逻辑与	2	缩减	&	缩减与	1
	||	逻辑或	2		~&	缩减与非	1
按位	~	按位求反	1		|	缩减或	1
	&	按位与	2		~|	缩减或非	1
	|	按位或	2		^	缩减异或	1
	^	按位异或	2		~^或^~	缩减同或	1
	~^或^~	按位同或	2	位拼接	{}	拼接	任意
移位	<<	左移	2		{{}}	复制	任意
	>>	右移	2	条件	?:	条件	3

从表 3-4 可知，在 Verilog HDL 语言中运算符所带的操作数是不同的。只带一个操作数的运算符称为单目运算符，此时操作数需放在运算符的右边；带二个操作数的运算符称为双目运算符，操作数需放在运算符的两边；带三个操作数的运算符称为三目运算符，这三个操作数用三目运算符分隔开，如条件运算符就是三目运算符。

表达式中的操作数可以是以下类型中的一种：常数、参数、线网、寄存器、位选择、部分选择、存储器单元和函数调用。

下面对表 3-4 中的运算符分别加以介绍。

1. 算术运算符

算术运算符包括加(+)、减(–)、乘(*)、除(/)、取模(%)、乘方(**)。

【例 3-11】 算术运算符示例。

```
module arith(a,b,add,sub,mul,div,mod,pow);
input[7:0] a,b;
output[7:0] add,sub,mul,div,mod,pow;
assign      add=a+b,
        sub=a-b,
        mul=a*b,
        div=a/b,
        mod=a%b,
```

```
pow=a**4;
endmodule
```

程序说明：

(1) 加(+)、减(–)、乘(*)、除(/)、取模(%)、乘方(**)均为双目运算符，要求运算符两侧均有操作数。

(2) 该例仿真时可以设置在 0～255 内的任意输入值 a 和 b，观察 add、sub、mul、div、mod、pow 值的变化。

(3) 乘方运算符要求幂是一个常量，不能为变量。

对于算术运算符的进一步说明：

(1) 在进行整数除法运算时，结果值要略去小数部分，只取整数部分。

(2) 取模运算符又称为求余运算符，要求%两侧均为整型数据。

(3) 取模运算时，结果值的符号位采用模运算式里第一个操作数的符号位。表 3-5 中列举了一些例子。

表 3-5　取模运算举例

取模运算表达式	结果	说　明
7%3	1	余数为 1
8%3	2	余数为 2
–7%3	–1	结果取第一个操作数的符号位，余数为–1
8%–3	2	结果取第一个操作数的符号位，余数为 2

2. 关系运算符

关系运算符包括大于(>)、小于(<)、大于等于(>=)、小于等于(<=)、等于(==)、不等于(!=)。

在进行关系运算时，如果声明的关系是假的(flase)，则返回值是 0，如果声明的关系是真的(true)，则返回值是 1。

关系运算符中大于、小于、大于等于、小于等于有着相同的优先级别，等于、不等于有着相同的优先级别，前者的优先级别大于后者的优先级别。关系运算符的优先级别低于算术运算符的优先级别。例如：

```
a == size-1              //这种表达方式等同于：a ==(size-1)
size - ( 1 == a )        //这种表达方式不等同于：size - 1 == a
a < size-1               //这种表达方式等同于：a < (size-1)
size - ( 1 < a )         //这种表达方式不等同于：size - 1 < a
```

从上面的例子可以看出这两种不同运算符的优先级别。当表达式 size–(1<a)进行运算时，关系表达式先运算，然后返回结果值 0 或 1 被 size 减去。而当表达式 size－1<a 进行运算时，size 先减去 1，然后再同 a 相比。

3. 逻辑运算符

逻辑运算符包括逻辑与(&&)、逻辑或(||)、逻辑非(!)。

“&&”和“||”是双目运算符，要求有两个操作数，如(a>b)&&(b>c)、(a<b)||(b<c)。“!”是单目运算符，只要求一个操作数，如!(a>b)。表 3-6 为逻辑运算的真值表。它表示当 a 和

b 的值为不同的组合时，各种逻辑运算所得到的值。

表 3-6　逻辑运算符真值表

<table>
<tr><th>a</th><th>b</th><th>!a</th><th>!b</th><th>a&&b</th><th>a||b</th></tr>
<tr><td>真</td><td>真</td><td>假</td><td>假</td><td>真</td><td>真</td></tr>
<tr><td>真</td><td>假</td><td>假</td><td>真</td><td>假</td><td>真</td></tr>
<tr><td>假</td><td>真</td><td>真</td><td>假</td><td>假</td><td>真</td></tr>
<tr><td>假</td><td>假</td><td>真</td><td>真</td><td>假</td><td>假</td></tr>
</table>

逻辑运算符中“&&”和“||”的优先级别低于关系运算符，“!”高于算术运算符。例如：

```
(a>b)&&(x>y)    //可写成: a>b && x>y
(a==b)||(x==y)  //可写成:a==b || x==y
(!a)||(a>b)     //可写成: !a || a>b
```

4. 按位运算符

按位运算符包括取反(~)、按位与(&)、按位或(|)、按位异或(^)、按位同或(~^，^~)。

位运算符中除了~是单目运算符以外，其余均为双目运算符。位运算符中的双目运算符要求对两个操作数的相应位进行运算操作。

表 3-7 给出了按位操作的逻辑规则。

表 3-7　按位操作的逻辑规则

按位与	0	1	按位或	0	1	按位取反	结果
0	0	0	0	0	1	0	1
1	0	1	1	1	1	1	0
按位异或	0	1	按位同或	0	1		
0	0	1	0	1	0		
1	1	0	1	0	1		

对按位运算符的几点说明：

(1) 两个长度不同的数据进行位运算时，系统会自动将两者按右端对齐。位数少的操作数会在相应的高位用 0 填满，以使两个操作数按位进行操作。

(2) 按位运算符与逻辑运算符虽然符号相近，但两者完全不同。逻辑运算符执行逻辑操作，运算的结果是一个逻辑值 0 或 1；按位运算符产生一个跟较长位宽操作数等宽的数值，该数值的每一位都是两个操作数按位运算的结果。

5. 缩减运算符

缩减运算符包括缩减与(&)、缩减与非(~&)、缩减或(|)、缩减或非(~|)、缩减异或(^)、缩减同或(~^，^~)。

缩减运算符是单目运算符，也有与、或、非运算。其与、或、非运算规则类似于位运算符的与、或、非运算规则，但其运算过程不同。位运算是对操作数的相应位进行与、或、非运算，操作数是几位数，运算结果也是几位数。而缩减运算则不同，缩减运算是对单个操作数进行与、或、非递推运算，最后的运算结果是一位二进制数。缩减运算的具体运算过程是这样的：第一步先将操作数的第一位与第二位进行与、或、非运算，第二步将运算结果与第三位进行与、或、非运算，依次类推，直至最后一位。

例如：

```
reg [3:0] B;
reg C;
C = &B;   //C =( (B[0]&B[1]) & B[2] ) & B[3];
```

由于逻辑运算符、按位运算符、缩减运算符都使用相同的符号表示，因此有时容易混淆。区分这些运算符的重点在于分清操作数的数目和运算的规则。

6. 条件运算符

条件运算符(?:)带有三个操作数，其格式为：

条件表达式 ？真表达式 ：假表达式;

执行过程为：首先计算条件表达式，如果为真，则计算真表达式的值；如果为假，则计算假表达式的值。条件运算符可以嵌套使用，每个真表达式或假表达式也可以是一个条件运算符表达式。条件表达式的作用相当于控制开关。

【例 3-12】 试用条件运算符来实现一个四选一多路选择器。

Verilog 实现代码如下：

```
module mux4to1(out,condition1,condition2,in1,in2,in3,in4);
output out;
input in1,in2,in3,in4;
input condition1,condition2;
assign out=(condition1) ? (condition2? in1 : in2) : (condition2? in3 : in4);
endmodule
```

程序说明：

(1) assign out=(condition1) ? (condition2? in1 : in2) : (condition2? in3 : in4); 在真表达式和假表达式中均嵌套了一个条件运算符表达式。程序的运算过程如下：首先判断 condition1 是否为真，若为真则计算(condition2? in1 : in2)，否则计算(condition2? in3 : in4)，然后按照同样的规则计算这两个条件运算符表达式。

(2) 本代码实现了一个四选一多路选择器，输出由条件 condition1 和 condition2 决定。根据代码可以得出，当{condition2, condition1}为 2'b11 时选择 in1，为 2'b10 时选择 in3，为 2'b01 时选择 in2，为 2'b00 时选择 in4。

7. 移位运算符

移位运算符包括左移位运算符(<<)和右移位运算符(>>)。

其使用方法如下：

a >> n 或 a << n

其中，a 代表要进行移位的操作数，n 代表要移几位。这两种移位运算都用 0 来填补移出的空位。

【例 3-13】 采用移位运算符实现 2 个 3 位数的乘法。

解题指引：设 a 为 3 位乘数，用 a2a1a0 表示，设 b 为 3 位被乘数，用 b2b1b0 表示，乘法运算过程如图 3-10 所示。

			a2	a1	a0
	×		b2	b1	b0
第1行			a2b0	a1b0	a0b0
第2行		a2b1	a1b1	a0b1	
第3行	a2b2	a1b2	a0b2		
	第5列	第4列	第3列	第2列	第1列

图 3-10　乘法的运算过程

乘法的最后是把 5 列分别求和得到 5 位的积。根据以上运算过程可以看出，乘法的最后也可以这样进行，将最后 3 行代表的 3 个数相加，当然第 2 行相对第 1 行要左移 1 位，第 3 行相对第 1 行要左移 2 位。

Verilog HDL 实现代码如下：

```
module   mul_3bit(a,b,mul);
input [2:0] a,b;
output[5:0] mul;
wire[5:0] mul1,mul2,mul3;
assign mul=mul3;
assign mul1= b[0]? a : 0;
assign mul2= b[1]? (mul1+(a<<1)) : mul1;
assign mul3= b[2]? (mul2+(a<<2)) : mul2;
endmodule
```

程序说明：

(1) wire[5:0] mul1,mul2,mul3；定义了 3 个中间变量，mul1 用于存放第 1 行的值，mul2 用于存放第 1 行和第 2 行的和，mul3 用于存放所有 3 行的和。

(2) 本例为 2 个 3 位数相乘，我们可以采用数据流建模方式来完成。如果位数较多，比如位数为 64 位，采用数据流建模则显得繁琐，此时可采用循环语句来完成此算法，即采用更高抽象级的行为建模。

(3) 从本例可看出，由于移位运算符可以用来实现移位操作、乘法算法的移位相加以及其他许多有用的操作，因此在具体设计中是很有用处的。

另外，进行移位运算时应注意移位前后变量的位数，例如：4'b1001<<1=5'b10010，4'b1001<<2 = 6'b100100，1<<6 = 32'b1000000。

8. 位拼接运算符

位拼接运算符包括拼接运算符({})、重复运算符({{}})。

拼接运算符{}可以把两个或多个信号的某些位拼接起来进行运算操作。其使用方法如下：

{信号 1 的某几位, 信号 2 的某几位, …, 信号 n 的某几位}

即把某些信号的某些位详细地列出来，中间用逗号分开，最后用大括号括起来表示一个整体信号。例如：

```
{a,b[3:0],w,3'b101}  //等价于{a,b[3],b[2],b[1],b[0],w,1'b1,1'b0,1'b1}
```

在位拼接表达式中的每个信号均需指明位数，这是因为在计算拼接信号位宽的大小时必须知道其中每个信号的位宽。对于未指明位数的数字则按照默认值 32 位进行处理。例如：

```
{1,1}  // 64 位，从右边数第 0 位为 1，第 32 位为 1，其余位均为 0
```

如果需要重复多次拼接同一个操作数，则可以使用重复运算符。重复拼接的次数用常数来表示，该常数指定了其后大括号内变量的重复次数。例如：

```
{4{w}}        //等价于{w,w,w,w}
```

位拼接还可以用嵌套的方式来表达。例如：

```
{b,{3{a,b}}}       //等价于{b,a,b,a,b,a,b}
```

用于表示重复的表达式，如上例中的 4 和 3，必须是常数表达式。

位拼接运算符在一些场合非常有用，比如要在使用的函数中返回几个值的时候，使用位拼接符可将几个待返回的值拼接为一个值，作为函数值进行返回。

9. 优先级别

如果不使用小括号将表达式的各个部分分开，则 Verilog HDL 将根据运算符之间的优先级对表达式进行计算。

图 3-11 列出了常用的几种运算符的优先级别。

优先级别	
!，～	高优先级别
*，/，%	↓
+，－	↓
<<，>>	↓
<，<=，>，>=	↓
==，!=	↓
&，～&	↓
^，^～	↓
|，～|	↓
&&	↓
||	↓
?:	低优先级别

图 3-11　运算符的优先级

下面再通过一个例子说明运算符优先级别的应用。

【例 3-14】　若 a、b、x、y 均定义为 wire[3:0]类型，且 a=1，b=7，试计算 x 和 y 的值。

(1) `x=(a==2) ? ~a|b : b>>2;`

(2) `y=3+2>>2;`

计算结果为：

x=1，y=1

程序说明：

(1) x=(a==2) ? ~a|b : b>>2; 用到了相等运算符(==)、按位运算符(~、|)、移位运算符(>>)和条件运算符(?:)。小括号优先级最高，在计算时首先计算小括号内的表达式的值，然后再按优先级求其他表达式的值。按照其优先级先求~a，因 a=1 且为 4 位 wire 类型，所以~a=4'b1110，然后可求出条件运算符的一个操作数~a|b 的值为 4'b1111；而条件运算符的另一个操作数 b>>2 的结果为 4'b0001。根据题意，条件运算符的条件为假，所以 x 的值为 4'b0001。

(2) y=3+2>>2; 用到了算术运算符(+)和移位运算符(>>)。根据优先级，y=3+2>>2; 等价于 y=(3+2)>>2;，所以 y 的值为 4'b0001。

(3) 事实上，由于运算符的优先级被忽视或混淆而造成错误的情况经常发生。为了避免源于运算符优先级的运算错误，在不确定运算符优先级的情况下，建议读者使用小括号将各个表达式分开。另外，使用括号也可以提高程序的可读性，明确表达各运算符间的优先关系。

3.4　行为级建模

Verilog HDL 支持从算法的角度，即从电路外部行为的角度对其进行描述，因此行为级建模是从一个很高的抽象层次来表示电路的。在这个层次上进行数字系统设计类似于使用 C 语言编程，而且 Verilog HDL 行为建模的语法结构和 C 语言相当类似。Verilog HDL 提供了许多行为级建模语法结构，为设计者提供了很大的灵活性。

3.4.1　结构化过程语句always

always 语句是行为建模的基本语句，每个 always 语句代表一个独立的执行过程，也称为进程。与 C 语言不同，Verilog HDL 的各个 always 进程是并发执行的，而不是顺序执行的。

always 语句包括的所有行为语句构成了一个 always 语句块。每个 always 语句块在满足一定的条件后即执行其中的第一条语句，然后顺序执行随后的语句，直到最后一条语句执行完后，再次等待 always 语句块的执行条件，等条件满足后又从第一条语句开始执行，循环往复。因此，always 语句通常用于对数字电路中一组反复执行的活动进行建模。

【例 3-15】 使用 always 语句描述 D 触发器。

```
module mydff(q, clk, d);
input clk, d;
output q;   reg q;
always @(posedge clk)
    q<=d;
endmodule
```

程序说明：

(1) 本程序的功能是在时钟上升沿时刻，将数据 d 赋予触发器输出 q，其功能同 D 触发器一样。

(2) always 语句由于其不断重复执行的特性，只有和一定的时序控制结合在一起才有用。always @(posedge clk)语句表示只有在 clk 上升沿时才开始执行 always 语句块，否则不执行。这种时序控制是 always 语句最常用的。

(3) always 的时序控制除沿触发时序控制外，还可以是电平触发的，也可以是单个信号或多个信号，中间需要用关键字 or 或“，”连接，如：

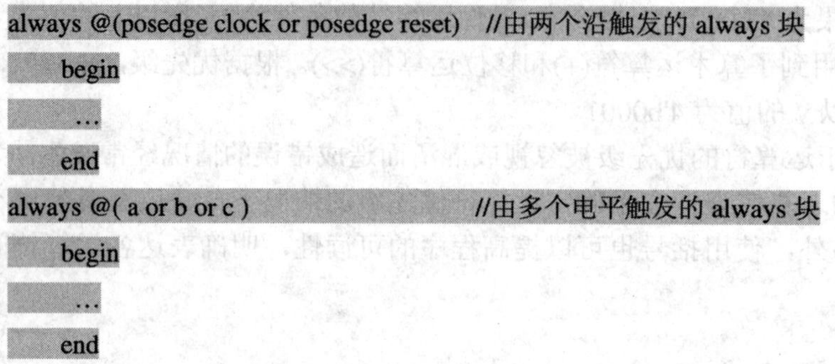

```
always @(posedge clock or posedge reset)   //由两个沿触发的 always 块
    begin
        …
    end
always @( a or b or c )                         //由多个电平触发的 always 块
    begin
        …
    end
```

沿触发的 always 块常用来描述时序逻辑，如果符合可综合风格要求，则可用综合工具将其自动转换为表示时序逻辑的寄存器组和门级逻辑；而电平触发的 always 块常用来描述一般组合逻辑和带锁存器的组合逻辑，如果符合可综合风格要求，则可转换为表示组合逻辑的门级逻辑或带锁存器的组合逻辑。一个模块中可以有多个 always 块，它们都是并行运行的。

(4) 本例的综合结果如图 3-12 所示。

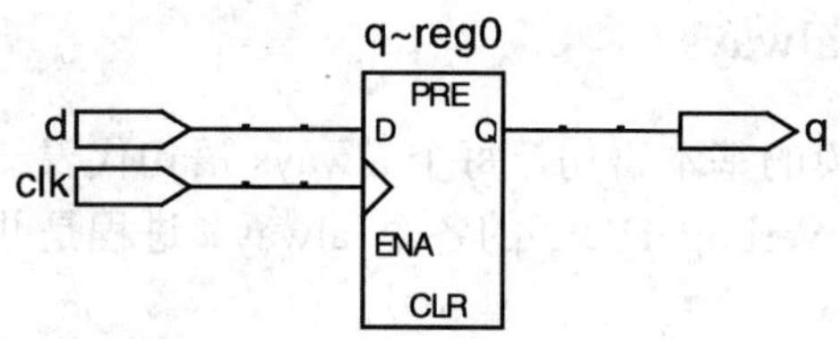

图 3-12　例 3-15 的综合结果

从综合结果来看，本例实现了一个上升沿触发的 D 触发器。

3.4.2　过程赋值语句

过程赋值语句的更新对象是寄存器、整数等。这些类型的变量在被赋值后，其值将保持不变，直到被其他过程赋值语句赋予新值。

过程赋值语句与数据流建模中的连续赋值语句是不同的。首先，连续赋值语句总是处于活动状态，任意一个操作数的变化都会导致表达式的重新计算以及重新赋值，但过程赋值语句只有在执行到的时候才会起作用。其次，更新对象不同，连续赋值语句的更新对象是线网，而过程赋值语句的更新对象是寄存器、整数等。最后，从形式上看，过程赋值语句不使用 assign。

但过程赋值语句与连续赋值语句又有相同之处，即两者可以使用的运算符是完全相同的。连续赋值语句中使用的运算符在过程赋值语句中同样适用，而且含义完全相同。

Verilog HDL 包括两种类型的过程赋值语句：阻塞赋值语句和非阻塞赋值语句。

下面通过 5 个例题来说明两种赋值方式的不同。这 5 个例题的设计目标都是实现 3 位移位寄存器，它们分别采用了阻塞赋值方式和非阻塞赋值方式。

【例 3-16】 阻塞赋值方式描述的移位寄存器 1。

```
module block1(Q0,Q1,Q2,D,clk);
output Q0,Q1,Q2;
input clk,D;
reg Q0,Q1,Q2;
always @(posedge clk)
  begin
Q2=Q1; //注意赋值语句的顺序
Q1=Q0;
Q0=D;
  end
endmodule
```

综合结果如图 3-13 所示。

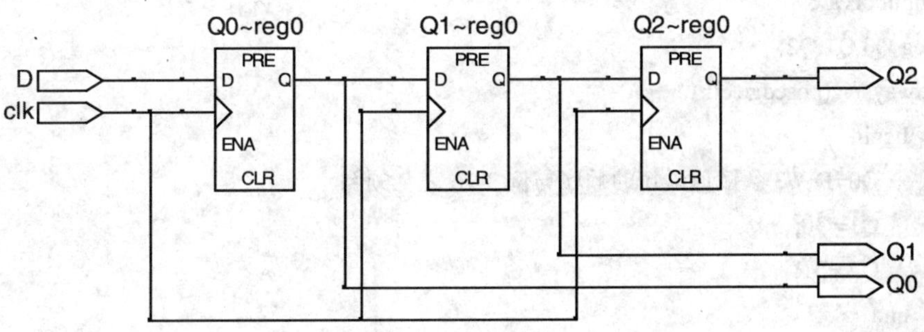

图 3-13　例 3-16 综合出来的电路图

【例 3-17】 阻塞赋值方式描述的移位寄存器 2。

```
module block2(Q0,Q1,Q2,D,clk);
output Q0,Q1,Q2;
input clk,D;
reg Q0,Q1,Q2;
always @(posedge clk)
  begin
Q1=Q0; //该句与下句的顺序与例 3-16 颠倒
Q2=Q1;
Q0=D;
  end
endmodule
```

综合结果如图 3-14 所示。

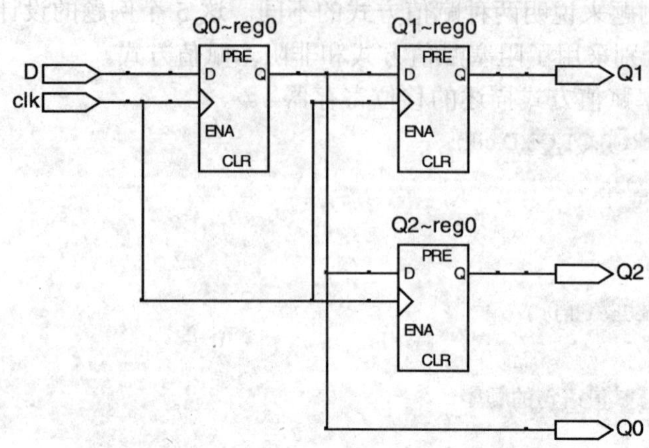

图 3-14　例 3-17 综合出来的电路图

【例 3-18】 阻塞赋值方式描述的移位寄存器 3。

```
module block3(Q0,Q1,Q2,D,clk);
output Q0,Q1,Q2;
input clk,D;
reg Q0,Q1,Q2;
always @(posedge clk)
  begin
     Q0=D; //3 条赋值语句的顺序与例 3-16 完全颠倒
     Q1=Q0;
     Q2=Q1;
  end
endmodule
```

综合结果如图 3-15 所示。

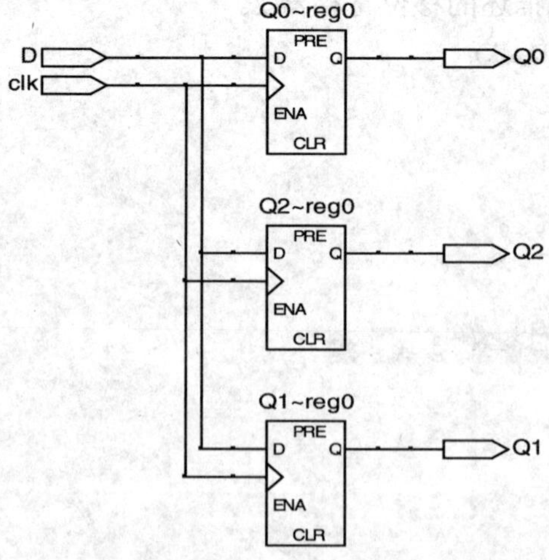

图 3-15　例 3-18 综合出来的电路图

【例 3-19】 非阻塞赋值方式描述的移位寄存器 1。

```
module non_block1(Q0,Q1,Q2,D,clk);
output Q0,Q1,Q2;
input clk,D;
reg Q0,Q1,Q2;
always @(posedge clk)
  begin
Q1<=Q0;
Q2<=Q1;
Q0<=D;
  end
endmodule
```

【例 3-20】 非阻塞赋值方式描述的移位寄存器 2。

```
module non_block2(Q0,Q1,Q2,D,clk);
output Q0,Q1,Q2;
input clk,D;
reg Q0,Q1,Q2;
always @(posedge clk)
  begin
Q0<=D;    //3 条赋值语句的顺序与例 3-19 完全颠倒
Q2<=Q1;
Q1<=Q0;
  end
endmodule
```

例 3-19 和例 3-20 的综合结果是一样的，如图 3-16 所示。

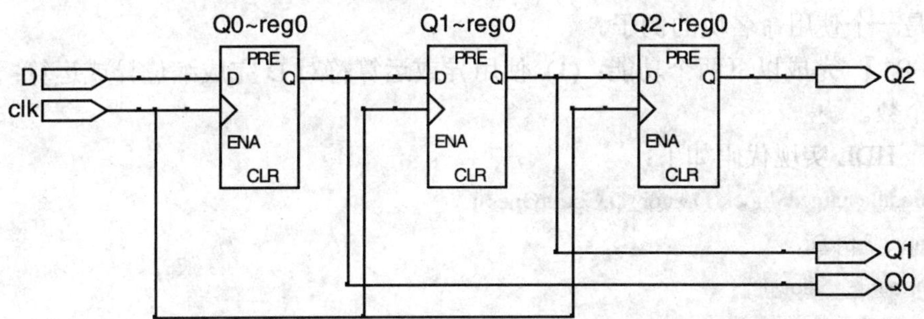

图 3-16　例 3-19 和例 3-20 综合出来的电路图

例 3-16～例 3-20 的程序说明：

(1) 5 个例题的设计目标均是实现 3 位移位寄存器，但从综合结果可以看出例 3-17 和例 3-18 没有实现设计目标。

(2) Q2=Q1；这种赋值方式称为阻塞赋值，Q2 的值在赋值语句执行完成后立刻就改变，而且随后的语句必须在赋值语句执行完成后才能继续执行。所以当例 3-18 中的三条语句 Q0=D; Q1=Q0; Q2=Q1; 执行完后，Q0、Q1、Q2 的值都变化为 D 的值，也就是说，D 的值同时赋给了 Q0、Q1、Q2，参照其综合结果能更清晰地看到这一点。例 3-16 和例 3-17 可通过同样的分析得出与综合结果一致的结论。

(3) Q2<=Q1; 这种赋值方式称为非阻塞赋值，Q2 的值在赋值语句执行完后并不会立刻就改变，而是等到整个 always 语句块结束后才完成赋值操作。所以当例 3-20 中的三条语句 Q0<=D; Q2<=Q1;Q1<=Q0;执行完后，Q0、Q1、Q2 的值并没有立刻更新，而是保持了原来的值，直到 always 语句块结束后才同时进行赋值，因此 Q0 的值变为了 D 的值，Q2 的值变为了原来 Q1 的值，Q1 的值变为了原来 Q0 的值(而不是刚刚更新的 Q0 的值 D)，参照其综合结果能更清晰地看到这一点。例 3-19 可通过同样的分析得出与综合结果一致的结论。

(4) 例 3-16～例 3-18 采用的是阻塞赋值方式，可以看出阻塞赋值语句在 always 块语句中的位置对其结果有影响；例 3-19 和例 3-20 采用的是非阻塞赋值方式，可以看出非阻塞赋值语句在 always 块语句中的位置对其结果没有影响。因此，在使用赋值语句时要注意两者的区别与联系。

3.4.3 块语句

块语句通常用来将两条或多条语句组合在一起，使它们更像一条语句，类似于 C 语言中的复合语句。Verilog HDL 中可综合的块语句为顺序块，关键字 begin 和 end 用于将多条语句组成顺序块，前面有许多例子用到了顺序块。

顺序块具有以下特点：

(1) 顺序块中的语句是一条接一条按顺序执行的；只有前面的语句执行完之后才能执行后面的语句(非阻塞赋值语句除外)。

(2) 嵌套块：块可以嵌套使用。

(3) 命名块：块可以具有自己的名字，我们称之为命名块。在命名块中可以声明局部变量；命名块是设计层次的一部分，命名块中声明的变量可以通过层次名引用进行访问。

下面是一个使用命名块的例子。

【例 3-21】 完成以下两个功能：(1) 使用异或运算符对 D 完成缩位异或运算；(2) 检测 D 中 1 的个数。

Verilog HDL 实现代码如下：

```
module named_block(D,xnor_D,CountOnes);
input[3:0] D;
output reg xnor_D;
output reg[2:0] CountOnes;
always @(D)
  begin：block1
xnor_D = 0;
CountOnes = 0;
begin : xor_block
```

```
        integer I;
        for (I = 0; I < 4; I = I + 1)
                xnor_D = xnor_D ^ D[I];
end // 循环
begin : Count_block
        integer J;
        for (J=0; J<4; J=J+1)
            if (D[J])
                CountOnes = CountOnes + 1;
end
    end
endmodule
```

程序说明：

(1) 本例使用了 for 循环语句来对 D 的各位进行运算。for 语句的用法参见“循环语句”一节。

(2) 本例定义了 3 个命名块，其中块 block1 和块 xor_block、块 Count_block 是嵌套关系。xor_block 的功能是完成缩位异或，块 Count_block 的功能是完成检测 D 中 1 的个数。

(3) 在命名块 xor_block 中声明的局部变量 I 和在命名块 Count_block 中声明的局部变量 J，都用于循环计数。需要说明的是，如果在块中使用局部变量，则必须对该块进行命名。

3.4.4　条件语句

if-else 语句用来判定所给定的条件是否满足，根据判定的结果(真或假)决定执行给出的两种操作中的哪一种。Verilog HDL 语言提供了三种形式的 if 语句：

(1) 形式一：

```
if(表达式)  语句;
```

例如：

```
if(a>b)      out1 <= int1;
```

(2) 形式二：

```
if(表达式)     语句 1;
else          语句 2;
```

例如：

```
if(a>b)        out1<=int1;
else           out1<=int2;
```

(3) 形式三：

```
if(表达式 1)   语句 1;
else   if(表达式 2)   语句 2;
else   if(表达式 3)   语句 3;
...
```

```
else   if(表达式 m)   语句 m;
else                  语句 n;
```

例如：

```
if(a>b)   out1<=int1;
else   if(a==b)   out1<=int2;
else              out1<=int3;
```

下面是一个使用 if 语句的例子。

【例 3-22】 使用 always 语句描述具有同步复位和同步置位功能的 D 触发器。

```
module mydff(q, clk, set, clr, d);
input clk, d, set, clr;
output q;   reg q;
always @(posedge clk)
   begin
      if(set)
            q<=1;
       else if   (!clr)
             q<=0;
       else   q<=d;
   end
endmodule
```

综合结果如图 3-17 所示。

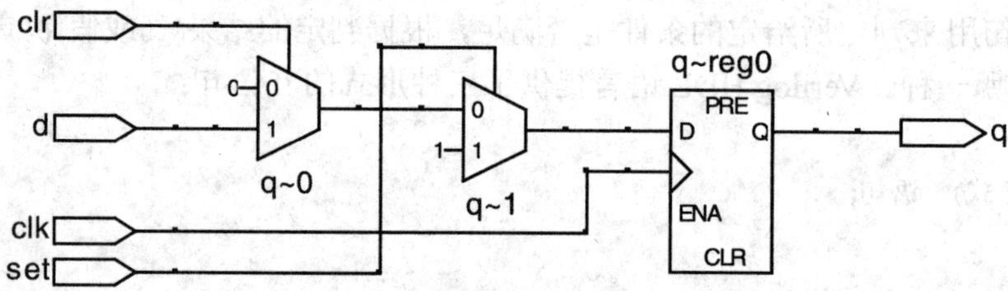

图 3-17 例 3-22 的综合结果

程序说明：

(1) 本程序使用了第 3 种 if 语句形式：if…else if…else 的条件语句，在时钟上升沿时刻，首先判断置位信号 set 是否有效，若有效则将 D 触发器输出置 1，否则判断复位信号 clr 是否有效，若有效则将 D 触发器输出置 0，否则将数据 d 赋予 D 触发器输出。

(2) if(set)等同于 if(set==1)，else if (!clr)等同于 if(clr!=1)，Verilog HDL 允许采用这样的表达式简写方式。

(3) always @(posedge clk)语句表示只有在 clk 上升沿时才开始执行 always 语句块，否则不执行。所以，D 触发器置位和复位为同步置位和同步复位。

关于条件语句的进一步说明：

(1) 三种形式的 if 语句中在 if 后面都有“表达式”，这种表达式一般为逻辑表达式或关系表达式。系统对表达式的值进行判断，若为 1 按“真”处理，否则按“假”处理，执行指定的语句。

(2) 三种形式的 if 语句在语句后都有分号。这是由于分号是 Verilog HDL 语句中不可缺少的部分，这个分号是 if 语句中的内嵌套语句所要求的。但应注意，不要误认为 if 和 else 是两个语句，其实它们都属于同一个 if 语句。else 子句不能作为语句单独使用，它必须是 if 语句的一部分，且与离它最近的 if 配对使用。

(3) 在 if 和 else 后面可以包含一个语句，也可以有多个操作语句，此时可用 begin 和 end 这两个关键词将几个语句包含起来，使其成为一个复合块语句。例如：

```
if(a>b)
begin
  out1<=int1;
  out2<=int2;
end
else
begin
  out1<=int2;
  out2<=int1;
end
```

注意在 end 后不需要再加分号。因为 begin…end 内是一个完整的复合语句，不需再附加分号。

(4) if 语句的嵌套。在 if 语句中又包含一个或多个 if 语句称为 if 语句的嵌套。一般形式如下：

```
if(expression1)
if(expression2) 语句 1
else    语句 2
else
if(expression3)   语句 3
else    语句 4
```

应当注意 if 与 else 的配对关系，else 总是与它上面最近的 if 配对。如果 if 与 else 的数目不一样，为了实现程序设计者的企图，可以用 begin…end 块语句来确定配对关系。例如：

```
if(   )
begin
if(   )  语句 1
end
else
语句 2
```

这时 begin_end 块语句限定了内嵌 if 语句的范围，因此 else 与第一个 if 配对。注意 begin_end 块语句在 if_else 语句中的使用。

3.4.5　多路分支语句

基本的 if 语句只有两个分支可供选择，而实际问题中常常需要用到多分支选择，Verilog HDL 提供的 case 语句可直接处理多分支选择。case 语句的一般形式如下：

case(表达式)　　　<case 分支项>　　endcase

case 分支项的一般格式如下：

分支表达式:　　语句;

缺省项(default 项): 语句;

case 括弧内的表达式称为控制表达式，case 分支项中的表达式称为分支表达式。控制表达式通常表示为控制信号的某些位，分支表达式则用这些控制信号的具体状态值来表示，因此分支表达式又可以称为常量表达式。

当控制表达式的值与分支表达式的值相等时，就执行分支表达式后面的语句。如果所有的分支表达式的值都没有与控制表达式的值相匹配的，就执行 default 后面的语句。

default 项可有可无，一个 case 语句里只允许有一个 default 项。下面是一个简单的使用 case 语句的例子。

【例 3-23】 使用 case 语句实现四功能的算术逻辑单元(ALU)，其输入信号 a、b 均为 4 位，功能选择信号 sel 为 2 位，输出信号 out 为 5 位，具体关系见表 3-8。

表 3-8　ALU 功能表

sel 信号	功能
2'b00	out=a+b
2'b01	out=a−b
2'b10	out=a<<b
其他	out=a%b

Verilog HDL 的实现代码如下：

```
module alu_4fun(a,b,sel,out);
input[3:0] a,b;
input[1:0] sel;
output reg[4:0] out;
always @(a,b,sel)
  begin
     case(sel)
           2'b00: out=a+b;
           2'b01: out=a-b;
           2'b10: out=a<<b;
           default: out=a%b;
     endcase
  end
endmodule
```

该例的功能仿真结果如图 3-18 所示。

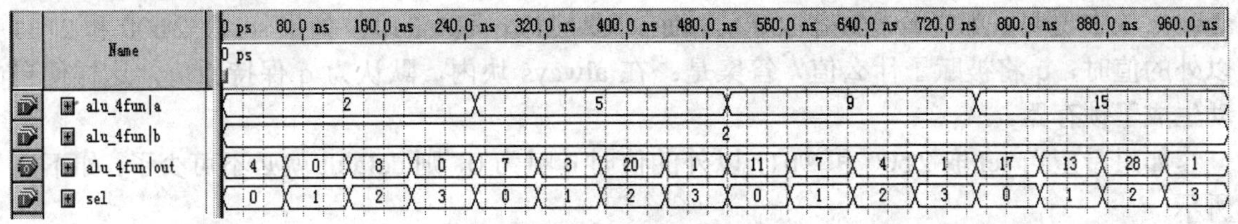

图 3-18　功能仿真结果

程序说明：

(1) 执行完 case 分项后的语句，将跳出该 case 语句结构，终止 case 语句的执行。

(2) 在用case语句表达式进行比较的过程中，只有当信号对应位的值能明确进行比较时，比较才能成功，因此要注意详细说明 case 分项的分支表达式的值。case 语句的所有表达式的值的位宽必须相等，只有这样，控制表达式和分支表达式才能进行对应位的比较。

(3) 每一个 case 分项的分支表达式的值必须互不相同，否则就会出现矛盾现象(对表达式的同一个值有多种执行方案，对应到实际的电路，则会感觉到电路不稳定)。

(4) case 语句与 if…else…if 语句可以很容易地转换，但与 case 语句中的控制表达式和多分支表达式这种比较结构相比，if…else…if 结构中的条件表达式更为直观一些。

(5) 程序中使用了default 语句，这样可避免生成锁存器。由于条件语句或多路分支语句使用不当，可能会在设计中生成原本没有的锁存器。对于条件语句的不当使用，见下例：

```
always @(a or d)
  begin
    if(a)q<=d;
  end
```

上例 always 语句块中，if 语句说明了当 a=1 时，q 取 d 的值。当 a=0 时，q 取什么值没有定义。在 always 块内，如果在给定的条件下变量没有赋值，这个变量将保持原值，也就是说会生成一个锁存器。

如果希望当 a = 0 时 q 的值为 0，else 项就必不可少了，如下例所示。整个 Verilog HDL 程序模块综合出来后，always 块对应的部分不会生成锁存器。

```
always @(a or d)
  begin
    if(a) q<=d;
    else   q<=0;
  end
```

对于多路选择语句的不当使用，见下例：

```
always @(sel or a or b)
  case(sel)
  2'b00:   q<=a;
  2'b11:   q<=b;
  endcase
```

上例中，case 语句的功能是：在信号 sel 取不同的值时，给另一个信号 q 赋不同的值。always 块中说明了如果 sel=0，q 取 a 值，而 sel=2'b11，q 取 b 的值。如果 sel 取 2'b00 和 2'b11 以外的值时，q 将被赋予什么值？答案是：在 always 块内，默认为 q 保持原值，这样便自动生成了锁存器。

如果希望当 sel 取 2'b00 和 2'b11 以外的值时 q 赋为 0，则 default 就必不可少了，如下例所示：

```
always @(sel or a or b)
  case(sel)
    2'b00:   q<=a;
    2'b11:   q<=b;
    default:   q<='b0;
  endcase
```

程序中的 case 语句有 default 项，指明了如果 sel 不取 2'b00 或 2'b11 时，编译器或仿真器应赋给 q 的值。整个 Verilog HDL 程序模块综合出来后，always 块对应的部分不会生成锁存器。

如果用到 if 语句，最好写上 else 项。如果用 case 语句，最好写上 default 项。遵循上面两条原则，就可以避免发生偶然生成锁存器这种错误，使设计者更加明确设计目标，同时也增强了 Verilog HDL 程序的可读性。

3.4.6　循环语句

在 Verilog HDL 中常用的可综合的循环语句有 repeat 和 for，用来控制执行语句的执行次数。

repeat 用于连续执行一条语句 n 次。

for 通过以下三个步骤来决定语句的循环执行：

(1) 先给控制循环次数的变量赋初值。

(2) 判定控制循环表达式的值，如为假，则跳出循环语句，如为真，则执行指定的循环语句后，转到第三步。

(3) 执行一条赋值语句来修正控制循环变量次数的变量的值，然后返回第二步。

下面对各种循环语句进行详细介绍。

1. repeat 语句

repeat 语句的格式如下：

repeat(表达式) 语句;

或　　repeat(表达式)　begin 多条语句 end

【例 3-24】 使用 repeat 循环语句及加法和移位操作来实现一个参数化的多位乘法器。

```
module mult_repeat( result, op_a, op_b);
    parameter size = 4;
    input [size:1] op_a, op_b;
    output [2* size:1] result;
```

```
    reg [2* size:1] shift_opa, result;
    reg [size:1] shift_opb;
    always @( op_a or op_b)
    begin:mult
        result = 0; shift_opa = op_a; shift_opb = op_b;
        repeat (size)
        begin
            if (shift_opb[1])    result = result + shift_opa;
            shift_opa = shift_opa << 1; // Shift left
            shift_opb = shift_opb >> 1; // Shift right
        end
    end
endmodule
```

程序说明：

(1) 本例所采用的通过加法和移位操作实现乘法的算法在前面的例子中已经作过介绍，在此不再赘述。

(2) 在 repeat 语句中，其表达式通常为常量表达式。如例 3-24 的 repeat (size)中表达式 size 的值为常值 4。

2. for 语句

for 语句的一般形式为：

for(表达式 1；表达式 2；表达式 3)　语句;

它的执行过程如下：

(1) 求解表达式 1。

(2) 求解表达式 2，若其值为真(非 0)，则执行 for 语句中指定的内嵌语句，然后执行下面的第(3)步。若为假(0)，则结束循环，转到第(5)步。

(3) 若表达式为真，在执行指定的语句后，求解表达式 3。

(4) 转回上面的第(2)步继续执行。

(5) 执行 for 语句下面的语句。

【例 3-25】 使用 for 循环语句实现一个参数化的多位乘法器。

```
module mult_for( result, op_a, op_b);
    parameter size = 4;
    input [size:1] op_a, op_b;
    output [2* size:1] result;
    reg [2* size:1] shift_opa, result;
    reg [size:1] shift_opb;
    always @( op_a or op_b)
    begin:mult      //由于块中定义了局部变量 i，因此此处必须给块命名
        integer i=0;
```

```
            result = 0; shift_opa = op_a; shift_opb = op_b;
            for(i=0;i<size;i=i+1)
            begin
                  if (shift_opb[1])   result = result + shift_opa;
                  shift_opa = shift_opa << 1; // Shift left
                  shift_opb = shift_opb >> 1; // Shift right
             end
        end
endmodule
```

程序说明：

(1) 本例使用 for 循环代替 repeat 来实现乘法功能，二者的原理相同，实现形式上有所区别。

(2) 本例中 for(i=0;i<size;i=i+1)是 for 语句最简单的应用形式，其中的 i 仅用作循环计数，不再作其他用途。

(3) 若在顺序块中定义变量，则需要给顺序块命名，如本例中的顺序块命名为 mult。

【例 3-26】 使用 for 循环语句实现一个参数化的多位乘法器的另一种算法。

```
module mult_for2( result, op_a, op_b);
    parameter size = 4;
    input [size:1] op_a, op_b;
    output [2* size:1] result;
    reg [2* size:1] shift_opa, result;
    reg [size:1] shift_opb;
    always @( op_a or op_b)
    begin:mult
    integer j;
    result=0;
    for( j=1; j<=size; j=j+1 )
    if(op_b[j])
    result = result + (op_a<<(j-1));
    end
endmodule
```

程序说明：

(1) 本例在命名顺序块中定义的变量 j，一方面用作循环计数，另一方面也用作移位运算符的操作数。

(2) 在 for 语句中，循环变量的增值表达式可以不是一般的常规加法或减法表达式。

下面的这段代码对 8 位二进制数 rega 中值为 1 的位进行统计计数。注意体会 for 循环语句的用法。

【例 3-27】 使用 for 循环语句对变量中为 1 的位进行计数的程序片断。

```
begin: count1s
```

```
reg[7:0] tempreg;
count=0;
for( tempreg=rega; tempreg; tempreg=tempreg>>1 )
if(tempreg[0])
count=count+1;
end
```

3.4.7　任务和函数语句

task 和 function 说明语句分别用来定义任务和函数。利用任务和函数可以把一个很大的程序模块分解成许多较小的任务和函数，这样便于理解和调试。输入、输出和总线信号的值可以传入、传出任务和函数。任务和函数往往还是大的程序模块中在不同地点多次用到的相同的程序段。学会使用 task 和 function 语句可以简化程序的结构，使程序明白易懂，是编写较大型模块的基本功。

Veirlog HDL 函数和任务在综合时被理解成具有独立运算功能的电路，每调用一次函数和任务，都相当于改变这部分电路的输入以得到相应的计算结果。

下面分别通过任务和函数来实现对输入数进行按位逆序后输出的功能。

【例 3-28】 用任务实现输入数据按位逆序后输出的功能。

Verilog HDL 实现代码如下：

```
module    task_ex(clk,D,Q);
input clk;
input [MAX_BITS:1]   D;
output reg [MAX_BITS:1]   Q;
parameter MAX_BITS=8;
task reverse_bits;
      input [MAX_BITS:1] data;
     output [MAX_BITS:1] result;
     integer K;
     for (K=0; K<MAX_BITS; K=K+1)
            result[MAX_BITS-K]= data[K+1];
endtask
always @ (posedge clk)
      reverse_bits (D,Q);
endmodule
```

程序说明：

(1) 本例说明了怎样定义任务和调用任务。起于 task 而结束于 endtask 的部分定义了一个任务。任务的定义语法是：

```
task <任务名>;
   <端口及数据类型声明语句>
   <语句 1>
```

```
    <语句 2>
    ...
    <语句 n>
endtask
```

这些声明语句的语法与模块定义中的对应声明语句的语法是一致的。

(2) reverse_bits (D,Q); 的功能是调用任务并传递输入、输出变量给任务。调用任务并传递输入、输出变量的声明语句的语法如下：

<任务名>(端口 1，端口 2，...，端口 n);

本例中，任务调用变量(D，Q)和任务定义的 I/O 变量(data，result)之间是一一对应的。当任务启动时，由 D 传入的变量赋给了 data，而当任务完成后的输出又通过 result 赋给了 Q。

(3) 如果传给任务的变量值和任务完成后接收结果的变量已定义，就可以用一条语句启动任务。任务完成以后控制就传回启动过程。

使用任务完成的可综合的模块，同样也可以由函数实现。例 3-29 使用函数对例 3-28 进行了重新改写。

【例 3-29】 用函数实现输入数据按位逆序后输出的功能。

Verilog HDL 实现代码如下：

```
module      function_ex(clk,D,Q);
input clk;
input [MAX_BITS:1]    D;
output reg [MAX_BITS:1]    Q;
parameter MAX_BITS=8;
function[MAX_BITS:1] reverse_bits;
      input [MAX_BITS:1] data;
      integer K;
      for (K=0; K<MAX_BITS; K=K+1)
        reverse_bits[MAX_BITS-K]= data[K+1];
endfunction
always @ (posedge clk)
      Q<=reverse_bits (D);
endmodule
```

程序说明：

(1) 本例说明了怎样定义函数和调用函数。起于 function 而结束于 endfunction 的部分定义了一个函数。函数的定义语法如下：

```
function <返回值的类型或范围> (函数名);
  <端口说明语句>
  <变量类型说明语句>
  begin
  <语句>
  ...
```

```
    end
endfunction
```

注意<返回值的类型或范围>这一项是可选项，如缺省则返回值为一位寄存器类型数据。

这些声明语句的语法与模块定义中的对应声明语句的语法是一致的。

(2) Q<=reverse_bits (D); 的功能是调用函数并传递输入变量给函数，函数的调用是通过将函数作为表达式中的操作数来实现的。在函数中，reverse_bits 被赋予的值就是函数的返回值。

函数的定义蕴含声明了与函数同名的、函数内部的寄存器。如在函数的声明语句中<返回值的类型或范围>为缺省，则这个寄存器是一位的，否则是与函数定义中<返回值的类型或范围>一致的寄存器。函数的定义把函数返回值所赋值寄存器的名称初始化为与函数同名的内部变量。

调用函数并传递输入、输出变量的声明语句的语法如下：

<函数名> (<表达式><,<表达式>>*)

其中，函数名作为确认符。

本例中，函数调用变量(D，Q)和函数定义的 I/O 变量(data，reverse_bits)之间是一一对应的。当函数启动时，由 D 传入的变量赋给了 data，而当函数完成后的输出又通过 reverse_bits 赋给了 Q。

(3) 如果传给函数的变量值和函数完成后接收结果的变量已定义，就可以用一条语句启动函数。函数完成以后控制就传回启动过程。

例 3-28 和例 3-29 两个例子的仿真波形如图 3-19 所示。

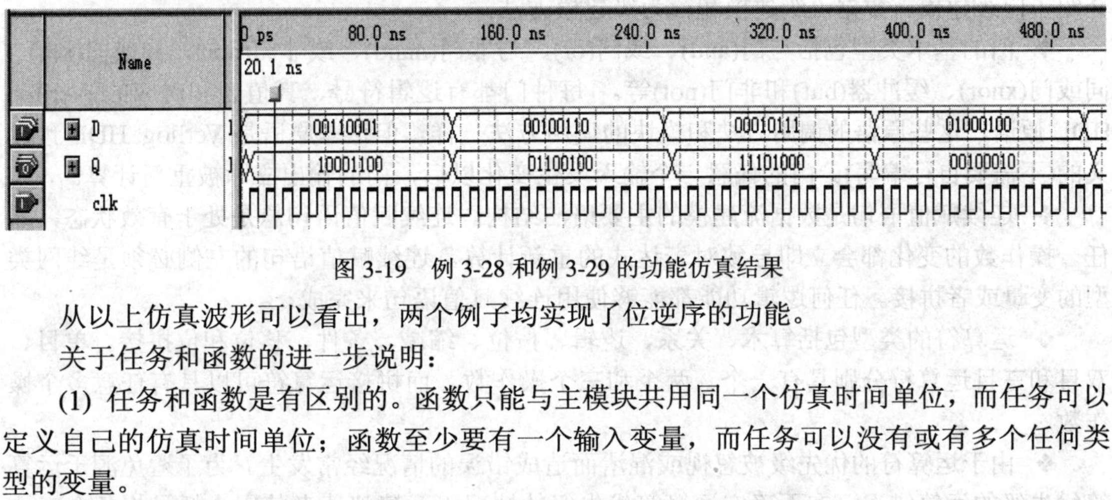

图 3-19　例 3-28 和例 3-29 的功能仿真结果

从以上仿真波形可以看出，两个例子均实现了位逆序的功能。

关于任务和函数的进一步说明：

(1) 任务和函数是有区别的。函数只能与主模块共用同一个仿真时间单位，而任务可以定义自己的仿真时间单位；函数至少要有一个输入变量，而任务可以没有或有多个任何类型的变量。

(2) 任务可以启动其他的任务，其他任务又可以启动别的任务，可以启动的任务数是没有限制的。不管有多少任务启动，只有当所有的启动任务完成以后，控制才能传回启动过程。另外，任务能调用其他函数，而函数不能调用任务。

(3) 函数的目的是通过返回一个值来响应输入信号的值。任务却能支持多种目的，能计算多个结果值，而这些结果值只能通过被调用的任务的输出或总线端口送出。Verilog HDL 模块使用函数时是把它当作表达式中的操作符，这个操作符的结果值就是这个函数的返回值。也就是说，函数返回一个值，而任务则不返回值。

例如，定义一任务或函数对一个 16 位的字进行操作，让高字节与低字节互换，把它变为另一个字(假定这个任务或函数名为: switch_bytes)。

任务返回的新字是通过输出端口的变量，因此 16 位字中高、低字节互换任务的调用方法为：switch_bytes(old_word,new_word);。任务 switch_bytes 把输入 old_word 的高、低字节互换，之后放入 new_word 端口输出。

而函数返回的新字是通过函数本身的返回值，因此 16 位字高、低字节互换函数的调用方法为：new_word = switch_bytes(old_word);。

(4) 与任务相比较，函数的使用有较多的约束。例如：函数的定义不能包含任何的时间控制语句，即任何用 #、@或wait 来标识的语句；函数不能启动任务；定义函数时至少要有一个输入变量；在函数的定义中必须有一条赋值语句给函数中的一个内部变量赋以函数的结果值，该内部变量具有和函数名相同的名字。

前面我们已经介绍了足够的语句类型，在此基础上可以编写一些完整的模块。在下一章里，我们将设计一些常用的组合逻辑电路和时序逻辑电路，并对这些电路进行仿真验证。通过学习和练习我们就能逐步掌握利用 Verilog HDL 设计数字系统的方法和技术。

3.5　小　　结

本章讨论了以下知识点：

❖ 本章从一个典型数字电路实例入手，介绍了 Verilog HDL 的常用建模方法，并重点介绍了门级建模、数据流级建模和行为级建模方法。

❖ 门的基本类型包括与门(and)、或门(or)、与非门(nand)、或非门(nor)、异或门(xor)、同或门(xnor)、缓冲器(buf)和非门(not)等。每种门都有逻辑符号、真值表和对应的 Verilog HDL 原语。这些原语的调用方法和模块的调用方法一样，但这些原语是 Verilog HDL 预定义的(不需要自行编写)。门的任意一个输入发生变化以后，门的输出立即被重新计算。

❖ 连续赋值语句是数据流建模的主要语法结构。连续赋值语句总是处于有效状态，即任一操作数的变化都会立即导致对表达式的重新计算。连续赋值语句的左侧必须是线网类型的变量或者拼接。任何逻辑功能都能够使用连续赋值语句来完成。

❖ 运算符的类型包括算术、关系、逻辑、按位、缩减、条件、移位和位拼接。单目、双目和三目运算符分别具有一个、两个和三个操作数，而拼接运算符可以具有任意多个操作数。

❖ 由于运算符的优先级被忽视或混淆而造成错误的情况经常发生。为了避免源于运算符优先级的运算错误，在不确定运算符优先级的情况下，建议读者使用小括号将各个表达式分开。另外，使用括号也可以提高程序的可读性，明确表达各运算符间的优先关系。

❖ 电路的门级描述、数据流描述、行为描述的抽象层次越来越高，但也越来越接近人的思维，方便设计者高效准确地进行系统设计。

❖ 利用任务和函数可以把一个很大的程序模块分解成许多较小的任务和函数，这样便于理解和调试。Veirlog HDL 函数和任务在综合时被理解成具有独立运算功能的电路，每调用一次函数和任务，都相当于改变这部分电路的输入以得到相应的计算结果。学会使用 task

和 function 语句可以简化程序的结构，使程序明白易懂，是编写较大型模块的基本功。

习　题　3

1. 阻塞赋值(b=a)与非阻塞赋值(b<=a)有什么区别与联系？

2. 维持阻塞式边沿 D 触发器的逻辑图如图 3-20 所示。该触发器由六个与非门组成，其中 G1、G2 构成基本 RS 触发器，G3、G4 组成时钟控制电路，G5、G6 组成数据输入电路。$\overline{R}_D$ 和 $\overline{S}_D$ 分别是直接置 0 和直接置 1 端，有效电平为低电平。利用门级建模完成以下 D 触发器设计并仿真。

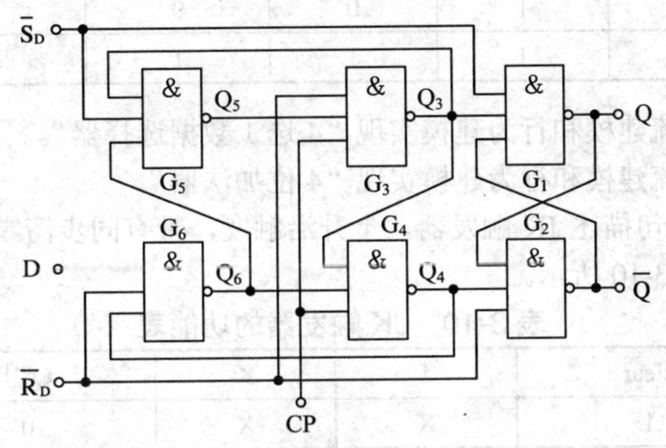

图 3-20　维持阻塞式边沿 D 触发器的逻辑图

3. 利用 D 触发器设计完成图 3-21 所示的 4 位寄存器设计并仿真。

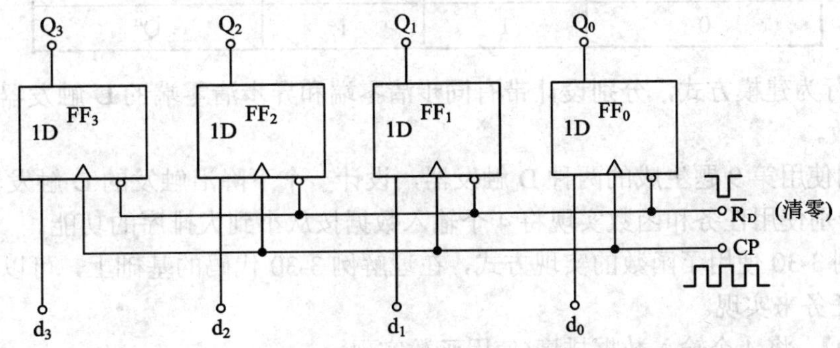

图 3-21　4 位寄存器的逻辑图

4. 利用双输入端的 nor 门，用 Verilog HDL 编写自己的双输入端的与门、或门、非门、异或门，把它们分别命名为 my_and、my_or、my_not、my_xor，并进行验证。

5. 一个全减器具有三个一位输入：x、y 和 z(前面的借位)，两个一位输出 D(差)和 B(借位)。计算 D 和 B 的逻辑等式如下所示：

D= x'y'z'+ x'y z'+ x y'z'+ x y z

B= x'y + x' z+ y z

根据上面的定义写出 Verilog HDL 描述，并对 x、y 和 z 这三个输入的 8 种组合(见表 3-9)

及其对应的输出进行测试。

表 3-9　全减器真值表

x	y	z	B	D
0	0	0	0	0
0	0	1	1	1
0	1	0	1	1
0	1	1	1	0
1	0	0	0	1
1	0	1	0	0
1	1	0	0	0
1	1	1	1	1

6. 分别使用数据流建模和行为建模实现“4 选 1 数据选择器”。

7. 分别使用数据流建模和行为建模实现“4 位加法器”。

8. 使用 always 语句描述 JK 触发器，上升沿触发，带有同步清零功能。时钟上升沿时 JK 触发器的功能如表 3-10 所示。

表 3-10　JK 触发器的功能表

clear	J	K	Q^{n+1}
1	X	X	0
0	0	0	Q^n
0	0	1	0
0	1	0	1
0	1	1	Q^n

9. 使用行为建模方式，分别设计带有同步清零端和异步清零端的 D 触发器，要求清零端高电平有效。

10. 分别使用第 9 题生成的两种 D 触发器，设计一个下降沿触发的 D 触发器。

11. 试分别使用任务和函数实现将 4 个输入数据按从小到大排序的功能。

提示：例 3-30 使用了函数的实现方式，在理解例 3-30 代码的基础上，可以很容易地将函数转换成任务来实现。

【例 3-30】 将 4 个输入数据排序(使用函数实现)。

```
module sort4_fun(ra,rb,rc,rd,a,b,c,d);
parameter N=2;
output reg[N:0] ra,rb,rc,rd;   //按大小顺序存放的 4 个数
input[N:0] a,b,c,d;            //任意 4 个输入数
reg[N:0] ta,tb,tc,td;
always @ (a or b or c or d)
begin
      {ta,tb,tc,td}={a,b,c,d};
```

```
        {ta,tc}=sort2_fun(ta,tc); //ta 与 tc 互换
        {tb,td}=sort2_fun(tb,td); //tb 与 td 互换
        {ta,tb}=sort2_fun(ta,tb); //ta 与 tb 互换
        {tc,td}=sort2_fun(tc,td); //tc 与 td 互换
        {tb,tc}=sort2_fun(tb,tc); //tb 与 tc 互换
        {ra,rb,rc,rd}={ta,tb,tc,td};
end
function[2*N+1:0] sort2_fun;
        input[N:0] x,y;
        reg[N:0] tmp;
        if(x>y)
        begin
                tmp=x; //x 与 y 变量的内容互换
                x=y;
                y=tmp;
        end
        sort2_fun={x,y};
endfunction
endmodule
```

程序说明：

(1) a、b、c、d 为任意 4 个输入数，ra、rb、rc、rd 为按大小顺序排序后的 4 个数。

(2) 本例通过修改参数 N，可实现任意位数的 4 个数的排序输出。

(3) 本例的仿真波形如图 3-22 所示，从图中可以看出，本程序实现了预定功能。

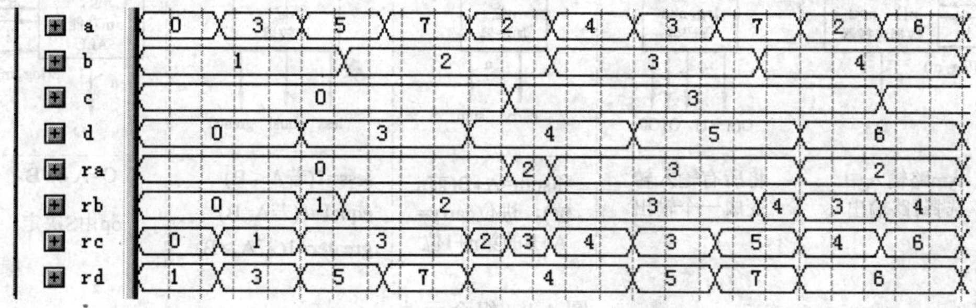

图 3-22　例 3-30 的功能仿真波形图

第 4 章　Verilog HDL 常用电路设计

第 3 章介绍了 Verilog HDL 的常用建模方法。本章使用这些常用建模方法设计一些常用的组合逻辑电路和时序逻辑电路。这些常用的组合逻辑电路和时序逻辑电路原理清晰，对于读者进一步理解掌握建模方法很有帮助，在此基础上可以逐渐过渡到复杂数字系统的设计实践。

4.1　常用组合逻辑电路设计

理论上，可利用化简真值表并采用逻辑门来实现电路的方法，对所有组合电路进行设计，但使用该方法设计大型组合电路则不太现实。例如，一个有 12 个输入的电路，在真值表中会有 $2^{12}=4$ K 行。降低复杂度的一种方法就是采用比逻辑门功能更强大的组合元件，图 4-1 列出了常用的几种组合元件。

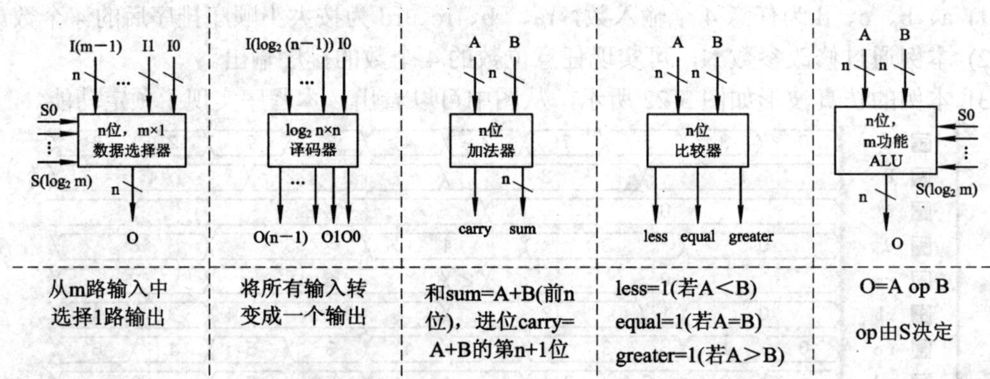

图 4-1　组合元件

下面使用 Verilog HDL 分别对上述组合元件及常用的组合逻辑电路进行建模。

1. 数据选择器

例 4-1 实现了一个 n 位，m × 1 的数据选择器。

【例 4-1】　参数型 n 位，m × 1 数据选择器。

```
module multiplexer_N( X1,X2,X3,X4, sel,Y);
parameter N=8;     //该参数定义了一个 8 位的 4 选 1 多路选择器
input[N-1: 0] X1,X2,X3,X4;
```

```
input[1:0] sel;
output reg [N-1: 0] Y;
always @(sel,X1,X2,X3,X4)
  case(sel)
     2'b00: Y = X1;
     2'b01: Y = X2;
     2'b10: Y = X3;
     2'b11: Y = X4;
  endcase
endmodule
```

程序说明：

(1) 程序中定义了 4 个输入 X1、X2、X3、X4，一个输出 Y，使用控制信号 sel 选择 4 个输入中的 1 个赋给 Y。

(2) 程序中使用 parameter 定义了一个参数常量 N，通过修改参数可以很容易地改变输入、输出的位数。

2. 译码器

例 4-2 实现了一个 $\log_2 n \times n$ 的译码器。

【例 4-2】 参数型 $\log_2 n \times n$ 译码器。

```
module decode_N( sel, Y);
parameter N=4;          //该参数定义了一个 4 输出(4 位)译码器
input[1:0] sel;         //此参数为 2 位，通过计算 log24=2 可得到 4 输出译码器
output reg [N-1: 0] Y;
always @(sel)
  case(sel)
     2'b00: Y = 4'b0001;
     2'b01: Y = 4'b0010;
     2'b10: Y = 4'b0100;
     2'b11: Y = 4'b1000;
  endcase
endmodule
```

程序说明：

(1) 程序中定义了一个输入 sel，一个输出 Y，使用控制信号 sel 来确定 Y 的输出。

(2) 由于本程序涉及求以 2 为底的对数计算，因此若修改参数 N，sel 的位数就要手工做相应调整，这样才可实现任意位数的译码器。

3. 加法器

例 4-3 实现了 N 位加法器。

【例 4-3】 参数型 N 位加法器。

```
module add_N( X, Y, sum, co);
parameter N=8;
input [N-1: 0] X, Y;
output [N-1: 0]   sum;
output co;
assign    { co,   sum } = X + Y;
endmodule
```

程序说明：

(1) 程序中，X 和 Y 分别为加数和被加数，sum 和 co 分别为本位和及进位。

(2) 本例使用数据流建模实现，在综合时会自动映射为 Quartus Ⅱ自带的加法器宏功能模块。

4. 乘法器

例 4-4 实现了 N 位乘法器。

【例 4-4】 参数型 N 位乘法器。

```
module mul_N( X, Y, mul);
parameter N=8;
input [N 1: 0] X, Y;
output [2*N-1: 0]   mul;
assign    mul = X * Y;
endmodule
```

程序说明：

(1) 程序中，X 和 Y 分别为乘数和被乘数，mul 为两者的积。

(2) 本例使用数据流建模实现，在综合时，会自动映射为 Quartus Ⅱ自带的乘法器宏功能模块。

5. 比较器

例 4-5 实现了 N 位比较器。

【例 4-5】 参数型 N 位比较器。

```
module compare_N( X, Y, X_gt_Y, X_eq_Y, X_lt_Y);
parameter N=8;    //参与比较的数的位数为 8
input [N-1: 0] X, Y;
output reg X_gt_Y, X_eq_Y, X_lt_Y;
always @(X,Y)
    if(X>Y)
        begin X_gt_Y=1;X_eq_Y=0; X_lt_Y=0; end
    else if(X==Y)
        begin X_gt_Y=0;X_eq_Y=1; X_lt_Y=0; end
    else
```

```
            begin X_gt_Y=0;X_eq_Y=0; X_lt_Y=1; end
endmodule
```

程序说明：

(1) 比较器实现的功能见表 4-1。

表 4-1　比较器实现的功能

比较类型	操 作 说 明
X_gt_Y	若 X>Y，则 X_gt_Y=1
X_eq_Y	若 X=Y，则 X_eq_Y =1
X_lt_Y	若 X<Y，则 X_lt_Y =1

(2) 比较器有 3 个输出，在任一时刻仅有一个输出为 1，即仅有一个输出有效。

6. ALU

例 4-6 实现了一个 n 位、m 功能的 ALU。

【例 4-6】 参数型 n 位、m 功能 ALU。

```
module alu_N(X, Y, sel,result);
parameter N=8;
input[2:0] sel;     //3 位可定义 m=8 功能
input [N-1: 0] X, Y;
output reg[N-1: 0]    result;
always @(X, Y, sel)
    begin
        case(sel)
            3'b000: result=X+Y;    //加法
            3'b001: result=X-Y;   //减法
            3'b010: result=X<<1;   //左移 1 位
            3'b011: result=X>>1;   //右移 1 位
            3'b100: result=X&Y;     //相与
            3'b101: result=X^Y;    //异或
            3'b110: result=~X;      //求反
            3'b111: result=X;       //直通
        endcase
    end
endmodule
```

程序说明：

(1) ALU 实现的功能见表 4-2。

表 4-2　ALU 实现的功能

sel 输入	操　作	说　明
000	result=X+Y	加法
001	result=X-Y	减法
010	result=X<<1	左移 1 位
011	result=X>>1	右移 1 位
100	result=X&Y	相与
101	result=X^Y	异或
110	result=~X	求反
111	result=X	直通

(2) 算术逻辑运算 ALU 通过一条或多条输入总线完成算术或逻辑运算。ALU 是 CPU 的核心部件之一，是设计 CPU 时必不可少的内容。

7. 三态总线

引入三态门有许多实际的应用，如CPU 设计中的数据和地址总线的构建、RAM 或堆栈的数据端口的设计等。在设计中，若对变量赋值为 z，则会引入三态门，并在控制下可使其输出呈高阻态，这等效于三态门禁止输出。三态门设计示例如例 4-7。

【例 4-7】 设计三态门。

```
module tri_s(enable,datain,dataout);
parameter N=8;
input enable;
input[N-1:0] datain;
output reg[N-1:0] dataout;
always @(enable,datain)
    if(enable==1) dataout=datain;
    else dataout='bz;
endmodule
```

程序说明：

(1) 本程序在 Quartus Ⅱ中的综合结果如图 4-2 所示。

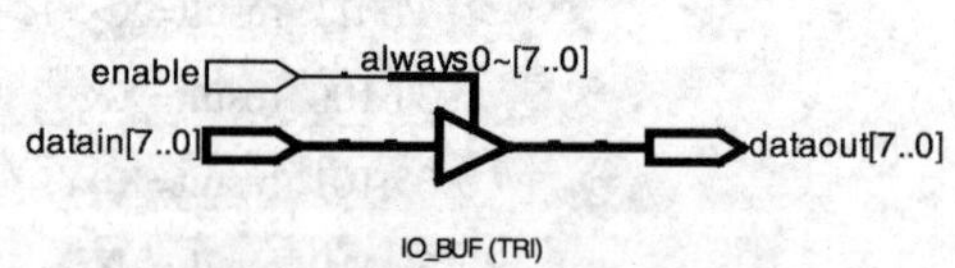

图 4-2　三态门控制电路的综合结果

从图中可以看出，三态门综合后映射成了 Verilog HDL 的基本门原语 buf。

(2) 参数 N 表示输入、输出的数据位宽，改变参数即可改变输入、输出的数据位宽，从而增强程序的可移植性。

为构成数字系统内部的总线系统，必须设计三态总线驱动器电路，这可以有多种表达方法，但必须注意信号多驱动源的处理问题。例 4-8、例 4-9 和例 4-10 都试图描述一个 8 位 4 通道的三态总线驱动器，但其中有一个程序不能得到预期的结果。

【例 4-8】 N 位 4 通道的三态总线驱动器。

```
module tri_bus(input3,input2,input1,input0,enable,out);
parameter N=8;
input[N-1:0] input3,input2,input1,input0;
input[1:0] enable;
output reg[N-1:0] out;
always @(enable,input3,input2,input1,input0)
  begin
  if(enable==2'b00) out=input3;
  else out='bz;
  if(enable==2'b01) out=input2;
  else out='bz;
  if(enable==2'b10) out=input1;
  else out='bz;
  if(enable==2'b11) out=input0;
  else out='bz;
  end
endmodule
```

【例 4-9】 N 位 4 通道的三态总线驱动器(实现方法 1)。

```
module tri_bus_2(input3,input2,input1,input0,enable,out);
parameter N=8;
input[N-1:0] input3,input2,input1,input0;
input[1:0] enable;
output[N-1:0] out;
assign out=(enable==2'b00)? input3:'bz,
        out=(enable==2'b01)? input2:'bz,
        out=(enable==2'b10)? input1:'bz,
        out=(enable==2'b11)? input0:'bz;
endmodule
```

【例 4-10】 N 位 4 通道的三态总线驱动器(实现方法 2)。

```
module tri_bus_3(input3,input2,input1,input0,enable,out);
parameter N=8;
input[N-1:0] input3,input2,input1,input0;
input[1:0] enable;
output reg[N-1:0] out;
always @(enable,input3,input2,input1,input0)
  begin
   if(enable==2'b00) out=input3;
   else out='bz;
  end
```

```
always @(enable,input3,input2,input1,input0)
  begin
  if(enable==2'b01) out=input2;
  else out='bz;
  end
always @(enable,input3,input2,input1,input0)
  begin
  if(enable==2'b10) out=input1;
  else out='bz;
  end
always @(enable,input3,input2,input1,input0)
  begin
  if(enable==2'b11) out=input0;
  else out='bz;
  end
endmodule
```

对例 4-8、例 4-9 和例 4-10 的程序说明如下：

(1) 例 4-8 和例 4-9、例 4-10 在 Quartus Ⅱ中综合的结果分别如图 4-3 和图 4-4 所示。

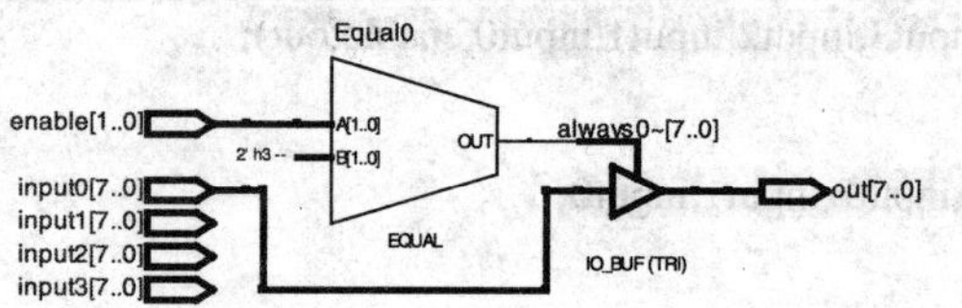

图 4-3　例 4-8 的综合结果

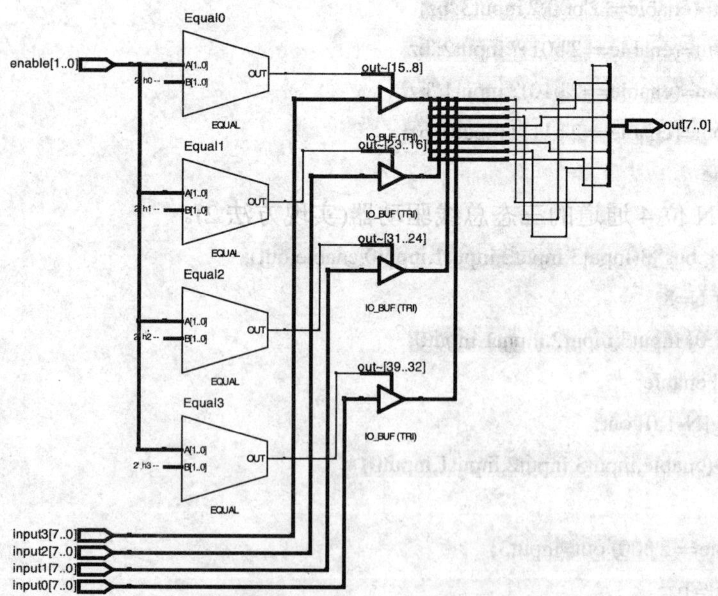

图 4-4　例 4-9、例 4-10 的综合结果

从综合结果来看，例 4-8 没有得到预期的效果。

(2) 例 4-8 和例 4-9、例 4-10 在 Quartus Ⅱ中仿真的结果分别如图 4-5 和图 4-6 所示。

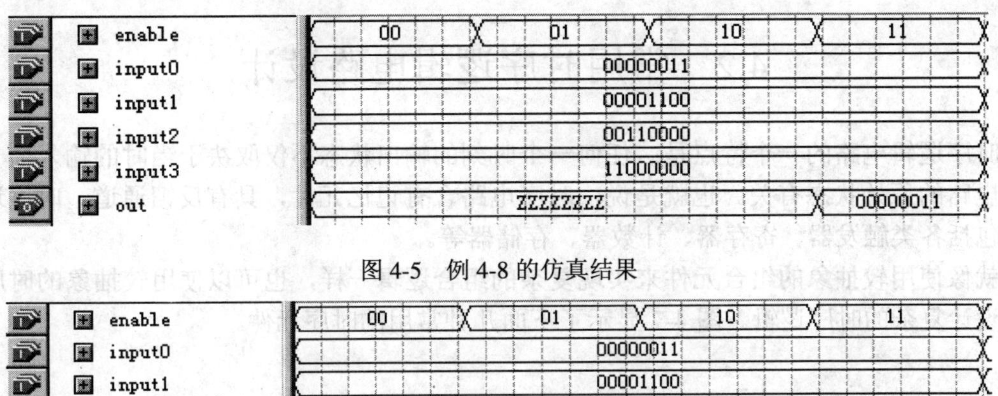

图 4-5　例 4-8 的仿真结果

图 4-6　例 4-9、例 4-10 的仿真结果

从仿真结果也可以看出，例 4-8 没有得到预期的效果。

(3) 例 4-8 在一个 always 块中放了 4 个顺序完成的 if 语句，并且是完整的条件描述语句。粗看此程序认为会产生 4 个 N 位的三态控制通道，且输出只有一个信号 out。但是，细心的读者可能会发现，在例 4-8 的 always 块中输出信号有 4 个赋值源，也就是 4 个 if 语句都是对 out 进行赋值，这样在综合时，只有最后一个 if 语句起作用，也就是说前 3 个 if 语句没有任何意义，从综合结果可以清楚地看到这一点。下面再通过一个小例子进行说明。

【例 4-11】　多个赋值源的赋值语句。

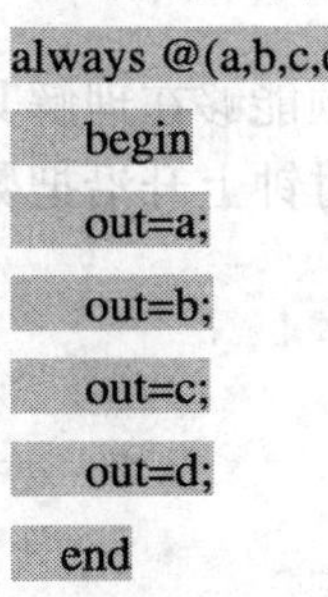

```
always @(a,b,c,d)
    begin
    out=a;
    out=b;
    out=c;
    out=d;
  end
```

读者很容易理解，out 的值为 d，always 块中的前三条语句没有意义。事实上，例 4-8 的道理跟这个例子的道理是一样的。

(4) 例 4-9 由于使用了 4 个并列的 assign 并行语句，因此能综合出正确的结果。这是因为，每一条 assign 语句都等同于一个独立运行的 always 块，每一条 assign 语句右侧表达式中的所有变量等同于 always 块中的敏感信号列表，只要有一个发生变化，assign 语句就立刻执行。因此，例 4-9 和例 4-10 是等价的，从综合和仿真的结果也可以证明这一点。

(5) 例 4-9 和例 4-10 表明，要设计出能产生独立控制的多通道的电路结构，必须使用并行语句结构。但应注意，例 4-9 和例 4-10 中对同一个输出信号 out 有 4 个并行赋值源，在实际电路中完全可能发生“线与”。所以，在程序中，每个赋值源都使用了 if...else...结构，保证了条件不满足时，其输出为高阻态值“z”，这样可以保证不会发生“线与”。但如果条件不满足，其输出不为高阻态值，那么就无法得到预期的结果。

4.2　常用时序逻辑电路设计

时序逻辑电路的一个特点是：任何一个时刻的输出状态不仅取决于当时的输入信号，还与电路的原始状态有关。也就是说，时序电路含有记忆元件，具有反馈通道。时序逻辑电路包括各类触发器、寄存器、计数器、存储器等。

就像使用较抽象的组合元件来实现复杂的组合逻辑一样，也可以使用较抽象的时序元件来设计复杂的时序逻辑。图 4-7 显示了下面几种常用的时序元件。

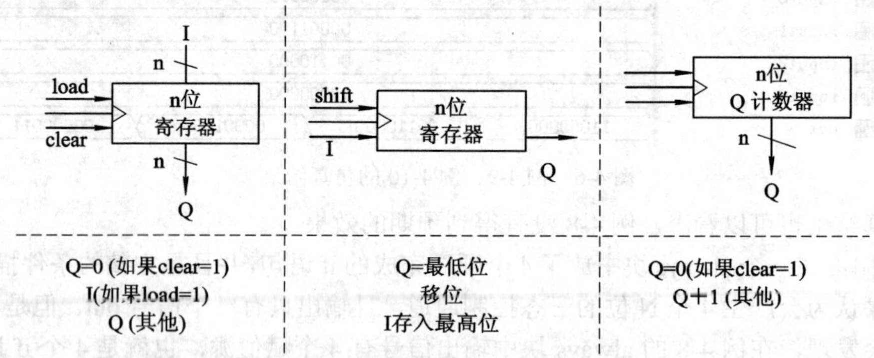

图 4-7　时序元件

下面使用 Verilog HDL 分别对上述时序元件及常用的时序逻辑电路进行建模。

1. D 触发器和锁存器

D触发器作为时序电路中最基本的单元，每个电路设计人员都必须能够在理解其原理的基础上熟练应用。D 触发器的作用是存储一位二进制位的信息，在时钟上升沿把数据从输入端送到输出端，其结构框图如图 4-8 所示。

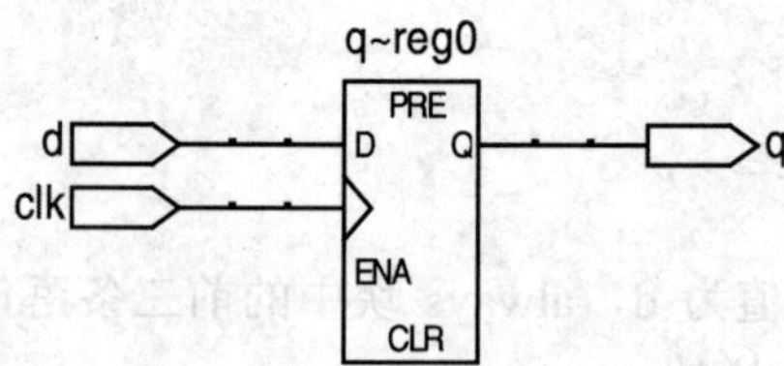

图 4-8　D 触发器结构框图

使用 Quartus Ⅱ综合 D 触发器极为简捷方便，下面给出在时钟上升沿触发的 D 触发器的 Verilog HDL 行为描述。

【例 4-12】 一位 D 触发器。

实现方式一：

```
module my_dff(clk, d, q);
input clk;
```

```
input d;
output reg q;
always @(posedge clk)
    q <= d;
endmodule
```

Quartus Ⅱ综合的结果如图 4-8 所示。

实现方式二：调用 Quartus Ⅱ软件中的 dff 模块实现 D 触发器。

```
module my_dff(clk, d, q);
input clk;
input d;
output q;
dff my_dff(d, clk, , , q);
endmodule
```

Quartus Ⅱ综合的结果同样如图 4-8 所示。

两种实现方式的仿真波形也是一样的，如图 4-9 所示。

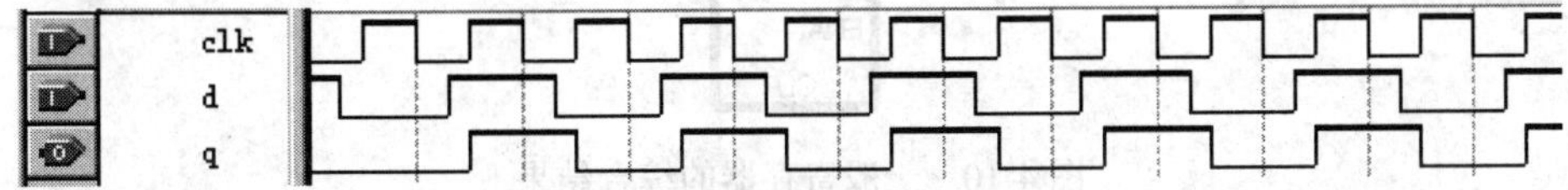

图 4-9　D 触发器仿真波形

从仿真波形来看，两种实现方式得到的电路功能完全相同。事实上，对于一个简单的触发器来说，以上两种设计方法，其核心都是一个简单的 D 触发器内核，Quartus Ⅱ软件在综合时会自动调用内部模块，自动综合为 Quartus Ⅱ自带的 D 触发器电路模块，从而使设计更加趋于合理。

对于电平敏感的锁存器，只需在 D 触发器的描述中将上升沿改为电平即可，代码如下例。

例：一位电平敏感的锁存器。

```
module my_latch(clk, d, q);
input clk;
input d;
output reg q;
always @(clk,d)
  if(clk) q <= d;
endmodule
```

由一位 D 触发器和一位锁存器可以很容易地实现寄存器和多位锁存器。

2. 寄存器

寄存器是一种应用广泛的时序逻辑器件，用于暂存数据。寄存器是时钟边沿敏感的。寄存器包括一般寄存器、三态寄存器，还包括具有复位、置位和使能功能的寄存器。下面分别举例说明。

【例 4-13】 参数型 n 位寄存器。

(1) 一般寄存器。

```
module regx(clk, d, q);
parameter N=8;
input clk;
input[N-1:0] d;
output reg[N-1:0] q;
always @(posedge clk)
     q <= d;
endmodule
```

程序说明：

① Quartus Ⅱ综合的结果如图 4-10 所示。

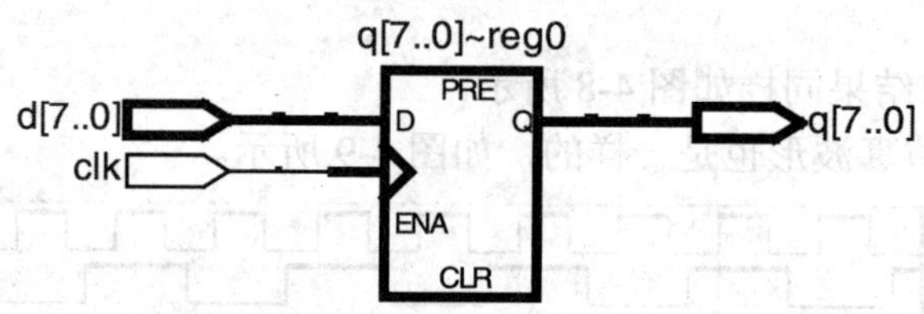

图 4-10　一般寄存器的综合结果

② D 触发器相当于一位寄存器，定义多位 D 触发器即可构成寄存器。从两者的代码中也可以看出，D 触发器与寄存器的区别就是位数不同。

(2) 同步复位、同步置数、异步使能的寄存器。

```
module register_N_0(D, Q, data,en,load,reset,clk);
parameter N=8;
input en,load,reset,clk;
input [N-1: 0] D,data;
output reg[N-1: 0] Q;
reg[N-1: 0] temp;
always @(posedge clk)            //同步复位、同步置数
    begin
      if(reset) temp<=0;
      else if(load) temp<=data;
      else temp<=D;
    end
always @(temp,en)           //异步使能
    begin
      if(en) Q<=temp;
      else Q <= 'bz;
    end
```

```
endmodule
```

程序说明：

① Quartus Ⅱ综合的结果如图 4-11 所示。从图中可以看出，对于 Quartus Ⅱ软件来说，异步方式是通过在寄存器后增加三态门来实现的，同步方式是通过多路选择器来实现的。

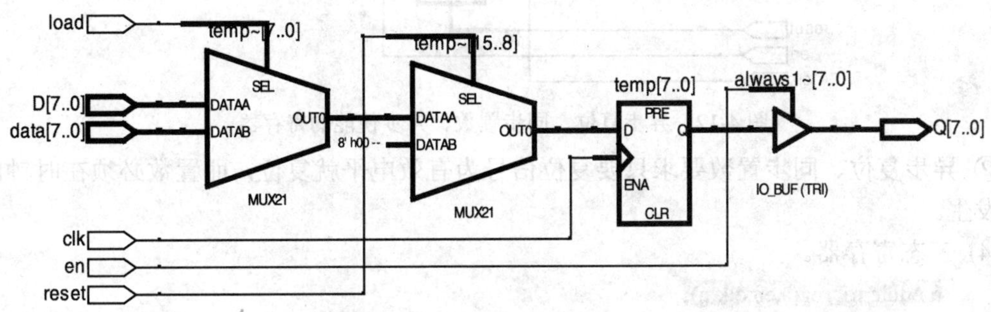

图 4-11　同步复位、同步置数、异步使能的寄存器

② 同步复位、同步置数要求复位或置数必须在时钟的上升沿发生。

③ 事实上，复位、置数、使能三个信号可以任意选取同步、异步两种方式之一，因此三个信号可以任意组合成 8 种不同功能的电路，如异步复位、同步置数、异步使能电路等。

(3) 异步复位、同步置数、异步使能的寄存器。

```
module register_N(D, Q, data,en,load,reset,clk);
parameter N=8;
input en,load,reset,clk;
input [N-1: 0] D,data;
output reg[N-1: 0] Q;
reg[N-1: 0] temp;
always @(posedge clk or posedge reset)     //异步复位、同步置数
    begin
      if(reset) temp<=0;
      else if(load) temp<=data;
      else temp<=D;
    end
always @(temp,en)        //异步使能
    begin
      if(en) Q<=temp;
      else Q <= 'bz;
    end
endmodule
```

程序说明：

① Quartus Ⅱ综合的结果如图 4-12 所示。

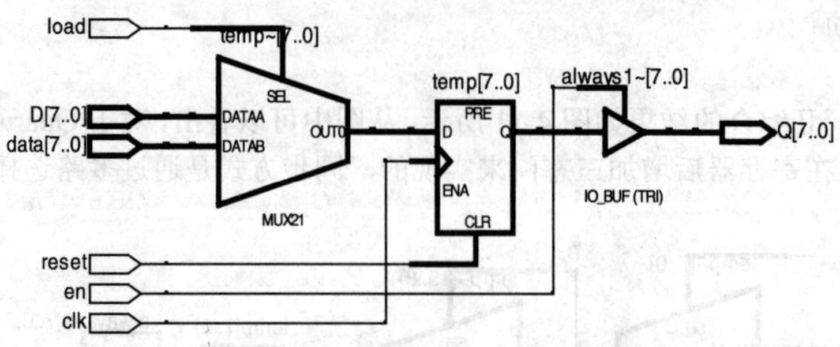

图 4-12　异步复位、同步置数、异步使能的寄存器

② 异步复位、同步置数要求只要复位信号为有效电平就复位，而置数必须在时钟的上升沿发生。

(4) 三态寄存器。

```
module tri_reg(a,en,clk,q);
parameter N=8;
input[N-1:0] a;
input en,clk;
output reg[N-1:0] q;
reg[N-1:0] val;
always @(posedge clk)
  begin:triregdata
  val <= a ;
  end
always @(en,val)
  begin:trireg3st
  if(en) q <= val;
  else q <= 'bz;
  end
endmodule
```

程序说明如下：

① Quartus Ⅱ综合的结果如图 4-13 所示。从综合结果可以看出，三态寄存器是在寄存器后放置了一个三态门，从而实现了相应的功能。

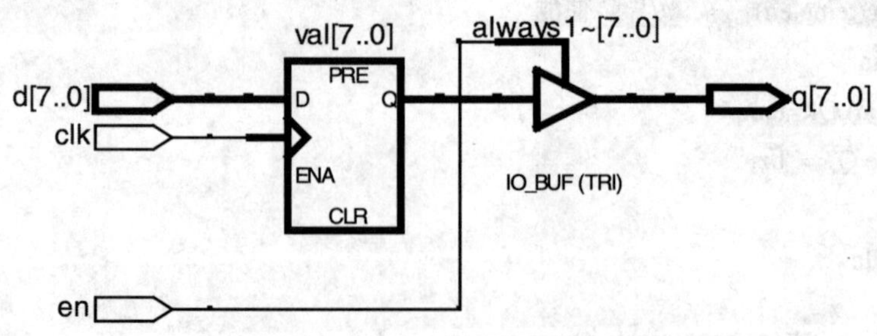

图 4-13　三态寄存器的综合结果

② 该电路的功能是：在 clk 的上升沿将数据 d 存入 D 触发器，然后在 en 有效时，将存入 Q 的 d 值传给 q，en 无效时，q 的值为高阻态'bz。

③ 引入三态电路有许多实际的应用，如 CPU 设计中的数据和地址总线的构建、RAM 的数据端口的设计等。

3. 移位寄存器

例 4-14 设计了一个 n 位移位寄存器，该寄存器具有左移、右移、置数功能。

【例 4-14】 参数型 n 位移位寄存器。

```
//8 位 CPU 中常用的移位寄存器模块
module shift_N(clk,Ci,mode,D,Q,Co);
input clk,Ci;   //时钟和移位输入
input[2:0] mode; //移位模式控制字
input[N-1:0] D;   //待加载移位的数据
output[N-1:0] Q; //移位数据输出
output reg Co ;        //移位输出
reg[N 1:0] temp;
parameter N=8;    //8 位移位寄存器
always @(posedge clk)
     begin
   case(mode)
        3'b000: begin temp <=D;   end                    //加载待移数
        3'b001: begin temp[0] <= Ci ;
                     temp[N-1:1] <= temp[N-2:0]; Co<=temp[N-1];   //带进位循环左移
                     end
        3'b010: begin temp[0] <= temp[N-1];
                     temp[N-1:1] <= temp[N-2:0];                  //自循环左移
                     end
        3'b011: begin temp[N-1] <= temp[0];
                     temp[N-2:0] <= temp[N-1:1];                  //自循环右移
                     end
       3'b100: begin temp[N-1] <= Ci ;
                     temp[N-2:0] <= temp[N-1:1]; Co<=temp[0];     //带进位循环右移
                     end
   default:   temp <= temp ;                              // 保持
   endcase
     end
assign Q = temp;      //移位后输出
endmodule
```

程序说明：

(1) 移位寄存器可以有多种工作模式，这由移位模式控制字 mode 来控制。

(2) 仿真波形如图 4-14 所示。从图中可以看出，第 1 个时钟上升沿时，mode 为 3'b000，该模式为加载待置数，因此 D 的值被装载进 Q。第 2 个时钟上升沿时，mode 为 3'b001，该模式为带进位循环左移，因此 D 的值循环左移，同时 D 的最低位取此时刻 Ci 的值。从仿真波形图中可以看出，本段代码实现了题目要求的功能。

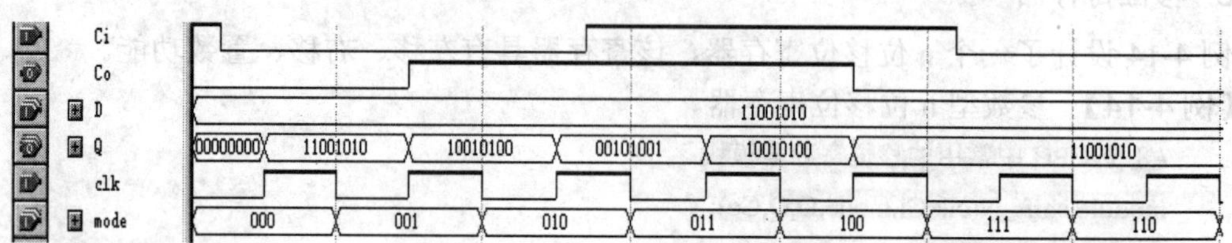

图 4-14　例 4-14 的仿真波形

4. 计数器

例 4-15 设计了一个 n 位计数器，该计数器有计数、清零功能。

【例 4-15】 参数型 n 位计数器，带有异步复位和同步时钟使能。

```
module cnt_N(clk,rst,en,Q,cout);
input clk,rst,en;
output reg[N-1:0] Q;
output cout;
parameter N=4;
always @(posedge rst, posedge clk)
  begin
    if(rst)          //计数器异步复位
    Q <= 0;      //为了能生成诸如触发器一类的时序逻辑，建议使用非阻塞赋值
    else
      if(en)         //计数器同步使能
          Q <= Q + 1;
  end
assign cout= (Q==0)? 1'b1:1'b0;       //计数器计满溢出后 cout 输出 1
endmodule
```

程序说明：

(1) 仿真波形如图 4-15 所示。从图中可以看出，本段代码实现了一个十六进制计数器，并且具有异步复位和同步使能功能，在计数器溢出后将 cout 置 1。

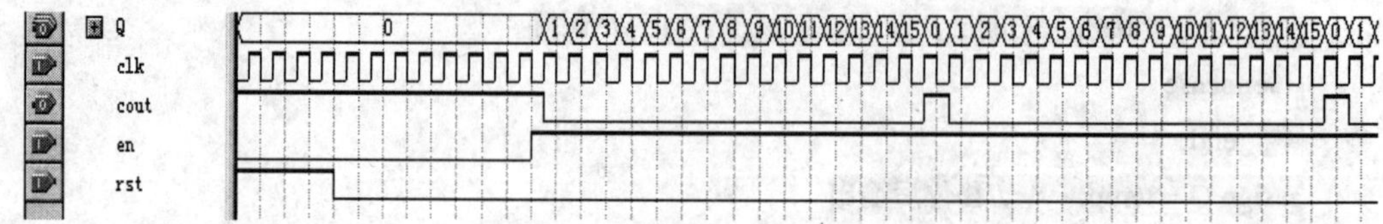

图 4-15　例 4-15 的仿真波形

(2) 本计数器实现的是 2 的整数次幂计数，如果不是 2^n 计数，如何实现呢？这时，需要

使用条件语句判断计数是否达到最大值，如果是，则使计数器清零并从零开始计数。例 4-16 实现了一个十进制加法计数器。

【例 4-16】 十进制加法计数器，带有异步复位和同步时钟使能功能。

```
module cnt10(clk,rst,en,Q,cout);
input clk,rst,en;
output reg[N-1:0] Q;
output cout;
parameter N=4;
always @(posedge rst, posedge clk)
  begin
     if(rst)            //计数器异步复位
     Q <= 0;      //为了能生成诸如触发器一类的时序逻辑，建议使用非阻塞赋值
     else
        if(en)           //计数器同步使能
           if(Q==9) Q <= 0;
           else Q <= Q + 1;
  end
assign cout= (Q==0)? 1'b1:1'b0;         //计数器计满溢出后 cout 输出 1
endmodule
```

例 4-16 的仿真波形如图 4-16 所示。从图中可以看出，本段代码实现了一个十进制加法计数器，并在计数器溢出后将 cout 置 1。

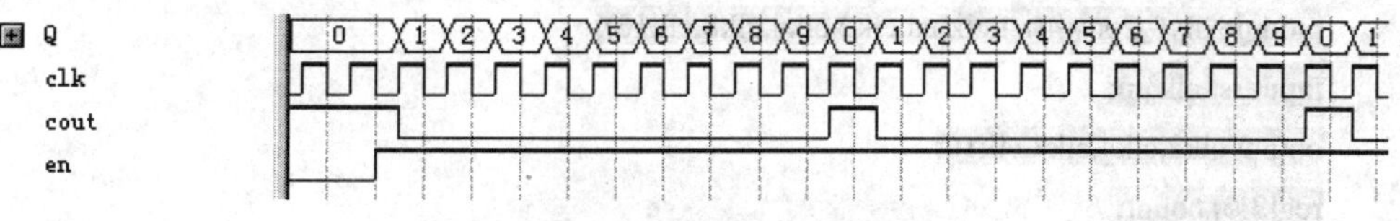

图 4-16　例 4-16 的仿真波形

5. 分频器

在具体的电路设计中，可能需要很多种不同频率的时钟，但实际电路中往往只有一种单一频率的外部时钟输入，这时候就需要分频或倍频以得到我们需要的时钟频率。对于倍频电路，需要具体硬件的支持，本小节暂不阐述。对于分频电路，通过简单的设计即可实现。

分频器电路是非常有用的一种电路，分频的方法很多，最常见的是利用加法计数器对时钟信号进行分频。下面通过几个例子分别介绍 2 的整数次幂分频、奇数分频、偶数分频的方法。

【例 4-17】 参数型 2^n 分频，占空比为 50%。

```
module divf_2powN(rst,clk,en,clk_N);
input rst,clk,en;
output clk_N;
```

```
parameter N=2;
reg[N-1:0] count;
always @(posedge clk)
  begin
   if(rst) count<=0;
   else if(en)   count<=count+1;
  end
assign clk_N=count[N-1];
endmodule
```

程序说明：

(1) 本例可实现 2 的任意整数次幂的分频器设计，占空比为 50%。

(2) 本例中 N 定义为常整数 2，也就是说本例实现的是 2 的 2 次幂分频，即 4 分频。如果要实现 2 的 N 次幂分频，则仅需要调用该模块，并修改参数 N 即可。例如要实现 8 分频，则将参数 N 修改为 3 即可，具体实现代码如下：

```
module divf_2pow3(rst,clk,en,clk8);
input rst,clk,en;
output clk8;
divf_2powN #(3) divf8(rst,clk,en,clk8);
endmodule
```

(3) 本例除了可以得到 2 的 N 次幂分频外，还可以非常容易地得到 2 的 N−1 次幂、N−2 次幂、…、1 次幂分频，只需要多添加几条 assign 语句即可。例如：

```
module divf_2pow4(rst,clk,en,clk2,clk4,clk8,clk16);
input rst,clk,en;
output clk2,clk4,clk8,clk16;
reg[3:0] count;
always @(posedge clk)
  begin
   if(rst) count<=0;
   else if(en)   count<=count+1;
  end
assign clk2=count[0];    //2 分频
assign clk4=count[1];    //4 分频
assign clk8=count[2];    //8 分频
assign clk16=count[3];   //16 分频
endmodule
```

【例 4-18】 参数型奇数分频，要求占空比为 50%。

```
module divf_oddn(clk,clk_N);
input clk;
output   clk_N;
```

```
parameter N=3;
integer p,q;
reg clk_p,clk_q;
always @(posedge clk)      //N 分频设计实例，体会其算法(占空比为 50%)
  begin
     if(p==N-1)
          begin p=0; clk_p=~clk_p; end
     else p=p+1;
  end
always @(negedge clk)
  begin
     if(q==N-1) q=0;
      else          q=q+1;
     if(p==(N-1)/2)    clk_q=~clk_q;
  end
assign clk_N=clk_p^clk_q;
endmodule
```

程序说明：

(1) 对于奇数分频，仍然采用加法计数的方法，只是要对时钟的上升沿和下降沿分别计数，这是因为输出波形的改变不仅仅发生在时钟上升沿。

(2) 本例使用了两个计数器 p 和 q 分别对上升沿和下降沿计数，然后通过组合逻辑 assign clk_N=clk_p^clk_q; 控制输出时钟的电平，从而得到需要的时钟波形。

(3) 上述模块定义了一个参数化的奇数分频电路，并实现了一个 3 分频电路。如果设计一个顶层模块，调用该模块并修改参数，则可实现任意奇数分频。例如：

```
module divf_oddn_top(clk,clk_3,clk_5,clk_7);
input clk;
output clk_3,clk_5,clk_7;
divf_oddn #(3) div_odd3(clk,clk_3);
divf_oddn #(5) div_odd5(clk,clk_5);
divf_oddn #(7) div_odd7(clk,clk_7);
endmodule
```

上述模块的仿真波形如图 4-17 所示。

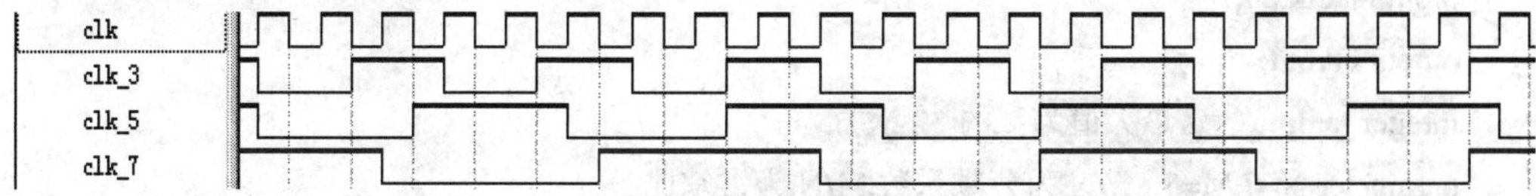

图 4-17　任意奇数分频

从图 4-17 可知，上述代码实现了任意奇数分频。

【例 4-19】 参数型偶数分频，要求占空比为 50%。

```
module divf_even(clk,clk_N);
input clk;
output reg clk_N;
parameter N=6;
integer p;
always @(posedge clk)
  begin
    if(p==N/2-1) begin p=0; clk_N=~clk_N; end
  else p=p+1;
  end
endmodule
```

程序说明：

(1) 对于偶数分频，仍然采用加法计数的方法，只是要对时钟的上升沿进行计数，这是因为输出波形的改变仅仅发生在时钟上升沿。本例使用了一个计数器p对上升沿计数，计数计到一半时，控制输出时钟的电平取反，从而得到需要的时钟波形。

(2) 上述模块定义了一个参数化的偶数分频电路，并实现了一个6分频电路。如果设计一个顶层模块，调用该模块并修改参数，则可实现任意偶数分频。例如：

```
module divf_even_top(clk,clk_12,clk_10);
input clk;
output clk_12,clk_10;
divf_even #(12) div_even12(clk,clk_12);
divf_even #(10) div_even10(clk,clk_10);
endmodule
```

上述模块的仿真波形如图4-18所示。

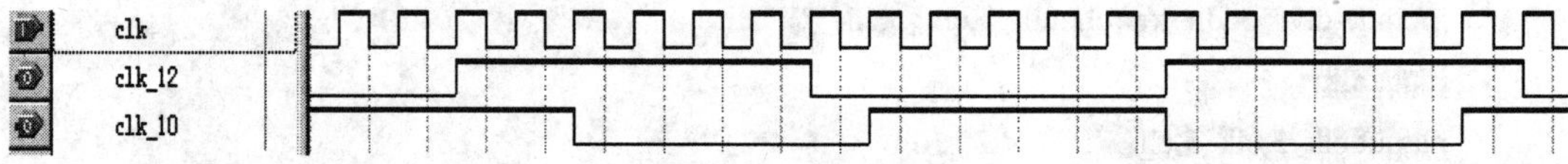

图 4-18　任意偶数分频

从图4-18可知，上述代码实现了任意偶数分频。

【例 4-20】 可设置参数的任意分频器，占空比可变。

```
module divf_parameter(rst,clk,en,clkout);
input rst,clk,en;
output clkout;
integer temp;      //最大值为 2 的 32 次方
parameter N=7,M=3;   //N 为分频系数,M/N 为占空比
always @(posedge clk)
  begin
  if(rst) temp<=0;
```

```
    else if(en)
        if(temp==N-1) temp<=0;
        else temp<=temp+1;
    end
assign clkout=(temp<M)? 1 : 0;
endmodule
```

(1) 对于占空比可变的分频器，这时需要设置两个参数，一个控制分频比，另一个控制占空比，从而得到需要的时钟波形。上例中，N=7，M=3，说明是 7 分频电路，占空比为 3/7。

(2) 上述模块定义了一个参数化的占空比可变的分频电路。如果设计一个顶层模块，调用该模块并修改参数，则可实现任意占空比的分频器。例如：

```
module div_Para_top(rst,clk,en,clk3_2,clk5_1,clk6_3); //顶层设计
input rst,clk,en;
output clk3_2,clk5_1,clk6_3;
divf_parameter #(3,2) f1(rst,clk,en,clk3_2);    //3 分频,占空比为 2/3
divf_parameter #(5,1) f2(rst,clk,en,clk5_1);    //5 分频,占空比为 1/5
divf_parameter #(6,3) f3(rst,clk,en,clk6_3);    //6 分频,占空比为 3/6
endmodule
```

上述模块的仿真波形如图 4-19 所示。

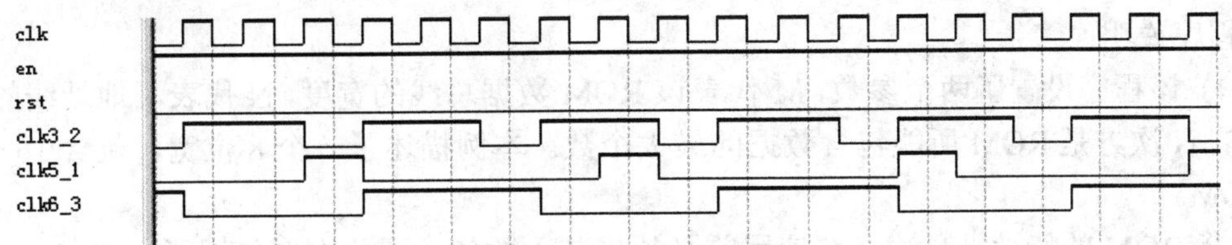

图 4-19　占空比可变的任意分频

从图 4-19 可知，上述代码实现了占空比可变的任意分频功能。

分频器是十分有用的电路，实际应用中除了需要得到任意占空比的整数分频器外，有时还需要小数分频器。对于小数分频器，则需要更复杂的算法，感兴趣的读者可查阅相关资料。

6. 程序存储器ROM

ROM 在数字系统中用于存放指令或者常数。下面给出一个 ROM 实例，该 ROM 的数据宽度为 16 位，相应地它有 4 根地址线。将其设计为带读使能信号的异步 ROM。

【例 4-21】 参数型 ROM 设计。

```
module rom_nxm(rom_data,rom_addr,clk,rd,load);
paramctcr M=8,N=4;  //4 根地址线,8 位数据
input clk,rd;    //rd 读使能信号
input load; //用于初始化 ROM 值的控制信号
input[N-1:0] rom_addr;
```

```
output reg[M-1:0] rom_data;
reg[M-1:0] memory[0:2**N];    //4 根地址线,8 位数据的存储器
always @(posedge load)
  begin: init     //该 always 块用于初始化 ROM 值
  integer i;
  for(i=0;i<(2**N);i=i+1)
      memory[i] = i+1;
  end
always @(posedge clk)
  begin: read    //该 always 块用于读取 ROM 值
  if(rd) rom_data=memory[rom_addr];
  end
endmodule
```

利用 Quartus Ⅱ仿真的波形如图 4-20 所示。

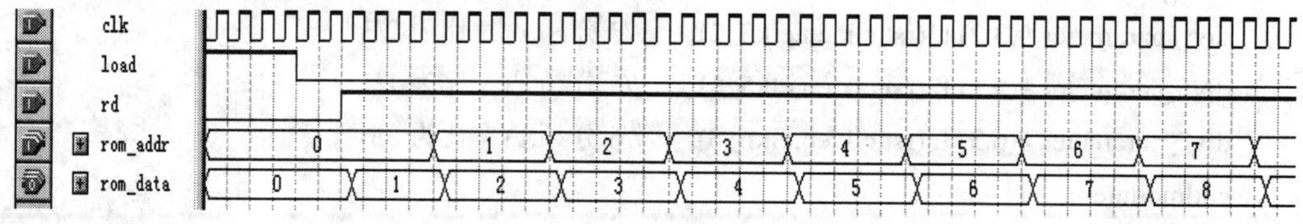

图 4-20 ROM 仿真

程序说明:

(1) 该程序设置了两个参数，M 代表该 ROM 数据总线的宽度，N 代表了地址线的数量，即 2 的 N 次方是 ROM 所能包含数据的最大个数。本例描述了一个 8 位宽，包含 16 个数据的 ROM。

(2) ROM 的特性是只读，在使用前必须先装入数值，因此本例使用了一个 always 块为 ROM 赋初值。该初值需要根据实际情况设置，本例的初值设置只是为了演示其功能，没有实际的用途。

(3) 波形图为功能仿真结果，可以看到，当 rd 信号有效时，可将 ROM 中已存储的数据读出到 rom_data 中。

ROM 有时也用于设计组合逻辑电路，例如下面的例子可实现 3-8 线译码器的功能。

```
module rom_38(rom_data,rom_addr,load);      //3-8 线译码器功能
parameter M=8,N=3;   //3 根地址线,8 位数据
input load; //用于初始化 ROM 值的控制信号
input[N-1:0] rom_addr;
output reg[M-1:0] rom_data;
reg[M-1:0] memory[0:2**N];    //3 根地址线,8 位数据的存储器
always @(posedge load)
  begin: init     //该 always 块用于初始化 ROM 值
  integer i;
```

```
    for(i=0;i<(2**N);i=i+1)
        memory[i] = 1 << i;
    end
always @(rom_addr)
    rom_data=memory[rom_addr];
endmodule
```

利用 Quartus Ⅱ对上述设计的仿真结果如图 4-21 所示。

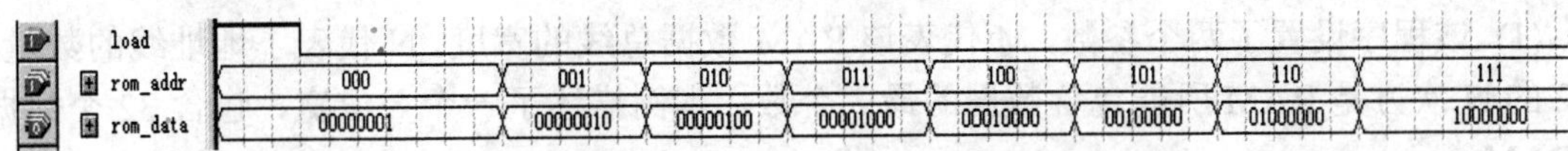

图 4-21 使用 ROM 实现 3-8 线译码器

从以上仿真波形可以看出，该设计实现了 3-8 线译码器的功能。

7. 数据存储器 RAM

RAM 是数字系统中最重要的存储元件之一。它是一个存储器阵列，可根据地址信号，通过译码电路访问地址单元。作为时序元件，RAM 与 ROM 的区别在于，它有读和写两种操作，而且在读/写时序方面有严格的要求。

【例 4-22】 参数型 RAM 设计。

```
module ram_nxm(rd,wr,cs,clk,addr,datain,dataout);
parameter M=8,N=5;   //5 根地址线,8 位数据
input rd,wr,cs,clk;
input[N-1:0] addr;
input[M-1:0] datain;
output[M-1:0] dataout;
reg[M-1:0] memory[0:2**N];    //5 根地址线,8 位数据的存储器
reg[M-1:0] temp;
assign dataout=temp;
always @(posedge clk)
  begin:p0
   if(cs)
     if(rd) temp<=memory[addr];
     else begin
                if(wr) memory[addr]<=datain;
                temp<='bz;
            end
  end
endmodule
```

利用 Quartus Ⅱ仿真的波形如图 4-22 所示。

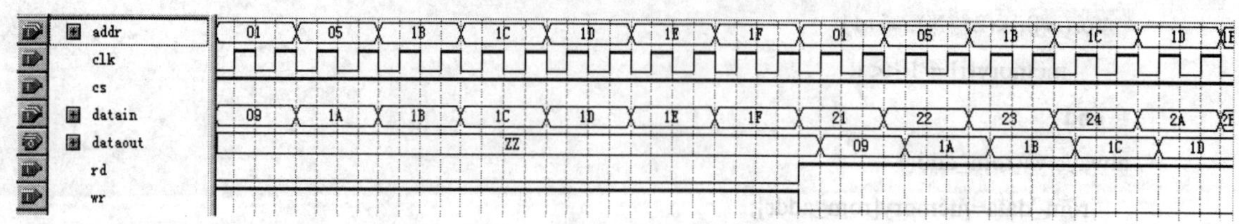

图 4-22　RAM 仿真

程序说明：

(1) 该程序设置了两个参数，M 代表该 RAM 数据总线的宽度，N 代表了地址线的数量，即 2 的 N 次方是 RAM 所能包含数据的最大个数。本例描述了一个 8 位宽，包含 32 个数据的 RAM。

(2) 波形图为功能仿真结果。从波形图可以看到，当 cs 和 wr 信号有效时，将 datain 中的数据写入 RAM 中；当 cs 和 rd 信号有效时，将 RAM 中已存储的数据读出到 dataout 中。

参数化的设计，配合 Quartus Ⅱ软件强大的综合功能使该设计有较大的灵活性和实用价值，只要稍加修改调试，就可以应用到实际的工程设计中去。

4.3　小　结

本章讨论了以下知识点：

❖ 理论上，可利用化简真值表并采用逻辑门来实现电路的方法设计所有组合电路，但用这种方法来设计大型电路是不现实的。降低复杂度的一种方法就是采用比逻辑门功能更强大的组合元件。本章对组合元件及常用的组合逻辑电路进行了建模。

❖ 常用的组合元件及组合逻辑电路包括数据选择器、译码器、加法器、乘法器、比较器、ALU、三态总线等。本章采用参数化的建模方法建模，很容易对这些电路进行扩展和修改。

❖ 就像使用较抽象的组合元件来实现复杂的组合逻辑一样，也可以使用较抽象的时序元件来设计复杂的时序逻辑。本章对时序元件及常用的时序逻辑电路进行了建模。

❖ 常用的时序元件及时序逻辑电路包括 D 触发器和锁存器、寄存器、移位寄存器、计数器、分频器、程序存储器和数据存储器等。本章采用参数化的建模方法建模，很容易对这些电路进行扩展和修改。

❖ 参数化的设计，配合软件强大的综合功能使得设计有较大的灵活性和实用价值，只要稍加修改，就可以应用到实际的工程设计中去。

习　题　4

1. 设计具有 8 个功能的功能模块，其输入信号 a 和 b 均为 4 位，功能选择信号 select 为 3 位，输出信号 out 为 8 位。功能单元所执行的操作与 select 信号有关，具体关系见表 4-3。

表 4-3　功 能 列 表

select 信号	功　能
3'b000	out=a
3'b001	out=a+b
3'b010	out=a-b
3'b011	out=a*b
3'b100	out=max(a,b) , a、b 中选大输出
3'b101	out=min(a,b), a、b 中选小输出
3'b110	out=a<<3
3'b111	out=a>>3

2. 设计一个实现 8 位 ALU 功能的函数，其输入为两个 8 位操作数变量 a 和 b，以及一个 3 位的选择信号 select，输出为 9 位变量 out，具体关系见表 4-4。

表 4-4　ALU 功能列表

select 信号	函数的输出
3'b000	a
3'b001	a+b
3'b010	a-b
3'b011	a/b
3'b100	a%b(余数)
3'b101	a<<1
3'b110	a>>1
3'b111	若 a>b，则 out=1，否则 out=0

3. 设计一个 8 路数据选择器。要求：每路输入数据与输出数据均为 4 位二进制数，选择开关为 3 位，当选择开关或输入数据发生变化时，输出数据也相应地变化。

4. 试分别实现 8 位左移寄存器、8 位右移寄存器、8 位双向移位寄存器和 8 位循环移位寄存器。

5. 设计一个分频器，将输入的频率 20 分频，要求占空比为 30%。

6. 设计一个字节(8 位)比较器并进行仿真验证。要求：比较两个字节的大小，如 a[7:0] 大于 b[7:0]，则输出高电平，否则输出低电平。

7. 利用 20 MHz 的时钟，设计一个单周期形状如图 4-23 所示的周期波形。

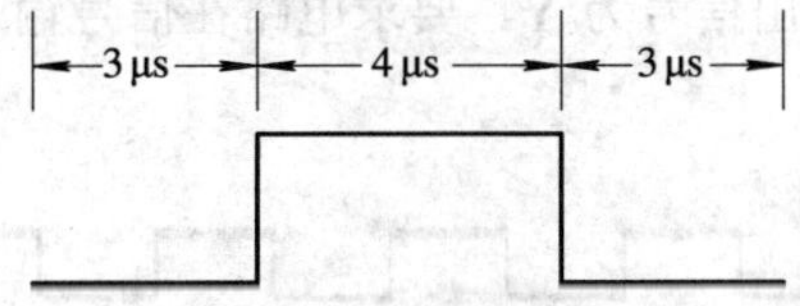

图 4-23　单周期波形

8. 试用ROM 设计组合逻辑电路，其功能为三人判决电路功能，即若三人中有两个人或两个人以上同意，则表决通过，否则表决不通过。

第 5 章　同步有限状态机设计

本章从一个典型时序逻辑电路实例入手，引入同步有限状态机，并进一步探讨同步状态机的特征。有限状态机及其设计技术是实用数字系统设计中的重要组成部分，是实现高效率、高可靠性逻辑控制的重要途径。大部分数字系统都可以划分为控制单元和数据单元两个组成部分，通常，控制单元的主体是一个状态机，它接收外部信号以及数据单元产生的状态信息，产生控制信号序列。

5.1　同步有限状态机引例

状态机特别适合描述那些发生时有先后顺序或者有逻辑规律的事情——其实这就是状态机的本质。状态机的本质就是对具有逻辑顺序或时序规律事件的一种描述方法，即“逻辑顺序”和“时序规律”就是状态机所要描述的核心和强项，换言之，所有具有逻辑顺序和时序规律的事情都适合用状态机来描述。

很多初学者不知道何时应用状态机。这里介绍一种应用思路：从状态变量入手。如果一个电路具有时序规律或者逻辑顺序，则自然而然地可对这个电路规划出状态，从这些状态入手，分析每个状态的输入、状态转移和输出，从而完成电路功能。使用状态机的目的是要控制某部分电路，完成某种具有逻辑顺序或时序规律的电路设计。

其实对于逻辑电路而言，小到一个简单的时序逻辑，大到复杂的微处理器，都适合用状态机方法进行描述。由于状态机不仅仅是一种电路描述工具，它更是一种思想方法，而且状态机的 HDL 表达方式比较规范，有章可循，因此很多有经验的设计者习惯用状态机思想进行逻辑设计，对各种复杂设计都套用状态机的设计理念，从而提高设计的效率和稳定性。

下面通过一个典型时序逻辑电路的设计实例来引入有限状态机。

【例 5-1】设计一个串行数据检测器。电路的输入信号 A 是与时钟脉冲同步的串行数据，其时序关系如图 5-1 所示。输出信号为 Y。要求电路在信号输入 A 出现 110 序列时，输出信号 Y 为 1，否则为 0。

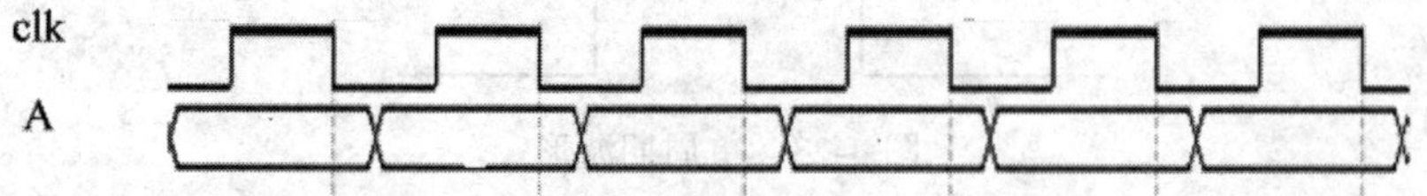

图 5-1　输入信号 A 与时钟信号的关系

这是一道典型的时序逻辑电路例题，其求解步骤如图 5-2 所示。

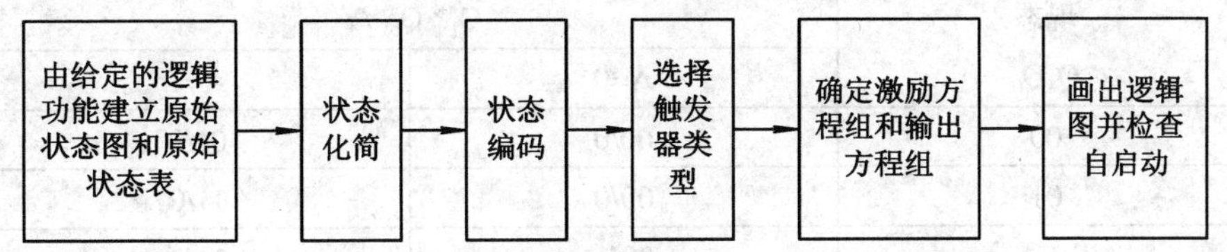

图 5-2　时序逻辑电路设计过程

下面详细介绍逻辑电路的设计步骤。

第一步：理解题意，由给定的逻辑功能建立原始状态图，如图 5-3 所示。

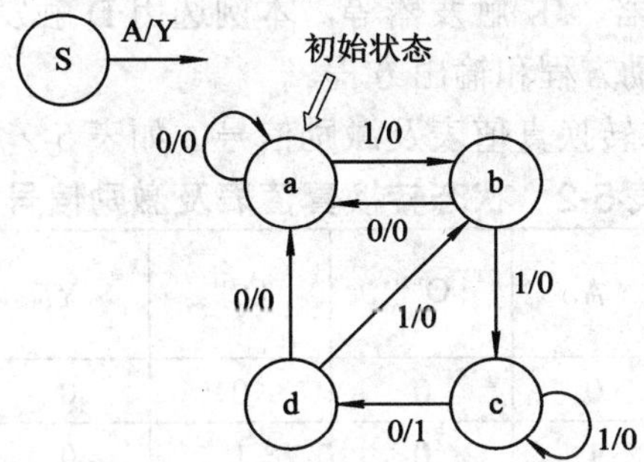

图 5-3　原始状态图

图 5-3 中，S 表示状态，A/Y 中斜杠左面的为输入，斜杠右面的为输出。

第二步：状态化简。合并等价状态，消去多余状态的过程称为状态化简。所谓等价状态，就是指在相同的输入下有相同的输出，并转换到同一个次态去的两个状态。显然，图 5-3 中的 a 和 d 是等价状态，可以合并，化简后的状态图如图 5-4 所示。

第三步：状态编码。给每个状态赋以二进制代码的过程称为状态编码。对图 5-4 的状态进行某种编码的结果如图 5-5 所示。

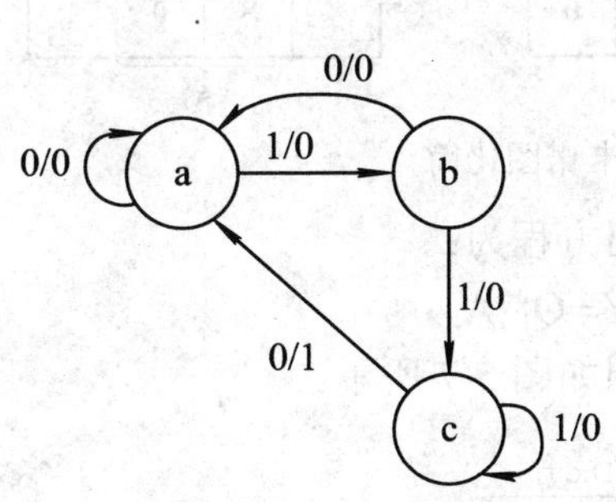

图 5-4　化简后的状态图

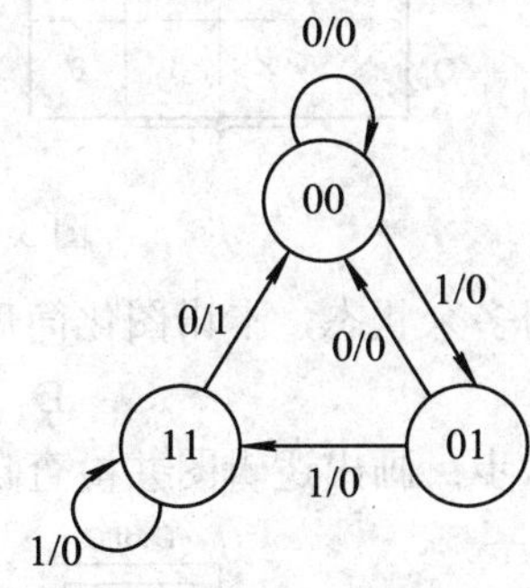

图 5-5　编码后的状态图

图 5-5 所示状态图对应的状态表如表 5-1 所示。

表 5-1　状态表

现态 Q_1Q_0	$Q_1^{n+1}Q_0^{n+1}/Y$	
	A=0	A=1
00	00/0	01/0
01	00/0	11/0
11	00/1	11/0

第四步：选择触发器的个数和类型。

触发器个数可根据状态数确定，要求满足 $2^{n-1}<M\leqslant 2^n$，式中 M 为状态数，n 为触发器的个数。对于本例，已知 M 为 3，所以可求出触发器的个数为 2 个。

触发器可以选择 D 触发器、JK 触发器等，本例选用 D 触发器。

第五步：求出电路的激励方程和输出方程。

根据表 5-1，可列出状态转换真值表及激励信号，如表 5-2 所示。

表 5-2　状态转换真值表及激励信号

Q_1^n	Q_0^n	A	Q_1^{n+1}	Q_0^{n+1}	Y	激励信号	
						D_1	D_0
0	0	0	0	0	0	0	0
0	0	1	0	1	0	0	1
0	1	0	0	0	0	0	0
0	1	1	1	1	0	1	1
1	1	0	0	0	1	0	0
1	1	1	1	1	0	1	1

针对输出和激励信号，采用卡诺图化简，如图 5-6 所示。

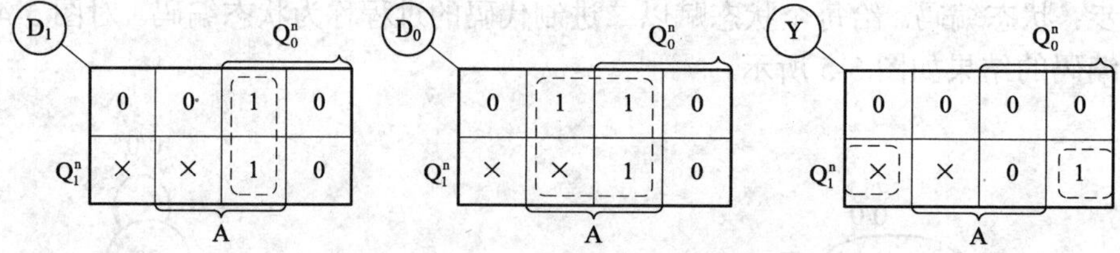

图 5-6　输出和激励信号的卡诺图化简

利用多余状态，卡诺图化简后的激励方程和输出方程为：

$$D_1 = Q_0^n A，D_0 = A，Y=Q_1^n\,\overline{A}$$

第六步：画出逻辑图并检查自启动能力。逻辑图如图 5-7 所示。

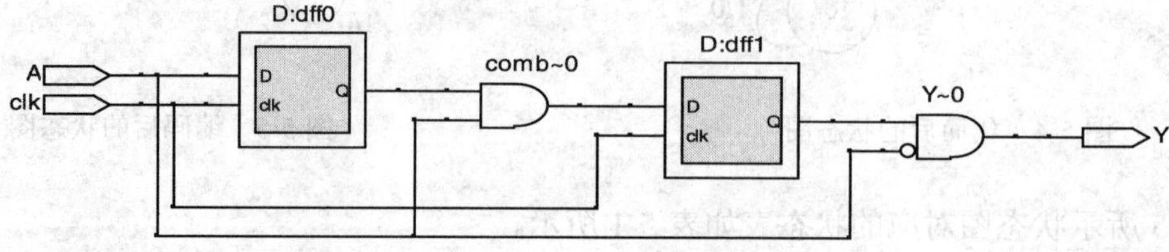

图 5-7　例 5-1 的逻辑图

经检查，该电路具有自启动能力。

至此解题完毕。

以上六步，我们均可以采用 Verilog HDL 进行电路建模，下面从后向前对各个步骤进行建模，见例 5-2 至例 5-9。

【例 5-2】 对应于步骤六的层次建模方法。

```
module    fsm_1(clk,A,Y);
input clk,A;
output Y;
wire q0,q1;
assign Y= q1 & (~A);
mydff_2 dff0(.D(A),.Q(q0),.clk(clk)),
      dff1(.D(A&q0), .Q(q1), .clk(clk));
endmodule
//以下实现被调用模块 mydff_2
module mydff_2(D,Q,clk);
input D,clk;
output reg Q;
always @(posedge clk)
      Q<=D;
endmodule
```

程序说明：

(1) 该模块使用 Quartus Ⅱ软件综合的结果如图 5-8 所示，它同图 5-7 所示的电路图一致。

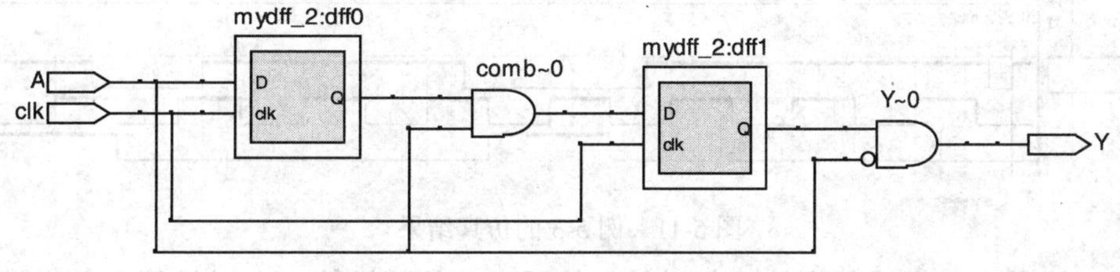

图 5-8　综合结果

其仿真结果如图 5-9 所示。

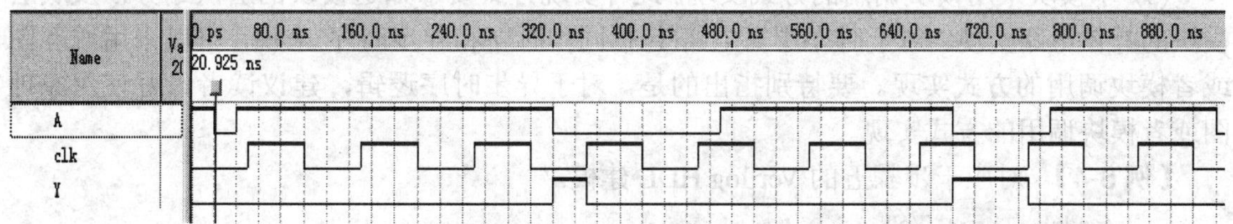

图 5-9　例 5-2 的仿真结果

由仿真结果可以看出，Y= q1& (~A); 是一个组合逻辑，当 A 或 q1 发生变化后，Y 立即改变。

(2) 组合逻辑容易产生毛刺，可将 Y 通过寄存器输出的方式来消除毛刺，具体实现代码如例 5-3 所示。

【例 5-3】 对例 5-2 的改进——消除毛刺。

```
module    fsm_1(clk,A,Y);
input clk,A;
output reg Y;
wire q0,q1;
mydff_2 dff0(.D(A),.Q(q0),.clk(clk)),
        dff1(.D(A&q0), .Q(q1), .clk(clk));
always @(posedge clk)
        Y= q1 & (~A);
endmodule
```

该模块的综合结果如图 5-10 所示。

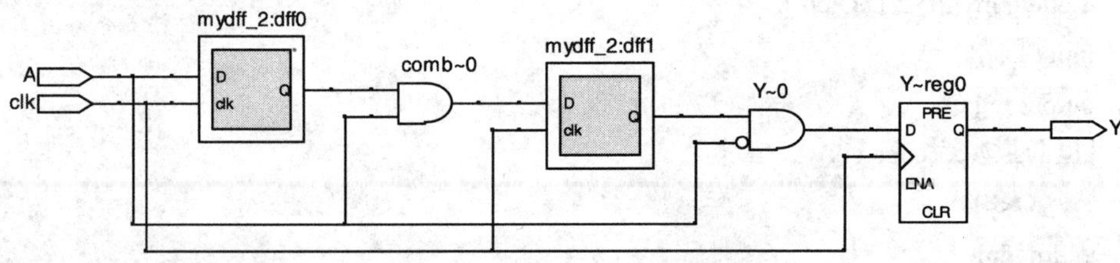

图 5-10　例 5-3 的综合结果

其仿真结果如图 5-11 所示。

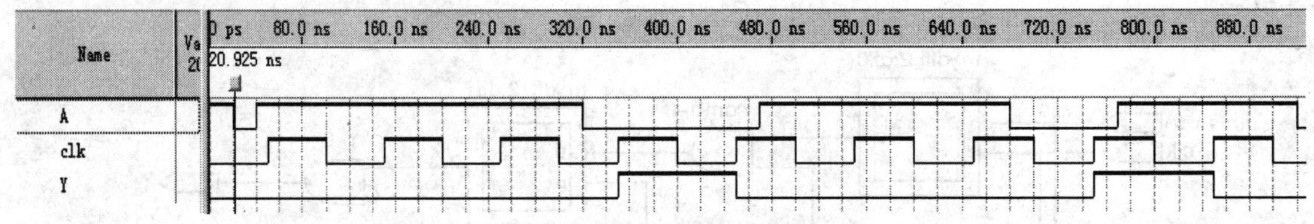

图 5-11　例 5-3 的仿真结果

显然，这种实现方式使得输出与时钟保持同步，并可维持一个时钟周期的时间，可有效地消除毛刺。

(3) 本模块采用模块调用的方式实现。此种实现方式要求知道模块的层次划分以及底层模块的具体电路实现。对于时序逻辑电路(包括同步时序和异步时序)来说，可以采用原理图或者模块调用的方式实现。要特别指出的是，对于异步时序逻辑，建议读者最好使用原理图或者模块调用的方式实现。

【例 5-4】 对应于步骤五的 Verilog HDL 建模。

```
module    fsm_2(clk,A,Y);
input clk,A;
output reg Y;
```

```
reg q0,q1;
always @ (posedge clk)
  begin
    q0 <= A;
    q1 <= q0 & A;
    Y= q1 & (~A);
  end
endmodule
```

程序说明：

(1) 例 5-4 的实现要求得出输出方程和激励方程，然后才能对时序逻辑电路建模。这种建模方法同例 5-2 一样，需要手工做大量复杂的工作，而不是由计算机来完成复杂的计算工作。

(2) 该模块的综合结果如图 5-12 所示。

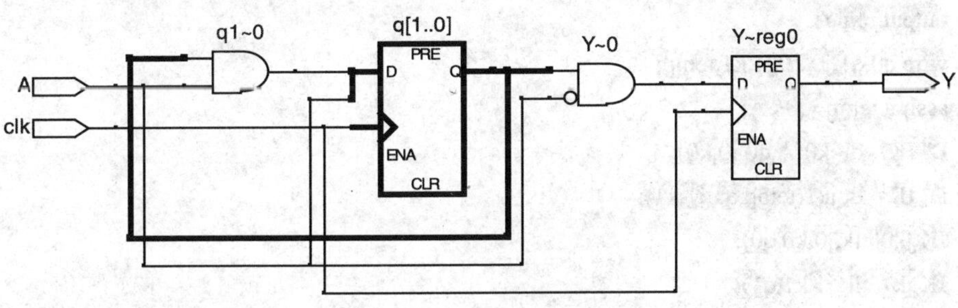

图 5-12　例 5-4 的综合结果

其仿真结果如图 5-11 所示。

【例 5-5】 对应于步骤四的 Verilog HDL 建模。

```
///产生 JK 激励信号：D 触发器的激励 d---->JK 触发器的激励 J 和 K
module D_JK(d,q,j,k);
input d,q;
output reg j,k;
always @(d,q)
    case({d,q})
          2'b00,2'b11:
                begin j=0; k=0; end
          2'b01,2'b10:
                begin j=1; k=1; end
    endcase
endmodule
//JK 触发器实现---->JK 全 1 翻转,全 0 不变,其他为 J
module JK(clk,j,k,q);
input clk,j,k;
```

```
output reg q;
always @(posedge clk)
    case({j,k})
        2'b11: q=~q;
        2'b10: q=1;
        2'b01: q=0;
        2'b00: q=q;
        default: ;
    endcase
endmodule
//顶层模块，实现例 5-2 的功能
module   fsm_3(clk,A,Y);
input clk,A;
output reg Y;
wire q0,q1,j0,k0,j1,k1,temp;
assign temp=q0&A;
D_JK   d_jk0(A,q0,j0,k0);
D_JK   d_jk1(temp,q1,j1,k1);
JK jk0(clk,j0,k0,q0);
JK jk1(clk,j1,k1,q1);
always @ (posedge clk)
    Y= q1 & (~A);
endmodule
```

程序说明：

(1) 本例中包括 3 个模块，模块 D_JK 用于实现输入 D 触发器的激励信号 d 转换成 JK 触发器的激励信号 j、k。设计要求是当 d 输入 0(或 1)时，转换成的 j、k 信号可使 JK 触发器在下一个时钟上升沿的输出 q 为 0(或 1)。

(2) JK 触发器的功能是：输入激励信号 j、k 全为 1 时，输出 q 翻转；j、k 全为 0 时，输出 q 不变；其他情况下，输出 q 为 j 的值。JK 触发器采用 case 语句实现。

(3) 使用 Quartus Ⅱ软件综合的结果如图 5-13 所示。

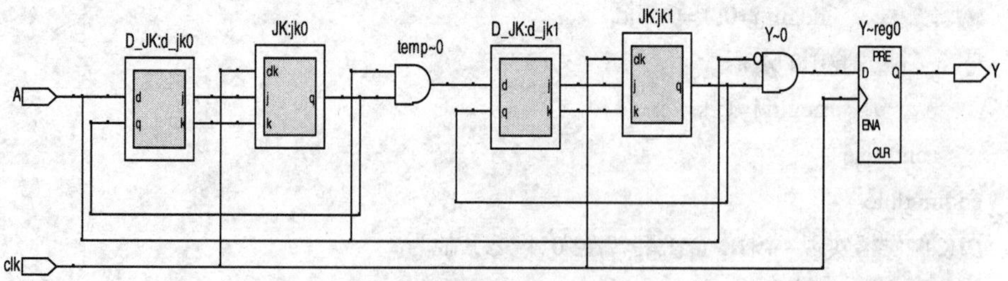

图 5-13　例 5-5 综合的结果

(4) 其仿真结果如图 5-11 所示，由仿真结果可看出综合结果正确。

从本例也可以看出，在设计时序逻辑电路时，可以选用任何一种触发器进行设计。设计完成后，可以采用其他任何触发器对这种触发器进行替换。事实上，D 触发器、JK 触发器、T 触发器等的等价电路图很容易实现，这部分设计由读者来完成。

【例 5-6】 对应于步骤一、步骤二和步骤三的同步状态机。

```
module fsm_3(clk,A,Y);
input clk,A;
output reg Y;
reg[1:0] state;
parameter s0=2'b00,      //状态编码为顺序编码方式
          s1=2'b01,
          s2=2'b11;
always @ (posedge clk)
     case(state)
   s0: begin
        if(A) state<=s1;
        else   state<=s0;
         Y<=0;
       end
   s1: begin
        if(A) state<=s2;
        else   state<=s0;
         Y<=0;
       end
   s2: begin
        if(A) begin
                   state<=s2;
                   Y<=0;
                   end
        else   begin
                   state<=s0;
                   Y<=1;
                   end
       end
   default: state<=s0;
endcase
endmodule
```

程序说明：

(1) parameter s0=2'b00, s1=2'b01,s2=2'b11; 是状态赋值语句。在 Verilog HDL 中，状态

必须明确赋值，通常使用参数(parameters)或宏定义(define)语句加上赋值语句来实现。本例就是采用参数加上赋值语句来实现的，当然也可以采用宏定义的方式实现，如可定义

```
`define s0 2'b00
`define s1 2'b01
`define s2 2'b11
```

这三行语句用来进行状态赋值。在引用宏定义的状态时，需要使用符号“`”，例如程序中要使用状态 s0，则要写成`s0。

(2) 本例使用的状态编码方式为顺序编码。除了这种编码方式之外，还有独热编码、直接输出型编码等，下节将对编码方法作详细讨论。

对例 5-2 至例 5-6 程序的进一步说明：

(1) 各种建模方法得出的电路图不尽相同，但最终的仿真结果完全相同，也就是最终的电路实现不同，功能却相同，都实现了“110”序列的检测功能。

(2) 例 5-2 采用的是电路原理图的实现方式，例 5-4 采用的输出方程和激励方程的实现方式，显然这两种方法都要求首先通过数字电路的知识手工求解，难度稍大，不能充分体现 EDA 强大的功能；例 5-6 则用状态机来实现设计，只需要根据题意，得出状态图，然后可以直接使用硬件描述语言来描述状态图，无需利用过多的数字电路的知识，体现了 EDA 强大的功能。

5.2　状态机的基本概念

1. 状态机的基本描述方式

逻辑设计中，状态机的基本描述方式有 3 种，分别是状态转移图、状态转移列表和 HDL 语言描述。

(1) 状态转移图。状态转移图是状态机描述的最自然的方式。状态转移图经常在设计规划阶段定义逻辑功能时使用，也可以在分析代码中的状态机时使用，通过图形化的方式非常有助于理解设计意图。

(2) 状态转移列表。状态转移列表用列表的方式描述状态机，是数字逻辑电路常用的描述方法之一，经常被用于对状态进行化简。对于可编程逻辑设计，由于可用逻辑资源比较丰富，而且状态编码要考虑设计的稳定性、安全性等因素，因此并不经常使用状态转移列表优化状态。

(3) HDL 描述状态机。使用 HDL 描述状态机是本章讨论的重点。使用 HDL 描述状态机既有章可循，又有一定的灵活性。通过一些规范的描述方法，可以使 HDL 描述的状态机更安全、稳定、高效、易于维护。在 Verilog HDL 中可以用许多种方法来描述有限状态机，最常用的方法是用 always 块和 case 语句。

在 5.1 节的引例中，我们已经使用了状态机的这 3 种基本描述方式。

2. 状态机的基本要素及分类

状态机的基本要素有 3 个，分别是状态、输出和输入。

(1) 状态：也叫状态变量。在逻辑设计中，使用状态划分逻辑顺序和时序规律。比如：

在设计空调控制电路时，可以以环境温度的不同作为状态。

(2) 输出：指在某一个状态时特定发生的事件。例如设计空调控制电路时，如果环境温度高于设定温度限值，则控制电机正转进行降温处理；如果环境温度低于设定温度限值，则控制电机反转进行升温处理。

(3) 输入：指状态机进入每个状态的条件。有的状态机没有输入条件，其中的状态转移较为简单；有的状态机有输入条件，当某个输入条件存在时才能转移到相应的状态。

根据状态机的输出是否与输入条件相关，可将状态机分为两大类：摩尔(Moore)型状态机和米勒(Mealy)型状态机。

(1) 米勒型状态机：输出是状态向量和输入的函数，其结构如图5-14(a)所示。也就是说，米勒型状态机的输出不仅依赖于当前状态，而且取决于该状态的输入条件。

(2) 摩尔状态机：输出仅是状态向量的函数，结构如图5-14(b)所示。也就是说，摩尔状态机的输出仅仅依赖于当前状态，而与输入条件无关。

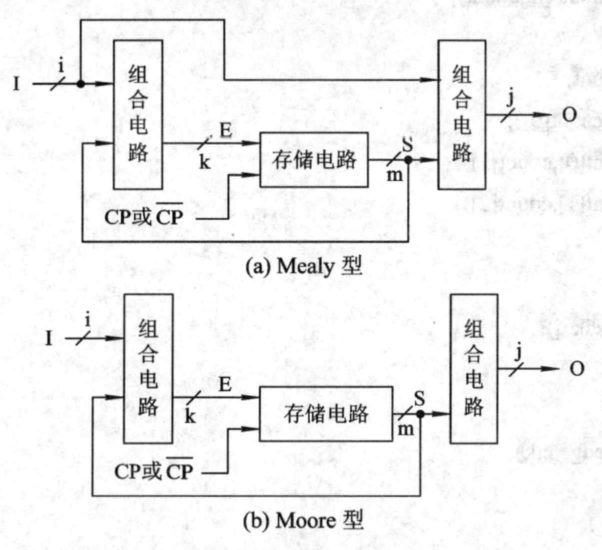

图5-14　状态机的分类

(a) Mealy 型；(b) Moore 型

根据状态机的数量是否为有限个，可将状态机分为有限状态机(Finite State Machine，FSM)和无限状态机(Infinite State Machine，ISM)。逻辑设计中一般所涉及的状态都是有限的，所以以后我们所说的状态机都指有限状态机，用FSM表示。

3. 同步状态机和异步状态机

异步状态机是没有确定时钟的状态机，它的状态转移不由唯一的时钟跳变沿所触发。目前多数综合工具在对异步状态机进行逻辑优化时会胡乱地简化逻辑，使综合后的异步状态机不能正常工作。因此，应尽量不要使用综合工具来设计异步状态机。如果一定要设计异步状态机，我们建议采用原理图输入或实例引用的方法，而不要用Verilog HDL输入的方法。

为了能综合出有效的电路，用Verilog HDL描述的状态机应明确地由唯一时钟触发，这种状态机我们称为同步状态机。同步有限状态机是设计复杂时序逻辑电路最有效、最常用的方法之一。

【例 5-7】 使用异步状态机设计一个七进制减法计数器。

解题思路：七进制减法计数器可由 3 个 T 触发器构成，如图 5-15 所示。

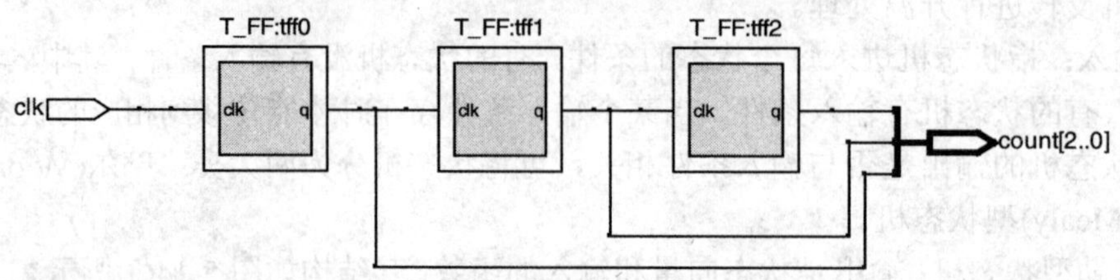

图 5-15　七进制减法计数器框图

程序代码如下：

```
module cnt7_afsm(clk,count);
input clk;
output[2:0] count;
T_FF tff0(clk,count[0]);
T_FF tff1(count[0],count[1]);
T_FF tff2(count[1],count[2]);
endmodule

module T_FF(clk,q);
input clk;
output reg q;
always @(posedge clk)
    q=~q;
endmodule
```

仿真结果如图 5-16 所示。

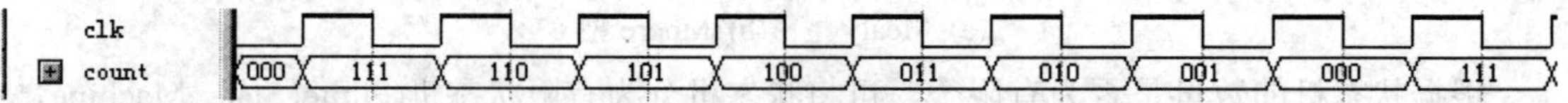

图 5-16　例 5-7 的仿真结果

与例 5-7 对应的使用同步状态机设计一个七进制减法计数器的例子见例 5-8。

【例 5-8】 使用同步状态机设计一个七进制减法计数器。

```
module cnt7_fsm(clk,count);
input clk;
output reg[2:0] count;
always @(posedge clk)
  begin
     count<=count-1;
  end
```

```
endmodule
```

该段代码的仿真结果同例 5-7。

异步状态机实现的功能通常都可以由同步状态机来实现，而同步状态机有着异步状态机无法比拟的优良的性能，因此建议读者在设计时尽量采用同步有限状态机，除非必须采用异步状态机的场合。

4. 单进程、双进程和多进程状态机

用状态机描述时关键是要描述清楚前面提到的几个状态机的要素，即如何进行状态转移，每个状态的输出是什么，状态转移是否和输入条件相关，等等。一个有限状态机总是可以被分成次态译码、状态寄存器、输出译码三个模块，可以有五种不同的方式将这些模块分配到进程语句，以实现对状态机的描述。这五种方式是：

① 三个模块用一个进程实现，也就是说三个模块均在一个 always 块内，这种状态机描述称为单进程有限状态机。在单进程有限状态机中，既描述状态转移，又描述状态的寄存和输出。

② 每一个模块分别用一个进程实现，也就是说三个模块对应着三个 always 块，这种状态机描述称为三进程有限状态机。在三进程状态机中，一个 always 模块采用同步时序描述状态转移；另一个模块采用组合逻辑判断状态转移条件，描述状态转移规律；第三个 always 模块使用同步时序电路描述每个状态的输出。

③ 次态译码、输出译码分配在一个进程中，状态寄存器用另一个进程描述。

④ 次态译码、状态寄存器分配在一个进程中，输出译码用另一个进程描述。

⑤ 次态译码用一个进程描述，状态寄存器、输出译码分配在另一个进程中。

在后三种状态机描述中，三个模块对应着两个 always 块，这种状态机描述称为双进程有限状态机。

对于上面五种描述状态机的方法，推荐使用第②种，不推荐使用第①种。其原因是：FSM 和其他设计一样，最好使用同步时序方式设计，以提高设计的稳定性，消除毛刺。状态机实现后，一般来说，状态转移部分是同步时序电路，而状态的转移条件的判断是组合逻辑。第②种将同步时序和组合逻辑分别放到不同的 always 程序块中实现，这样做的好处不仅仅是便于阅读、理解、维护，更重要的是有利于综合器优化代码，有利于用户添加合适的时序约束条件，还有利于布局布线器实现设计。而第①种描述不利于时序约束、功能更改、调试等，而且不能很好地表示 Mealy 型 FSM 的输出，容易写出锁存器，导致逻辑功能错误。描述方法③、④、⑤介于上述两种方法之间。

在方法②中，当描述当前状态的输出时，很多设计者习惯将当前状态的输出用组合逻辑实现。但是这种组合逻辑仍然有产生毛刺的可能性，而且不利于约束，不利于综合器和布局布线器实现高性能的设计。因此如果设计运行额外的一个时钟节拍的插入(latency)，则要求尽量对状态机的输出用寄存器寄存一拍。但是很多实际情况不允许插入一个寄存节拍，此时则需要根据状态转移规律，在上一状态根据输入条件判断出当前状态的输出，从而在不插入额外时钟节拍的前提下，实现寄存器输出。

例如，在 5.1 节的例 5.3 中就采用了时序逻辑来描述当前状态的输出。用方法②描述状态机的例子可参见 5.4 节。

5.3 状态机的编码方式

在状态机的设计中，状态机的编码方式有多种，采用哪种编码方式要根据实际情况来定。下面讨论状态机的几种常用编码方式。

1. 顺序编码

顺序编码方式最为简单，且使用的触发器数量最少，剩余的非法状态最少，容错技术最为简单。以例题 5-1 中的 3 状态机为例，只需要 2 个触发器。表 5-3 列出各种编码方式的比较，其中有顺序编码的例子。

表 5-3 编 码 方 式

状态	顺序编码	独热编码	直接输出型编码 1	直接输出型编码 2
S0	00	001	000	0001
S1	01	010	001	0010
S2	10	100	010	0100
S3	—	—	100	1100

例 5-6 是采用顺序编码描述状态机的例子。需要说明的是，顺序编码方式尽管节省了触发器，却增加了从一种状态向另一种状态转换的译码组合逻辑，这对于FPGA 来说并不是最好的编码方式，因为 FPGA 的触发器资源丰富而组合逻辑资源相对较少。

2. 独热编码

独热编码(One-Hot Encoding)方式就是用 n 个触发器来实现具有 n 个状态的状态机。状态机中的每一个状态都由其中一个触发器的状态表示，即当处于该状态时，对应的触发器为“1”，其余的触发器为“0”。对于具有 3 个状态的状态机，其独热编码见表 5-3。例 5-9 是一个采用独热码表示状态的例子。

【例 5-9】 状态机设计——独热码表示状态。

```
module fsm_2(clk,A,Y);
input clk,A;
output reg Y;
reg[2:0] state;
parameter s0=3'b001,
          s1=3'b010,
          s2=3'b100;
always @ (posedge clk)
     case(state)
      s0: begin
            if(A) state<=s1;
            else   state<=s0;
             Y<=0;
```

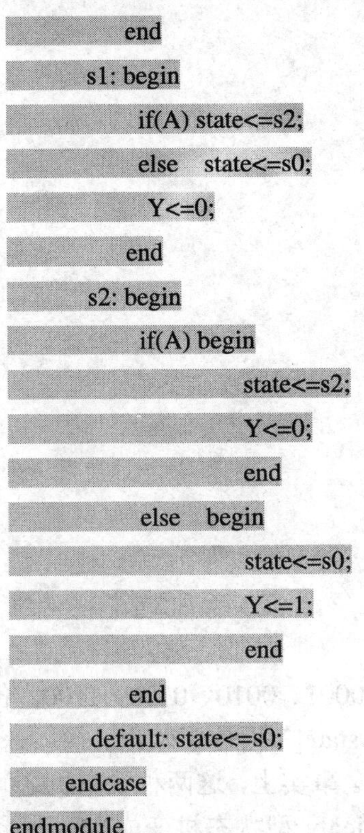

```
                end
            s1: begin
                if(A) state<=s2;
                else   state<=s0;
                 Y<=0;
                end
            s2: begin
                if(A) begin
                        state<=s2;
                        Y<=0;
                        end
                else   begin
                        state<=s0;
                        Y<=1;
                        end
                end
            default: state<=s0;
        endcase
endmodule
```

需要说明的是，独热编码尽管用了较多的触发器，但其简单的编码方式却大大简化了状态译码逻辑，提高了状态转换速度，这对于含有相对较多时序逻辑资源、较少组合逻辑资源的 FPGA 器件是好的解决方案。

3. 直接输出型编码

将状态码中的某些位直接输出作为控制信号，要求状态机各状态的编码作特殊的选择，以适应控制信号的要求，这种状态机称为状态码直接输出型状态机。此时，需要根据输出变量来定制编码。表 5-3 中，列出了 2 种可用的直接输出型编码。

例 5-10 是状态码直接输出型状态机的例子，状态编码使用了表 5-3 中的直接输出型编码 2。当然直接输出型编码 1 也适用于例 5-10，而且相对而言，直接输出型编码 1 的冗余状态较少，优于直接输出型编码 2。

【例 5-10】 状态机设计——状态编码包含输出信息。

```
module fsm_1(clk,A,Y);
input clk,A;
output Y;
reg[3:0] state;
parameter s0=4'b0001,
            s1=4'b0010,
            s2=4'b0100,
            s3=4'b1100;
```

```
assign Y=state[3];
always @ (posedge clk)
    case(state)
  s0: if(A) state<=s1;
        else   state<=s0;
  s1: if(A) state<=s2;
        else   state<=s0;
  s2: if(A) state<=s2;
        else   state<=s3;
  s3: if(A) state<=s1;
        else   state<=s0;
  default: state<=s0;
endcase
endmodule
```

程序说明：

(1) 这个状态机有 4 个状态，各状态的编码分别为 0001、0010、0100、1100。各状态的第 4 位编码值赋予了实际的控制功能，即 Y= state[3]将 state[3]用作了输出。

(2) 本例将 Mealy 型状态机变成了 Moore 型状态机。事实上，这两种状态机之间只要做一些改变，便可以从一种形式转变为另一种形式。将 Mealy 型状态机变成 Moore 状态机只需将输出跟输入做某种关联即可实现，而将 Mealy 型状态机变成 Moore 型状态机只需遵照本例的方法即可实现。

(3) 本例将输出直接指定为状态码中的某位或某几位，这样就把状态码与输出联系起来。把状态的变化直接用作输出，这样做可以提高输出信号的开关速度并节省电路器件。但这种方法也有缺点，就是输出的维持时间必须与状态维持的时间一致。

需要说明的是，直接输出型编码的优点是输出速度快，没有毛刺现象；缺点是程序可读性稍差，通常情况下用于状态译码的组合逻辑比其他以相同触发器数量构成的状态机多。

4. 非法状态的处理

在状态机的设计中，使用各种编码，尤其是独热编码后，通常会不可避免地出现大量剩余状态，即未定义的编码组合，这些状态在状态机的运行中是不需要出现的，通常称为非法状态。例如，例 5-9 中使用独热编码，用到 3 位，这样除了 3 个有效状态 s0/s1/s2 外，还有 5 个非法状态，如表 5-4 所示。

表 5-4　独热状态和非法状态

状态	S0	S1	S2	N1	N2	N3	N4	N5
独热编码	001	010	100	011	101	110	111	000

在状态机的设计中，如果没有对这些非法状态进行合理的处理，在外界不确定的干扰下，或是随机上电的初始启动后，状态机都有可能进入不可预测的非法状态，其后果是有可能完全无法进入正常状态。因此，对非法状态的处理是设计者必须考虑的问题之一。

处理的方法有两种：

(1) 在语句中对每一个非法状态都作出明确的状态转换指示，如在原来的 case 语句中增加以下语句：

```
case(state)
N1: state<=s0;
N2: state<=s0;
…
```

(2) 如例 5-6、例 5-9 和例 5-10 中那样，利用 default 语句对未提到的状态作统一处理，即：

```
case(state)
  s0: if(A) state<=s1;
       else   state<=s0;
  …
  default: state<=s0;
endcase
```

由于剩余状态的次态不一定都指向状态s0，因此可以使用方法一来分别处理每一个剩余状态的转向。

5.4　复杂状态机的编写方法

在比较复杂的状态机设计过程中，往往把状态的变化与输出分成两部分来考虑，即针对下一个状态和每个输出，分别使用一个进程来描述，也就是把每一个输出和次态写成一个个独立的 always 块。这样在调试多输出状态机时，比较容易发现问题和改正模块中出现的问题。

下面通过一个例子来说明复杂状态机的编写方法。

【例 5-11】 状态机设计——状态和输出使用单独进程。

```
module fsm_0(clk,A,Y);
input clk,A;
output reg Y;
reg[2:0] current_state,next_state;
parameter s0=3'b001,
        s1=3'b010,
        s2=3'b100;
always @(posedge clk)      //状态寄存器
      current_state<=next_state;
always @ (current_state,A)      //产生下一个状态的组合逻辑
      case(current_state)
          s0: if(A) next_state<=s1;
             else   next_state<=s0;
           s1: if(A) next_state<=s2;
```

```
            else   next_state<=s0;
          s2: if(A) next_state<=s2;
            else   next_state<=s0;
          default: next_state<=s0;
      endcase
always @ (posedge clk)      //产生输出的时序逻辑
      case(current_state)
          s0: Y<=0;
          s1: Y<=0;
          s2: if(A) Y<=0;
               else   Y<=1;
        default:   Y<=0;
    endcase
endmodule
```

程序说明：

(1) 本例中使用了 3 个 always 块，第 1 个 always 块是状态寄存器，第 2 个 always 块是产生下一个状态的组合逻辑，第 3 个 always 块是产生输出的时序逻辑，即将下一个状态和输出分别设计成单独的进程。

(2) 这种风格的描述比较适合大型的状态机，查错和修改都比较容易。

5.5　采用状态机来实现程序算法

本章使用的引例 5.1 很容易建立状态图，进而使用 HDL 来实现设计。但对于一些实际问题，要得到状态图却比较困难。在设计嵌入式系统时，很多时候我们会先采用高级语言(如 C 语言)给出算法，以验证设计的正确性。在确定了算法的正确性之后，我们还需要将 C 语言转换为硬件描述语言来实现设计。

本节通过求两数的最大公约数的例子来说明将程序转化为硬件的基本技术。

1. 求两数最大公约数的算法

首先编写程序，用以描述所要实现的计算任务。图 5-17 所示为求最大公约数(Greatest Common Divisor，GCD)的系统框图，其输入为 go_i 、x_i 和 y_i，输出为 d_o。其中 go_i 为控制信号，x_i 和 y_i 为两个输入的正整数，d_o 为两个输入正整数的公约数。

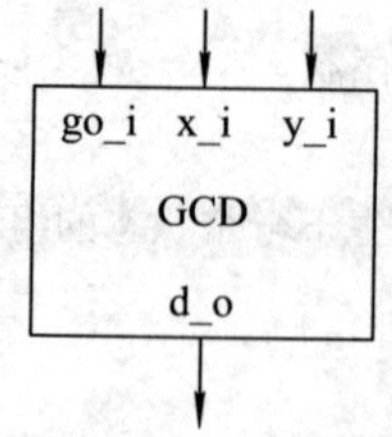

图 5-17　求 GCD 的系统框图

例 5-12 是一个求最大公约数的算法程序，用 C 语言表示。

【例 5-12】 求最大公约数的算法。

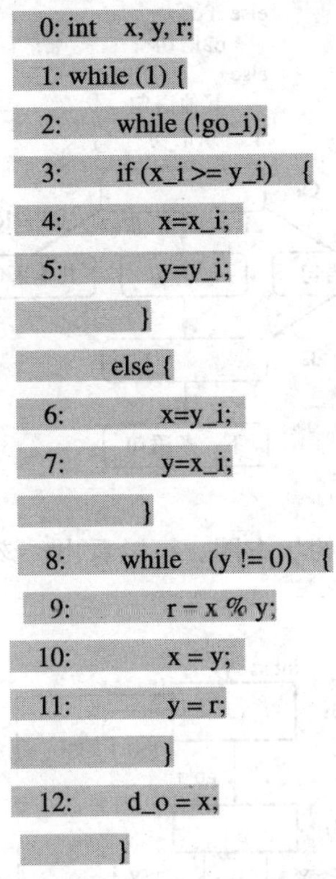

```
0: int    x, y, r;
1: while (1) {
2:      while (!go_i);
3:      if (x_i >= y_i)   {
4:            x=x_i;
5:            y=y_i;
        }
      else {
6:            x=y_i;
7:            y=x_i;
        }
8:      while    (y != 0)   {
9:            r = x % y;
10:           x = y;
11:           y = r;
        }
12:      d_o = x;
    }
```

程序说明：

(1) 该算法的功能很简单：求两个输入数的最大公约数并输出。如果输入是 12 和 9，则输出应该是 3；如果输入是 13 和 3，则输出应该为 1。读者可以利用 C 语言的集成开发环境(如 VC++ 6.0)验证算法的正确性。

(2) 程序中，go_i 、x_i、y_i 均为输入，d_o 为输出，与图 5-17 框图中的输入、输出一致。go_i 为控制信号，只有该信号为有效电平(即高电平)时，才启动求最大公约数的进程；若该信号为无效电平，则程序暂停直到该信号有效。

2. 求两数最大公约数的实现

用硬件来实现程序算法，需要以下两个步骤：

(1) 首先将程序转换成一个复杂的状态图，图中的状态和边可包含算术表达式，表达式中可使用外部输入、输出以及变量。这一步又分为如下两个子步骤：

❖ 首先将所有语句分为赋值语句、循环语句或分支语句。

❖ 对于赋值语句、循环语句和分支语句，分别套用图 5-18 所示的转换模板将相应的程序语句转换为状态图。

(2) 使用 Verilog HDL 语言实现状态图。

下面就使用上面两个步骤来实现例 5-12 的程序。

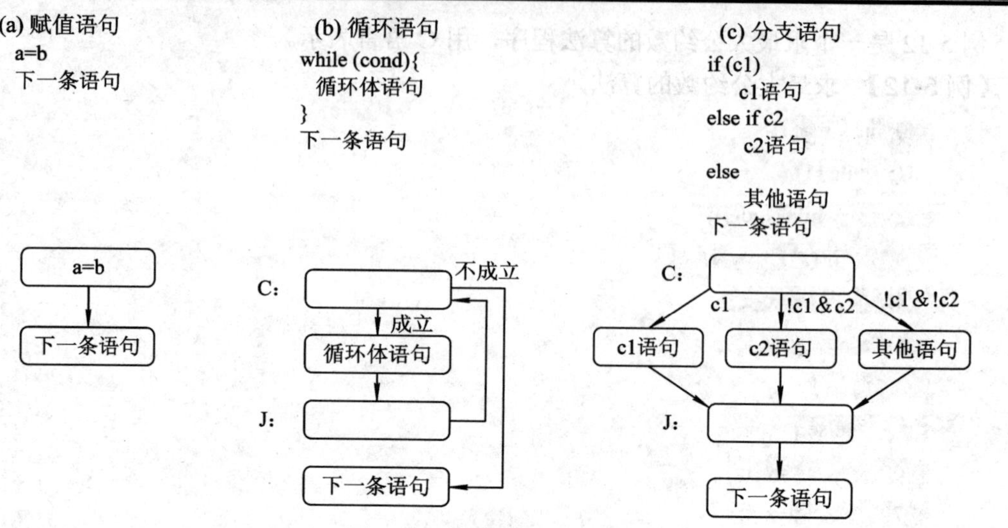

图 5-18　状态图转换模板

首先根据图 5-18 及例 5-12，可以得到如图 5-19(a)所示的状态图。可以看出，该状态图中有几个状态根本没有做任何事情，因此可以将其删除。

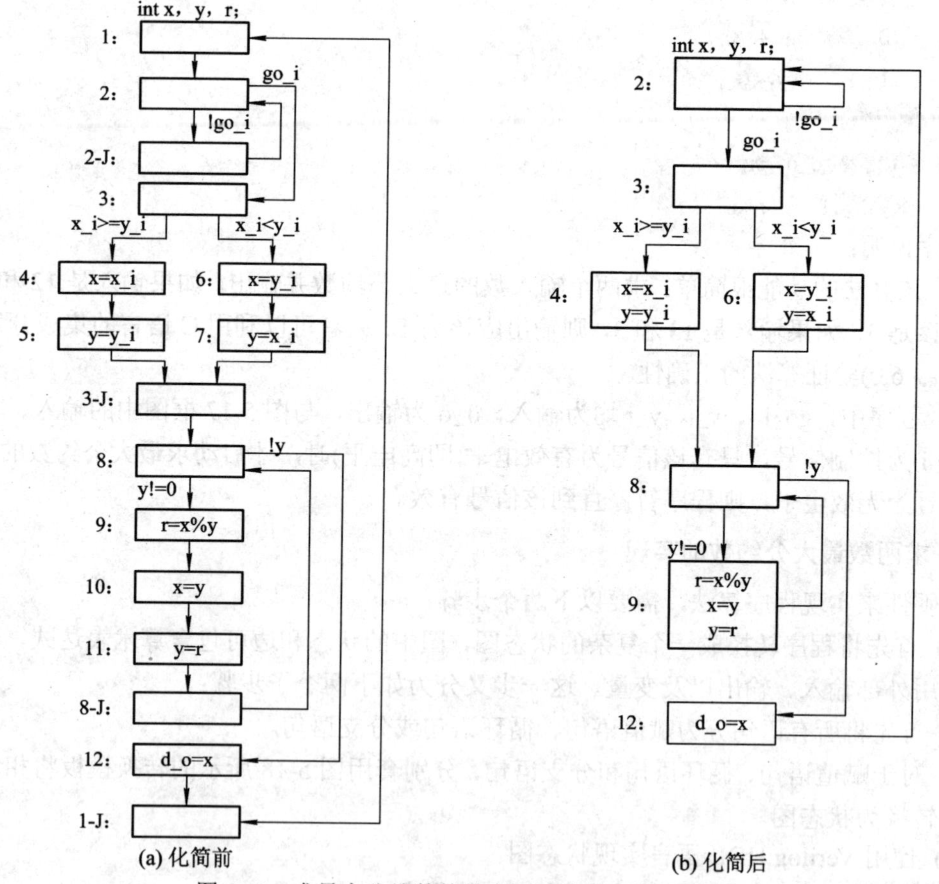

图 5-19　求最大公约数的状态图及化简后的状态图

(a) 化简前；(b)化简后

下面对图 5-19(a)进行化简。显然，状态 1 没有做任何事情，没有必要存在；状态 2 和状态 2-J 可以合并为一个状态，因为在两者之间没有循环运算；状态 4 和状态 5 也可以合并，因为它们所执行的赋值运算彼此无关，同理，状态 6 和状态 7 也可以合并，状态 9、状态 10 和状态 11 也可以合并；状态 3-J 和状态 8 可以合并；状态 1-J 可以去掉。化简后的状态图如图 5-19(b)所示。

得到化简的状态图后，就可使用 Verilog HDL 状态机实现该状态图。具体的 Verilog 实现代码如例 5-13 所示。

【例 5-13】 求最大公约数的 Verilog HDL 代码。

```
module gcd(clk,x_i,y_i,go_i,d_o);
parameter N=6;        //用于定义输入数的范围,最大为 2**N-1
input[N-1:0] x_i,y_i;
input clk,go_i;
output reg[N-1:0] d_o;
parameter s0=3'b111,s1=3'b001,s2=3'b010,
                s3=3'b011,s4=3'b100,s5=3'b101,s6=3'b110;
reg[2:0] current_state,next_state;
reg[N-1:0] x,y,r;
always @(posedge clk)                    //状态寄存器
        current_state<=next_state;
always @(current_state,x_i,y_i,go_i,x,y,r)      //产生下一个状态的组合逻辑
    case(current_state)
            s0: if(go_i) next_state<=s1;
                else next_state<=s0;
            s1: if(x_i>=y_i) next_state<=s2;
                else next_state<=s3;
            s2: begin next_state<=s4;end
            s3: begin next_state<=s4;end
            s4: if(y>0) next_state<=s5;
                else next_state<=s6;
            s5: begin   next_state<=s4;end
            s6: begin   next_state<=s0;end
            default: next_state<=s0;
    endcase
always @(negedge clk)    //产生输出和中间变量的组合逻辑
    case(current_state)
            s2: begin x=x_i;y=y_i;end
            s3: begin x=y_i;y=x_i;end
            s5: begin   r=x%y;x=y;y=r; end
            s6: begin   d_o=x; end
```

```
            default: ;
        endcase
endmodule
```

程序说明：

(1) 本程序中的状态与图 5-19(b)中的状态的一一对应关系如下：s0→2，s1→3，s2→4，s3→6，s4→8，s5→9，s6→12。对照状态图阅读程序，一目了然。

(2) 仿真波形图如图 5-20 所示。从仿真波形可以看出，33 和 55 的最大公约数为 11，33 和 9 的最大公约数为 3，9 和 10 的最大公约数为 1，18 和 32 的最大公约数为 2，18 和 17 的最大公约数为1，结果均正确。另外，从仿真波形可以看出，得出最大公约数有一个延时时间，这个延时时间跟状态机有关，因为在一个时钟周期内状态机转换一次状态，而得到最大公约数需要完成一个完整的状态图，所以需要若干个时钟周期。感兴趣的读者可以分析最大公约数与延时两者之间的关系，并从仿真波形中得到验证。

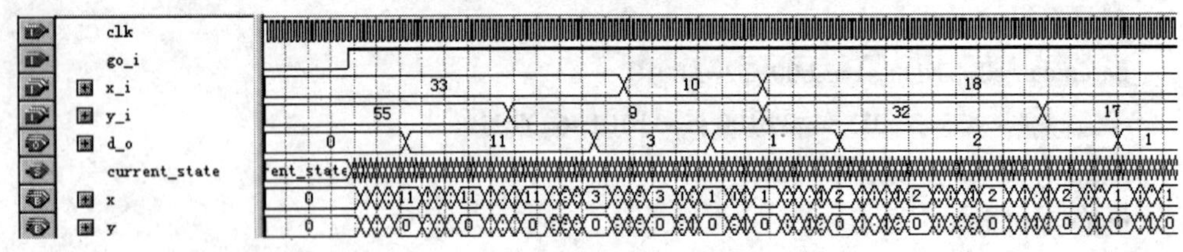

图 5-20　仿真波形图

(3) 在仿真波形中，也将程序中用到的一些信号(比如状态机、中间信号 x 和 y 等)加了进去，这些信号用于分析状态机的运行过程非常有效，希望读者掌握其使用方法。

(4) 本节采用多进程的方式来描述状态机，每个进程功能明确。另外，需要特别说明的是，在程序中既用到 clk 的上升沿，又用到了 clk 的下降沿，这样是为了使状态转换及输出的时序关系更清晰，请读者仔细体会。

(5) 本节介绍的求 GCD 的方法有通用性，任何算法或程序均可通过本节提供的方法，先转换为状态机，最后用 Verilog HDL 实现。

5.6　小　　结

本章讨论了以下知识点：

❖ 有限状态机设计的一般步骤：

第一步：理解题意，由给定的逻辑功能建立原始状态图；

第二步：状态化简；

第三步：状态编码；

第四步：选择触发器的个数和类型；

第五步：求出电路的激励方程和输出方程；

第六步：画出逻辑图并检查自启动能力。

❖ 用 Verilog HDL 来描述有限状态机，可以充分发挥硬件描述语言的抽象建模能力，只需使用 always 语句块和 case 选择语句(或 if 条件语句)及赋值语句即可方便实现。具体的逻辑化简、逻辑电路到触发器映射均可由计算机自动完成，也就是说，上述第四步、第五步和第六步不再需要过多的人为干预，这使电路设计工作得到简化，效率也有很大提高。

❖ 等价状态是指两个或多个状态，它们在相同的输入下转换到同一个状态去，并得到一样的输出。显然等价状态是重复的，可以合并为一个。电路的状态数越少，存储电路也就越简单。状态化简的目的就在于将等价状态尽可能地合并，以得到最简的状态转换图。这一步，不管是手工完成设计，还是利用计算机自动设计，都是很重要的。但对于 FPGA 等可编程逻辑设计，由于其可用逻辑资源比较丰富，而且状态编码要考虑设计的稳定性、安全性等因素，因此通常不进行状态化简。

❖ 编码方法有很多，若编码方案选择得当，设计的电路就会较简单；反之，若选得不好，则设计的电路就会复杂许多。在实际设计时，必须综合考虑电路复杂度与电路性能之间的折中。在触发器资源丰富的 FPGA 设计中，采用独热编码既可以使电路性能得到保证，又可充分利用其触发器数量多的优势，还可以采取输出编码的状态指定来简化电路结构，提高状态机的运行速度。

❖ 触发器个数可根据状态数确定，要求满足 $2^{n-1}<M\leqslant 2^n$，式中 M 为状态数，n 为触发器的个数。触发器可选为 D 触发器，事实上 D 触发器、JK 触发器、T 触发器等的等价电路图很容易实现。

❖ 对于任何程序算法，均可采用状态机理论将其转换为纯硬件实现，本章介绍了将程序转化为硬件实现的一种实用的方法。

习　题　5

1. 什么是有限状态机？设计有限状态机的一般步骤是什么？

2. 简述状态机的种类。简要说明 Mealy 状态机和 Moore 状态机的区别与联系；有限状态机和无限状态机的区别与联系；同步状态机和异步状态机的区别与联系；单进程、双进程和多进程状态机的区别与联系。

3. 用 Verilog HDL 实现满足图 5-21 所示状态转换图的时序逻辑电路。

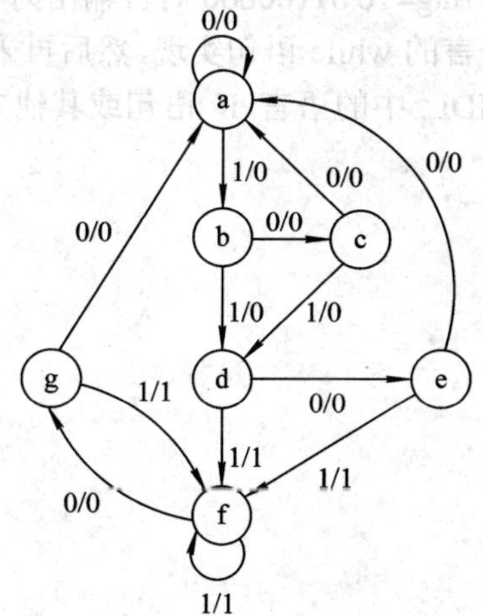

图 5-21　状态转换图

4. 图 5-22 是七进制计数器的状态图，其中 Y 为输出。试用 Verilog HDL 实现并仿真验证。

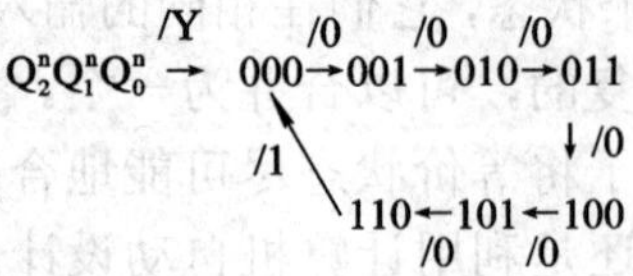

$Q_2^nQ_1^nQ_0^n$ → /Y

000 →(/0) 001 →(/0) 010 →(/0) 011 ↓(/0) 100 →(/0) 101 →(/0) 110 →(/1) 000

图 5-22　七进制计数器的状态转换图

5. 图 5-23 是“1101”序列检测器状态图，试用 Verilog HDL 实现之并仿真验证。

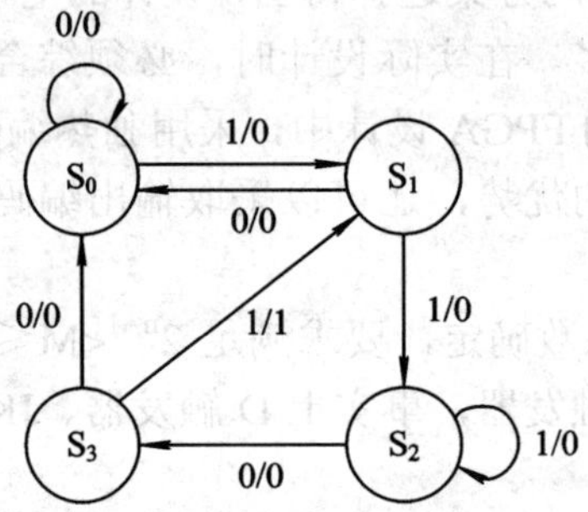

图 5-23　“1101”序列检测器状态图

6. 设计一个串行序列检测器。要求是：连续 3 个或 3 个以上的 1 时输出为 1，其他输入情况下输出为 0。

提示：先根据题意画出状态图，然后分别采用手工方式和 EDA 工具完成。

7. 设计一个饮料售货机控制器，假设每瓶饮料均为2.5 元，而售货机只接受一元硬币和五角硬币。要求画出框图、状态图和状态表，简化逻辑，并画出电路图。

提示：(1) 先根据题意画出状态图，可采用手工方式或 EDA 工具完成设计。

(2) 采用 EDA 工具完成设计时，可考虑多种进程实现方式及多种状态编码方式。

8. 对于 16 位的向量 flag，从最低位起，寻找第一个值为 1 的位，并输出。例如：flag=16'b101000 时，输出为 3，flag=16'b1100000 时，输出为 5。

提示：首先根据题意用 C 语言的 while 语句实现，然后再采用状态机将程序转换为硬件。当然读者也可以使用 Verilog HDL 中的语言 if 语句或其他方式实现，试比较这些方法的优劣。

第 6 章　Verilog HDL 仿真技术

本章详细介绍 Verilog HDL 仿真技术。因为可综合的语法是 Verilog HDL 语法的一个子集，为了全面了解 Verilog HDL 的强大功能，详细了解 Verilog HDL 的语法是有必要的。为了配合对各种语法进行仿真分析，本章还对 ModelSim 软件进行了介绍。

ModelSim 是一种功能非常强大的仿真软件，不仅支持向量波形文件的仿真，还支持文本形式的仿真。本章重点介绍其文本仿真的语法现象，并介绍 ModelSim 最常用的两个功能：功能仿真和时序仿真；使用 ModelSim 读/写文件。

6.1　ModelSim 软件的使用

6.1.1　ModelSim 软件简介

ModelSim 为 HDL 仿真工具，支持 IEEE 常见的各种硬件描述语言标准。我们可以利用该软件来实现对所设计的 Verilog HDL 程序的仿真。ModelSim 常见的版本分为 ModelSim AE、ModelSim XE 和 ModelSim SE 三种。ModelSim 的版本更新得很快，本章使用的版本为 ModelSim 6.1 SE 版本，该版本支持 Verilog HDL 的 2001 标准。

本章为 ModelSim 的初级教程，读者学完本章可以较为熟练地使用 ModelSim 进行设计仿真，本章没有也不可能涉及 ModelSim 的各个方面，要想全面地掌握 ModelSim，可以参阅 ModelSim 附带的文档。

这里以 ModelSim SE PLUS 6.1b 为例来说明。本节主要说明 ModelSim 的菜单和工具栏，读者对此有一个初步的了解就可以了。点击“开始—程序—ModelSim SE PLUS 6.1b—ModelSim”或双击桌面上的快捷方式，打开 ModelSim 软件，出现的界面如图 6-1 所示。在图的最上端为标题栏；下面一行为菜单栏；再下面为工具栏；左半部分为工作区(Workspace)，在其中可以通过双击查看当前的工程及对库进行管理；右半部分为信息显示区，用于显示和编辑文件、显示仿真波形以及其他信息；下面为命令窗口区，在其中出现的命令行及提示信息称为脚本(Transcript)；最下面一行为状态栏。

这里要注意的是，有些操作是无法通过菜单和工具栏来完成的，必须使用命令行方式来操作。常用的命令并不多，不是很难掌握，建议大家参阅相关书籍学习仿真中的一些用的命令。

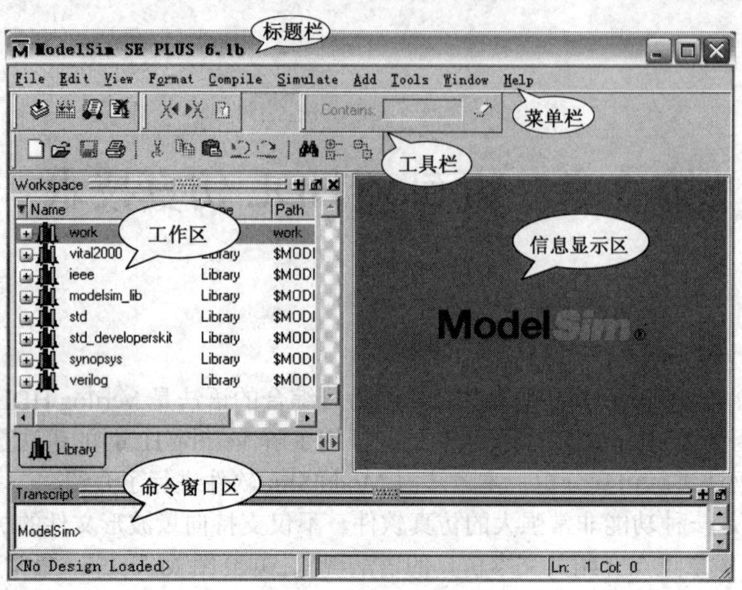

图 6-1　ModelSim 界面

6.1.2　使用图形界面对设计进行仿真

作为一种简单易用、功能强大的逻辑仿真工具，ModelSim 的应用广泛。本小节结合 Quartus Ⅱ软件，通过一个简单的例子对 ModelSim 作一个入门性的简单介绍，首先介绍 ModelSim 的功能仿真，然后介绍时序仿真。

1. 设计块与激励块

本设计是完成一个正弦波信号发生器。正弦波信号发生器的结构如图 6-2 所示。在每一个时钟上升沿使 ROM 当前地址的数据输出，同时计数器增 1，这对于 ROM 来说就是指向下一个存放数据的地址。

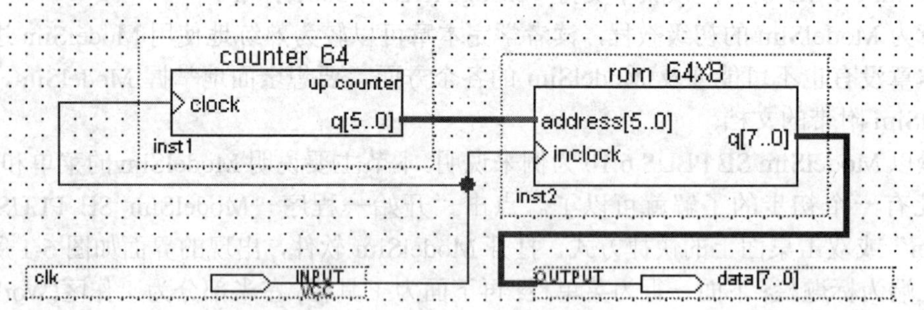

图 6-2　顶层设计 sin_wave 框图

该设计的顶层文件 sin_wave 以及底层文件 counter_64 和 rom_64X8 的设计源码分别参见例 6-1～例 6-3。

【例 6-1】 顶层设计 sin_wave 的 Verilog HDL 代码。

```
module sin_wave(clk,data);
input       clk;
```

```
output        [7:0] data;
wire          [5:0] WIRE0;
counter_64          inst1(.clock(clk),.q(WIRE0));
rom_64X8            inst2(.inclock(clk),.address(WIRE0),.q(data));
endmodule
```

【例 6-2】 底层 counter_64 模块的 Verilog HDL 代码。

```
module counter_64 (clock,q);
    input    clock;
    output       [5:0]    q;

    wire [5:0] sub_wire0;
    wire [5:0] q = sub_wire0[5:0];

    lpm_counter      lpm_counter_component (
                     .clock (clock),
                     .q (sub_wire0),
                     .aclr (1'b0),
                     .aload (1'b0),
                     .aset (1'b0),
                     .cin (1'b1),
                     .clk_en (1'b1),
                     .cnt_en (1'b1),
                     .cout (),
                     .data ({6{1'b0}}),
                     .eq (),
                     .sclr (1'b0),
                     .sload (1'b0),
                     .sset (1'b0),
                     .updown (1'b1));
    defparam
          lpm_counter_component.lpm_direction = "UP",
          lpm_counter_component.lpm_port_updown = "PORT_UNUSED",
          lpm_counter_component.lpm_type = "LPM_COUNTER",
          lpm_counter_component.lpm_width = 6;
endmodule
```

【例 6-3】 底层 rom_64X8 模块的 Verilog HDL 代码。

```
module rom_64X8 (address,inclock,q);
    input         [5:0]    address;
    input              inclock;
```

```
    output      [7:0]   q;

    wire [7:0] sub_wire0;
    wire [7:0] q = sub_wire0[7:0];

    altsyncram          altsyncram_component (
                        .clock0 (inclock),
                        .address_a (address),
                        .q_a (sub_wire0),
                        .aclr0 (1'b0),
                        .aclr1 (1'b0),
                        .address_b (1'b1),
                        .addressstall_a (1'b0),
                        .addressstall_b (1'b0),
                        .byteena_a (1'b1),
                        .byteena_b (1'b1),
                        .clock1 (1'b1),
                        .clocken0 (1'b1),
                        .clocken1 (1'b1),
                        .data_a ({8{1'b1}}),
                        .data_b (1'b1),
                        .q_b (),
                        .rden_b (1'b1),
                        .wren_a (1'b0),
                        .wren_b (1'b0));
    defparam
        altsyncram_component.address_aclr_a = "NONE",
        altsyncram_component.init_file = "sin_rom_64.mif",
        altsyncram_component.intended_device_family = "Cyclone",
        altsyncram_component.lpm_hint = "ENABLE_RUNTIME_MOD=YES,
        INSTANCE_NAME=SIN",
        altsyncram_component.lpm_type = "altsyncram",
        altsyncram_component.numwords_a = 64,
        altsyncram_component.operation_mode = "ROM",
        altsyncram_component.outdata_aclr_a = "NONE",
        altsyncram_component.outdata_reg_a = "UNREGISTERED",
        altsyncram_component.widthad_a = 6,
        altsyncram_component.width_a = 8,
        altsyncram_component.width_byteena_a = 1;
```

endmodule

例 6-1 至例 6-3 程序说明：

(1) 例 6-1 为 sin_wave 顶层设计，调用了底层模块 counter_64 和 rom_64X8，模块间的连接关系如图 6-2 所示。

(2) 模块 counter_64 和 rom_64X8 的实现过程中，分别调用了 Quartus Ⅱ自带的宏功能模块 lpm_counter 和 altsyncram。宏功能模块的定制可使用 MegaWizard Plug-in Manager…向导创建完成。

下面以 rom_64X8 为例，介绍宏功能模块的定制步骤。

首先，打开 MegaWizard Plug-in Manager 初始对话框。选择 Tools—MegaWizard Plug-in Manager…，打开如图 6-3 所示的对话框。

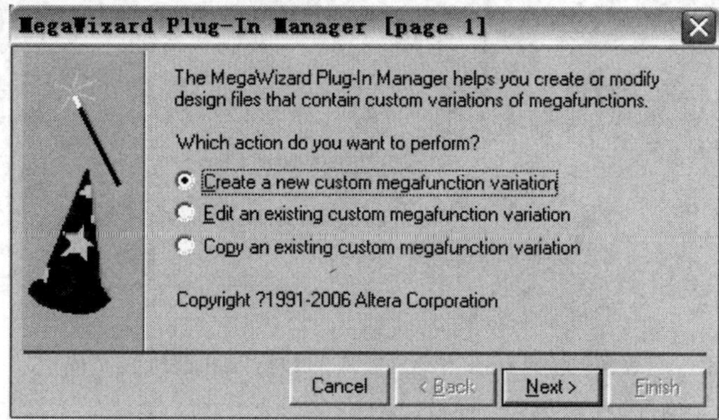

图 6-3　定制新的宏功能模块

在图 6-3 中作图示选择，然后点击 Next 按钮，进入图 6-4。

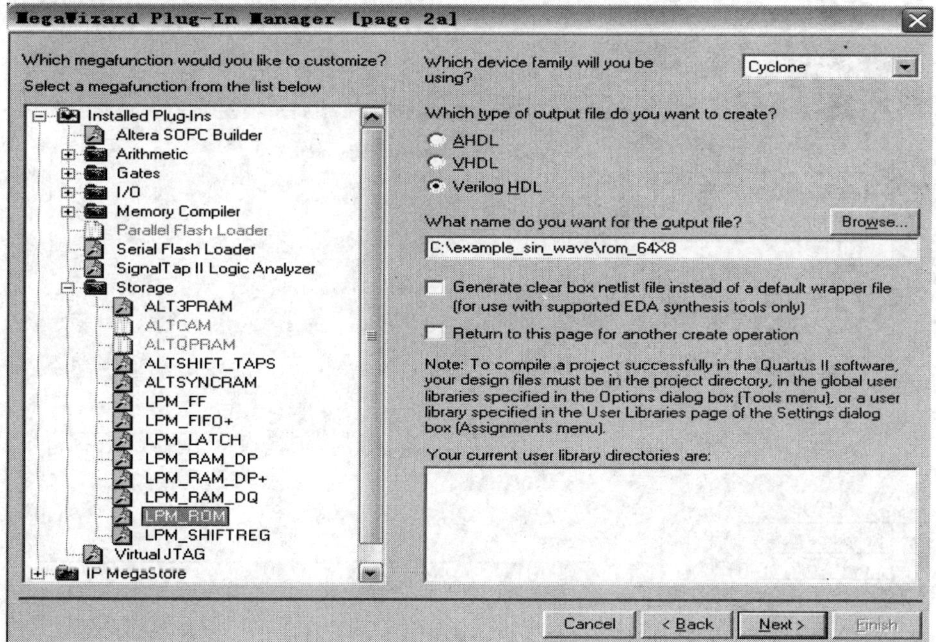

图 6-4　LPM_ROM 宏功能模块设定

在图 6-4 中作图示选择，并对定制模块命名后，点击 Next 按钮，进入图 6-5。

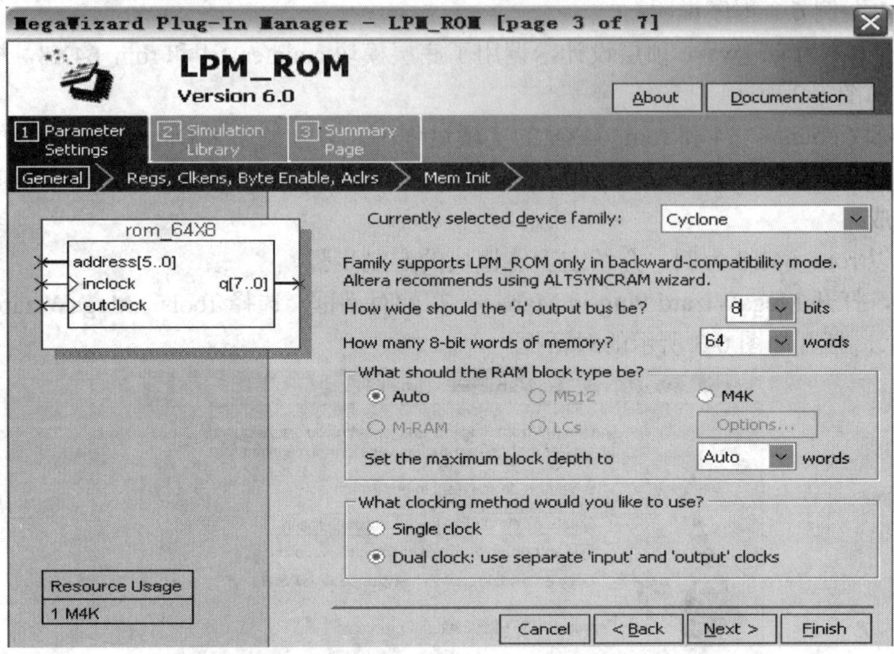

图 6-5　选择 rom_64X8 模块的数据线和地址线宽度

在图 6-5 中作图示选择，然后点击 Next 按钮，进入图 6-6。

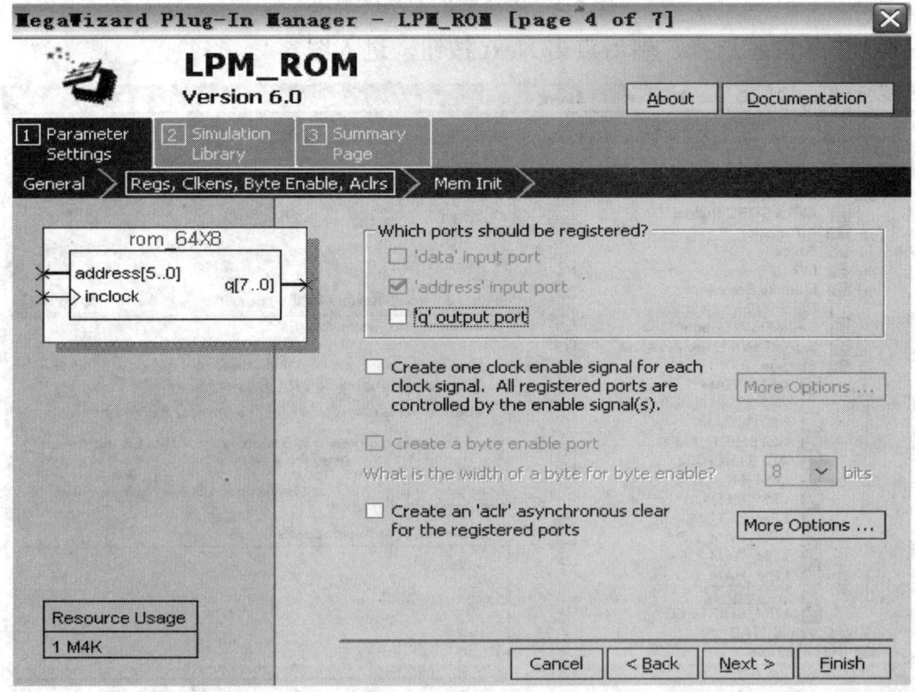

图 6-6　选择 rom_64X8 模块的地址锁存信号 inclock

在图 6-6 中作图示选择，然后点击 Next 按钮，进入图 6-7。

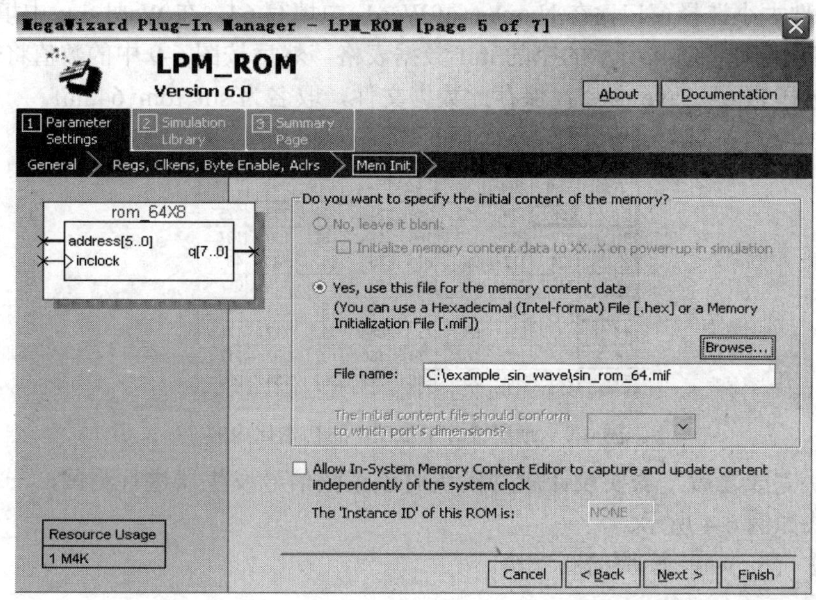

图 6-7　选择 rom_64X8 模块的数据初始化文件

在图 6-7 中选择存储器初始化文件(关于存储器初始化文件的创建方法随后在本小节介绍)，然后点击 Next 按钮，进入下一个界面。在后面的 page 6 of 7 界面点选 Next 按钮，在 page 7 of 7 界面点选 Finish 按钮，完成 ROM 的定制。

LPM_COUNTER 宏功能模块的定制步骤同 LPM_ROM，在 LPM_COUNTER 宏功能模块的定制步骤中，将模块名命名为 counter_64，然后需要修改计数器输出的位数为 6，见图 6-8，其余步骤均取默认值即可。

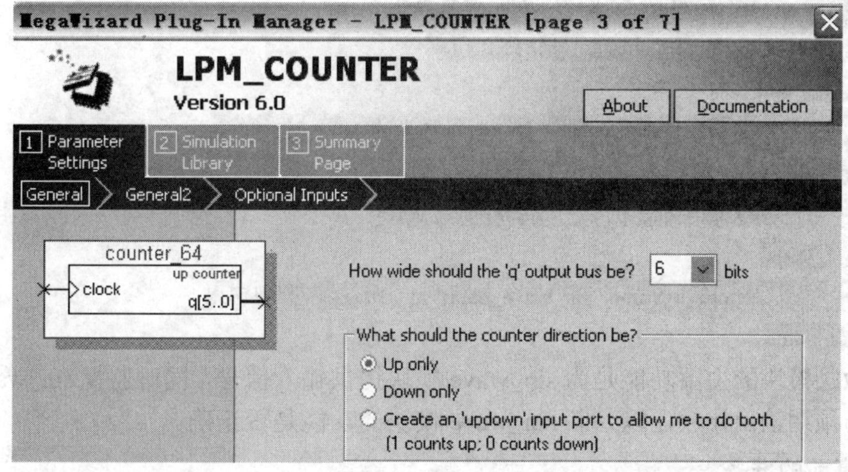

图 6-8　设置 LPM_COUNTER 的位数

下面再简单介绍确定图 6-2 中 ROM 内的波形数据文件的过程。

首先在 Quartus Ⅱ中打开 ROM 数据文件编辑窗口，即选择 File—New 命令，并在 New 窗口中选择 Other files 选项卡，再选择 Memory Initialization File 选项，单击 OK 按钮后产生

ROM 数据文件大小选择窗口，在 Number of Words 中填写 64，在 Word size 中填写 8。单击 OK 按钮，将出现如图 6-9 所示的空的 mif 数据表格，然后按图 6-9 中的数值将表格填写完整。完成后选择 File—Save 命令，保存此数据文件，取名为 sin_rom_64.mif。

sin_rom_64.mif

Addr	+0	+1	+2	+3	+4	+5	+6	+7
0	255	254	252	249	245	239	233	225
8	217	207	197	186	174	162	150	137
16	124	112	99	87	75	64	53	43
24	34	26	19	13	8	4	1	0
32	0	1	4	8	13	19	26	34
40	43	53	64	75	87	99	112	124
48	137	150	162	174	186	197	207	217
56	225	233	239	245	249	252	254	255

图 6-9　顶层设计中 ROM 的初始化内容

设计模块完成之后，需要设计激励模块对该正弦信号发生器进行测试，一个可使用的测试激励模块如例 6-4 所示。

【例 6-4】 sin_wave 模块的测试块。

```
`timescale 1ns/100ps
module test_module1;
      reg clk;
      wire[7:0] data;
      //调用已设计好的模块
      sin_wave one(.clk(clk),.data(data));
      initial
         begin
             clk<=1'b0;                //clk 初值为 0
             #3000 $finish;            //终止仿真
         end
      //控制驱动设计块的时钟信号，时钟周期为 10 个时钟单位
      always
             #5 clk=~clk;              //clk 周期为 10
      initial
             $monitor($time,"sin_wave_data:%d",data);   //监视输出
endmodule
```

测试激励模块的主要功能是为 sin_wave 模块提供输入信号，同时监视 sin_wave 模块的输出，并与预期输出比较，以判断 sin_wave 模块的功能是否正确。

2. 仿真前的准备

使用 Quartus Ⅱ设计完硬件工程后，进行全程编译，可生成 ModelSim 仿真网表，使用这个网表、测试文件，再加上几个库文件就可以方便快速地进行功能仿真。

仿真所需文件：

(1) 设计 HDL 源代码：可以使用 Verilog HDL 源文件或者 Quartus 产生的网表文件。

(2) 测试激励代码：根据设计块而设计的激励程序，由于不需要进行综合，因此其书写具有很大的灵活性。

(3) 仿真模型/库：根据设计内调用的器件供应商提供的模块而定。Altera FPGA 的仿真模型库在 C:\altera\quartus\eda\sim_lib 中。

针对不同的目标器件，可选用不同的 XXXX_atoms.v 文件。比如使用 cyclone 系列器件，那就要使用 cyclone_atoms.v.

如果使用了 Altera 的 IP 核，还需要 altera_mf.v 文件。altera_mf.v 包含了所有宏功能模块的仿真模型。

如果 Altera 的 IP 核中包括了用户原语，则还需要加入 220model.v 文件。

注：以上所列文件为对应的 Verilog HDL 的库文件，若对 VHDL 完成的设计进行仿真，则需要使用 VHDL 的库文件，后缀为 .VHD。

3. 仿真步骤

下面详细说明使用 ModelSim 对 Quartus Ⅱ中完成的正弦波发生器进行功能仿真和时序仿真的步骤。

(1) Quartus Ⅱ工程设置。在 Quartus Ⅱ中创建 sine_wave 工程时，选择 Setting，对第三方仿真工具进行设置，界面如图 6-10 所示。

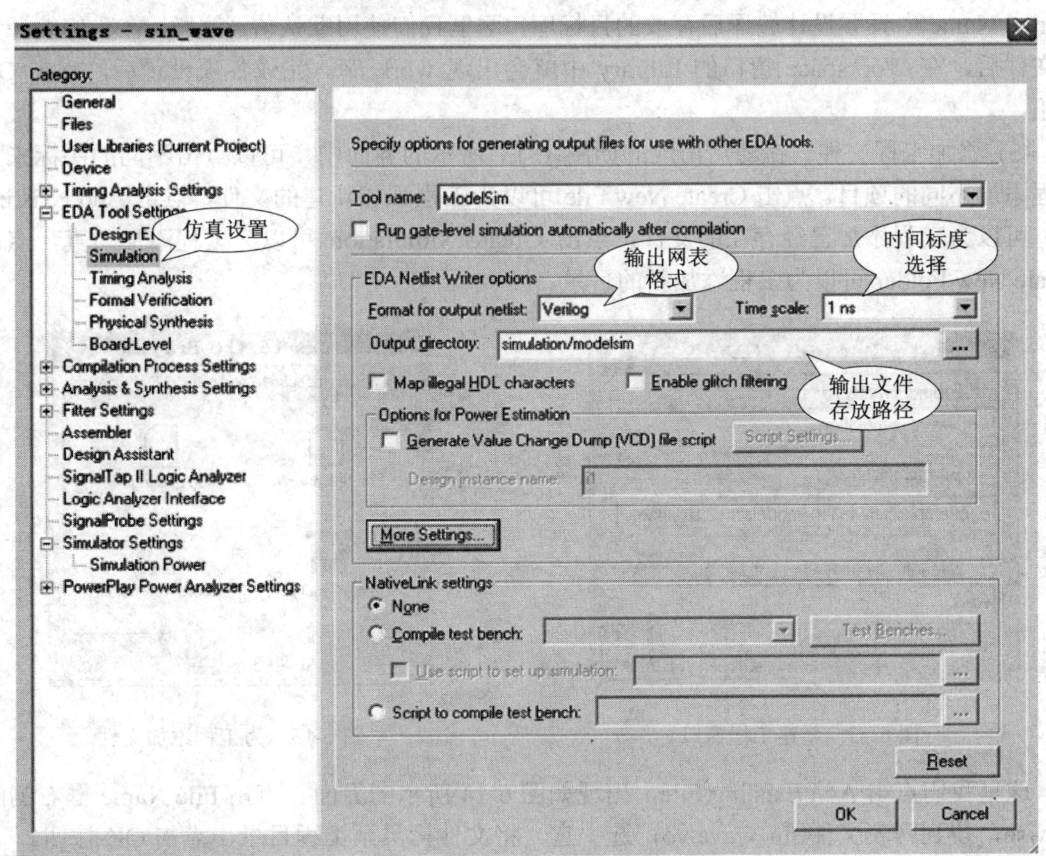

图 6-10　仿真设置界面

点击 OK 按钮后，对工程重新进行全程编译，编译成功后，我们可以看到工程目录下多出了 simulation\modelsim 文件夹，该文件夹里有三个文件，其中*.vo 为网表文件，*.sdo 为延时文件，如图 6-11 所示。

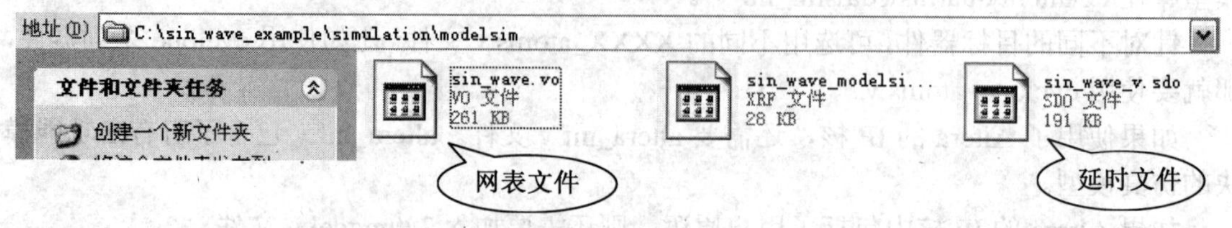

图 6-11　仿真目录内容

(2) 运行 ModelSim，创造 ModelSim 工程。点击开始—程序—ModelSim SE PLUS 6.1b—ModelSim 或双击桌面上的快捷方式，打开 ModelSim 软件。然后点击 File—New—Project，会出现如图 6-12 所示的界面。在 Project Name 中我们输入建立的工程名字为 sin_wave_simulation。在 Project Location 中输入工程保存的路径为 C:/sin_wave_example/simulation/modelsim。注意，ModelSim 不能为一个工程自动建立一个目录，我们最好是自己在 Project Location 中输入路径来为工程建立目录，这里我们使用仿真文件存放的目录。在 Default Library Name 中设置设计编译后存放的目标库，这里我们使用默认值。这样，在我们编译设计文件后，在 Workspacc 窗口的 Library 中就会出现 work 库。完成各项设置后，点击 OK 按钮。

(3) 添加工程文件。在随后出现的如图 6-13 所示的界面中，可以点击不同的图标来为工程添加不同的项目。点击 Create New File 可以为工程添加新建的文件，点击 Add Existing File 可以为工程添加已经存在的文件，点击 Create Simulation 可以为工程添加仿真，点击 Create New Folder 可以为工程添加新的目录。

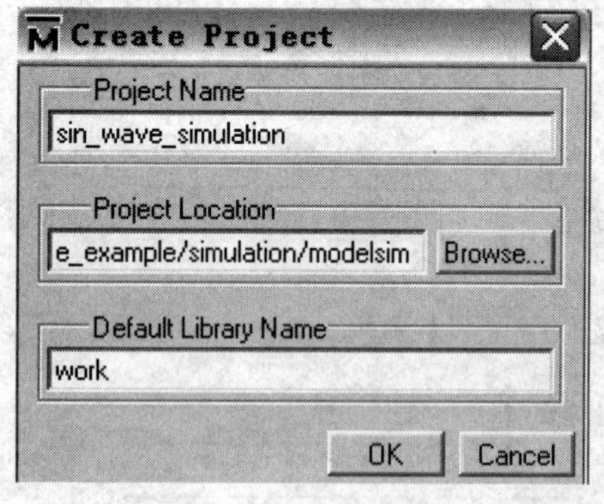

图 6-12　新建工程窗口

图 6-13　为工程添加文件

这里我们点击 Add Existing File，出现如图 6-14 所示的界面。点击 File Name 框右侧的 Browse，找到网表文件 sin_wave.vo，选中它，将文件拷贝至工程目录，点击 OK 按钮。

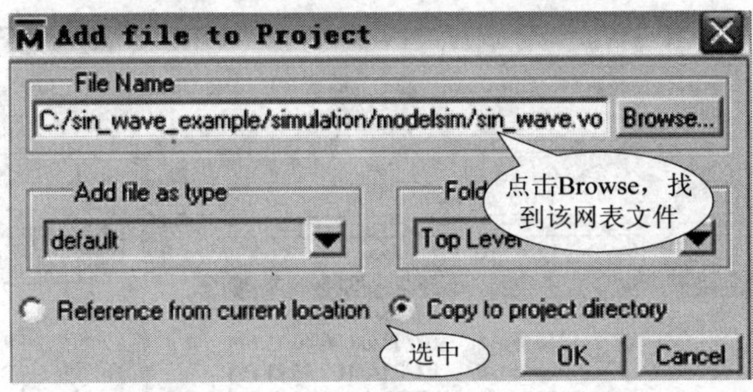

图 6-14 为工程添加已存在的文件

按照以上方法，依次将 altera_mf.v、cyclone_atoms.v、test_module.v 添加进工程中。添加后的工程界面如图 6-15 所示。

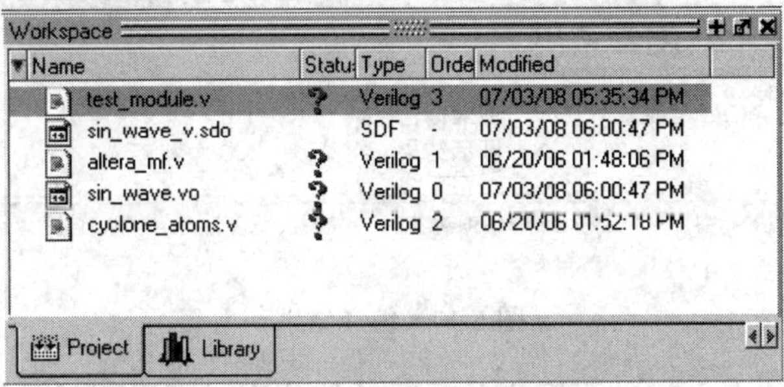

图 6-15 添加文件后的工程界面

(4) 编译工程。通过图 6-15 可以看出，在 Workspace 窗口中的 Project 选项卡里，有 4 个文件的状态栏有问号，这表示这些文件未编译。

选择 Compile—Compile All，如图 6-16 所示，在命令窗口中将出现 4 行绿色字体“Compile of XXX was successful.”，XXX 为上面 4 个文件的名字，说明文件编译成功；在状态栏后有一绿色的对号，也表示编译成功。编译结果如图 6-17 所示。

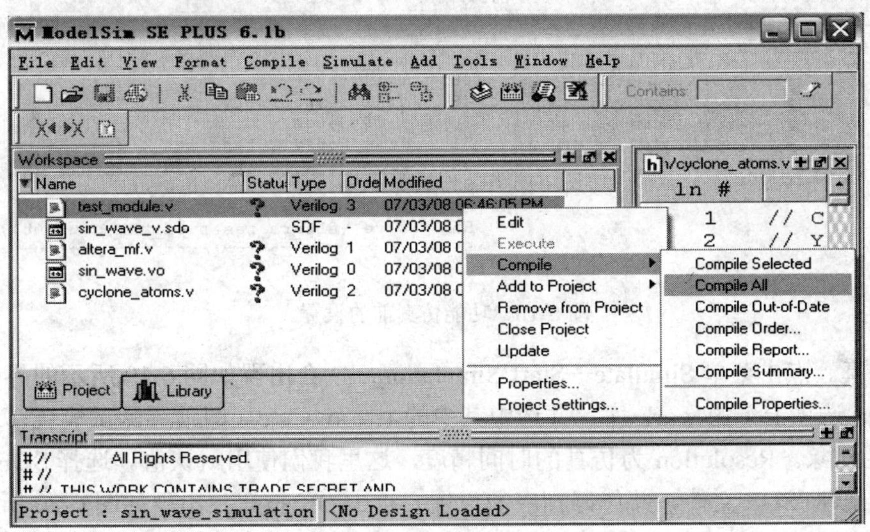

图 6-16 编译设计中的文件

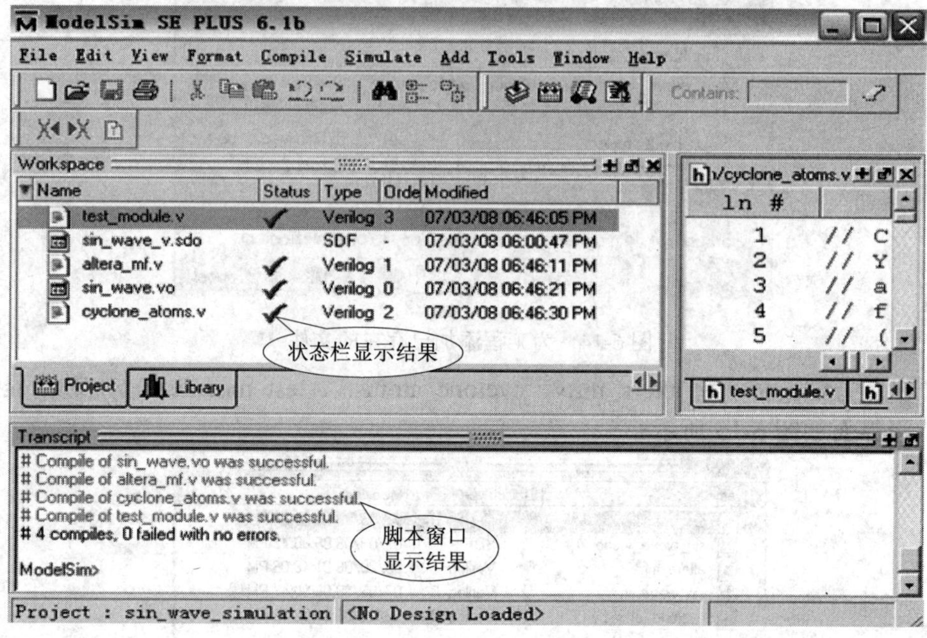

图 6-17　编译结果

功能仿真和时序仿真之间的不同之处是：功能仿真时不需要延时信息，时序仿真则需要延时信息。如图 6-18 所示，修改 *.vo 文件，去掉延时信息，再对修改的文件重新进行编译(不用再编译其他已编译过而且未做修改的文件)，然后进行功能仿真。而进行时序仿真时，则需要将 *.vo 文件复原，保留延时信息。

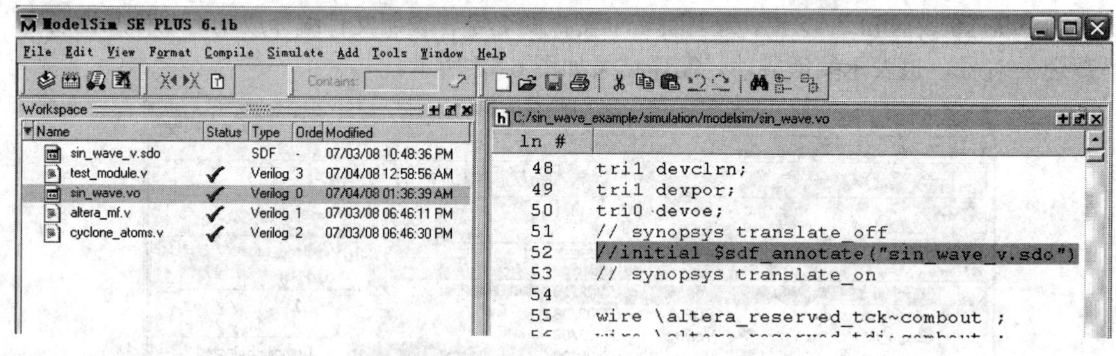

图 6-18　功能仿真前的设置

(5) 仿真。点击菜单 Simulate—Start Simulation…，会出现如同 6-19 所示的界面。我们展开 Design 选项卡下的 work 库，并选中其中的 test_module，即顶层测试模块，这是我们所要仿真的对象。Resolution 为仿真的时间精度，这里我们使用默认值。选择 SDF 标签页，在其中还要添加 SDF 文件，并作好相应的设置。点击 OK 按钮，出现如图 6-20 所示界面，在该界面中可以看到 sim 标签页和 wave 标签页，这表明仿真设置成功。

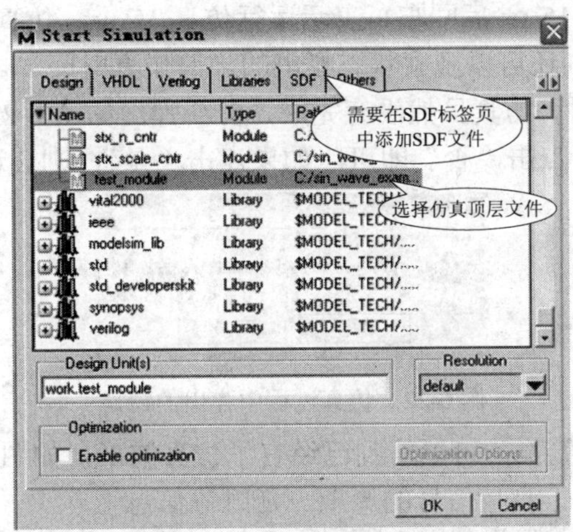

图 6-19　选择仿真对象

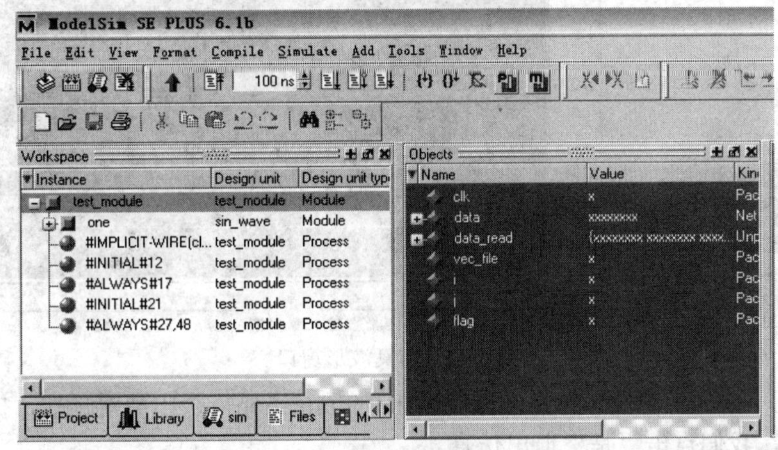

图 6-20　仿真界面

为了观察波形窗口，我们要为该窗口添加我们需要观察的对象。首先在主窗口勾选 View—Debug Windows—Objects，打开信号列表窗口，如图 6-21 所示。在该窗口中点击 Add to Wave—Selected Signals，这时候在波形窗口中就可以看到 clk 和 data 信号了。

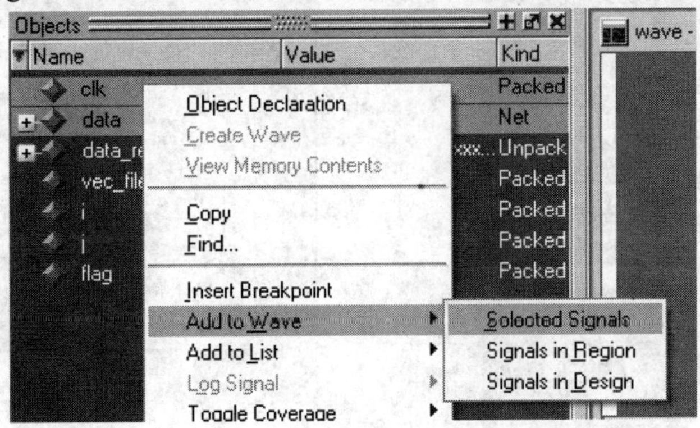

图 6-21　仿真时添加 clk 和 data 两个变量于波形图的界面

在主窗口中输入 run 15 μs 后回车，表示运行仿真 15 μs，仿真时 CPU 的利用率一直为 100%。如果仿真很慢，则还可以观察状态栏里的当前仿真时间。

在仿真时间为 3 μs 时，仿真虽然没有完成，但会弹出如图 6-22 所示的窗口，这是系统任务$finish 执行的结果。点击“否”即可。如果点击“是”，则会退出 ModelSim 软件。

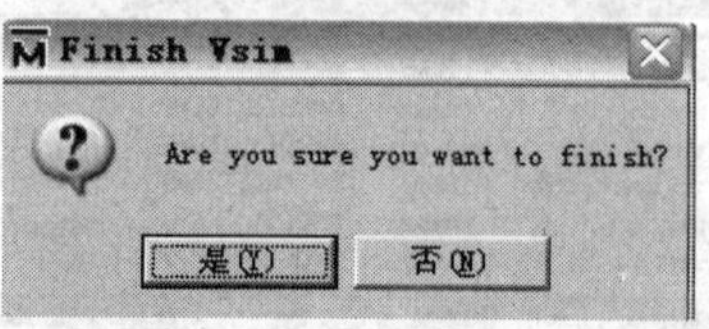

图 6-22　仿真过程中弹出的窗口

这时候点击 wave 标签页，可以看到已经有了仿真波形，如图 6-23 所示。我们还可以在波形窗口添加标尺，用于测量信号的周期、延时等信息。

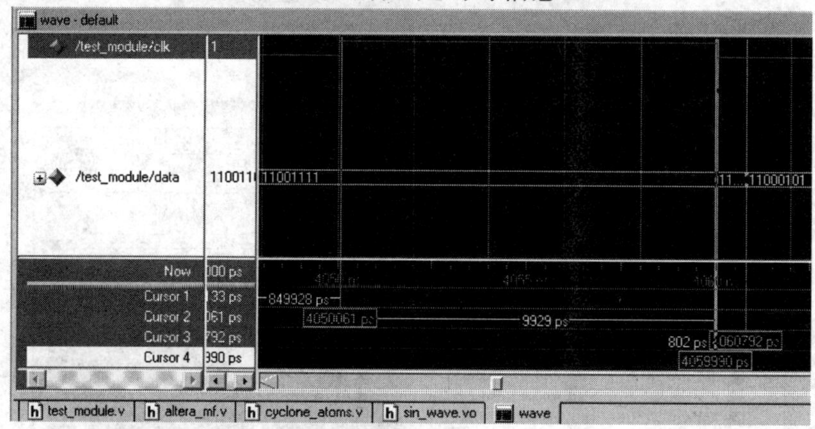

图 6-23　仿真波形窗口

退出仿真，在主窗口中点击 Simulate—End Simulation，会出现对话框，提示我们是否确认退出仿真，我们点击“是”退出仿真。

(6) 功能仿真结果分析。首先将 Wave 窗口中的 data 输出数据转变为模拟信号，这样可以看得很清楚。设置界面如图 6-24 所示。

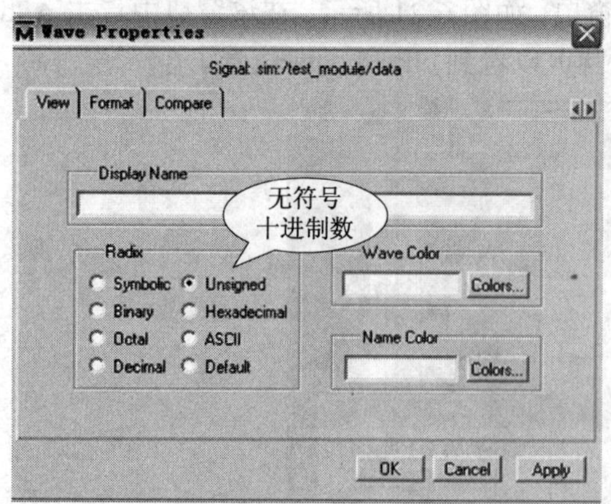

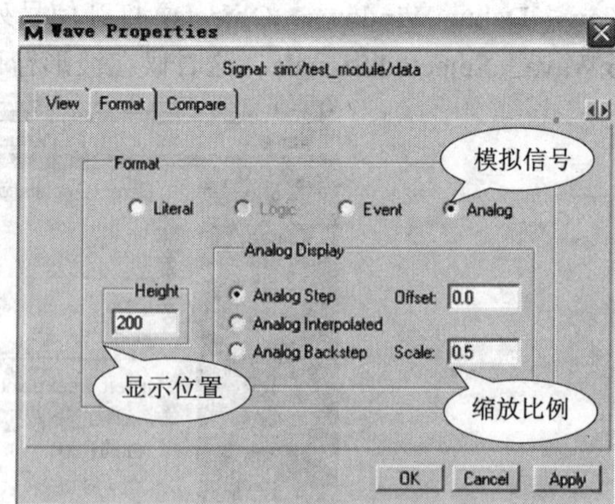

图 6-24　设置成模拟信号显示

按图 6-24 所示将 Height 设为 200，Scale 设为 0.5，选择 Format 为 Analog，则可以看到输出的功能仿真波形，如图 6-25 所示。可以设置不同的 Height 值来调整模拟波形的位置，也可以设置不同的 Scale 来使波形适于观察。

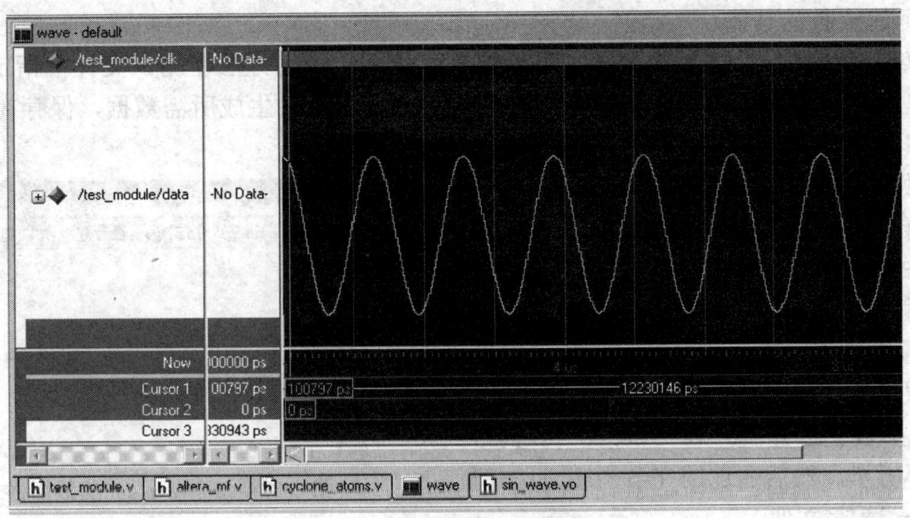

图 6-25　功能仿真的结果(图形)

(7) 时序仿真结果分析。通过修改*.vo 文件可以添加延时信息。时序仿真结果如图 6-26 所示。

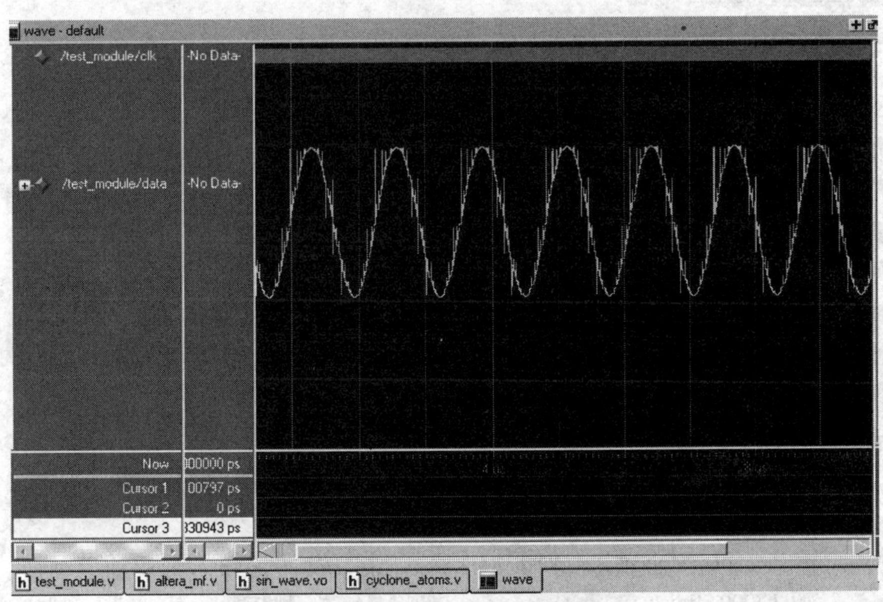

图 6-26　时序仿真的结果(图形)

从时序仿真的结果可以看出，与功能仿真结果不同，时序仿真结果有延时和毛刺。通过单击 Insert Cursor 可多加入几个标尺，用于测量延时和毛刺周期。

经测量，延时大概为十几个微秒左右，毛刺周期为几百个皮秒。一般情况下，FPGA 一个门的延时为 9 ns 左右，所以产生的毛刺不会影响 FPGA 的正常工作。

6.1.3　使用 ModelSim 读/写文件

ModelSim 软件的功能十分强大，刚才介绍的只是常用功能之一，下面再介绍其另一个常用的读/写文件的功能。

在实际的应用中，需要的数据量可能很大，使用传统的方法在测试文件中指定输入数据是不现实的。通常，用其他软件比如 C、MATLAB 等软件生成所需数据，保存在*.dat 文件中，然后在 ModelSim 中调用该文本文件，将文本中的数据读出使用。

同样地，输出数据量也很大时，我们用传统的方法去看输出波形也是不可靠的，我们需要把结果也输出到文本中，与行为模型所产生的标准输出向量作对比，这样就可以很容易、很准确地指示结果是否正确。

首先，我们创建 sin_wave.dat 文件，其格式如图 6-27 所示。然后通过例 6-5 来说明如何使用 ModelSim 读/写文件。

```
sin_wave - 记事本
文件(F) 编辑(E) 格式(O) 查看(V) 帮助(H)
00
ff
fe
fc
f9
f5
ef
e9
e1
```

图 6-27　sin_wave.dat 的数据格式

【例 6-5】　使用 ModelSim 读/写文件。

```
`timescale 1ns/100ps
module test_module;
    reg clk;
    wire[7:0] data;
    reg[0:7]   mem[0:63];   //使用文件进行初始化的数组
    integer vec_file,i,j;       //定义文件句柄，控制变量
    reg flag;                        //写文件完毕后 flag=1 读开始

    //调用已设计好的模块
    sin_wave one(.clk(clk),.data(data));
    //监视设计块输出，变量初始化，设置仿真时间
    initial
      begin
        clk<=1'b0; flag<=1'b0; i<=1'b0; j<=1'b0;       //clk, flag,i, j 初值为 0
        $monitor($time,"sin_wave data: %d",data);
        vec_file=$fopen("sin_wave.dat");                  //打开文件
        #3000 $finish;                                         //终止仿真
      end
    //控制驱动设计块的时钟信号，时钟周期为 10 个时钟单位
    always
        #5 clk=~clk;   //clk 周期为 10
    //将设计块的输出数据存放于文件，同时在命令窗口中显示存放进度
```

```
    always@(posedge clk)
    begin
         if(!flag)
         begin
                  $fdisplayh(vec_file,"%h",data);
                  $display($time,"i=%0d,data: %d",i,data);
                  if(i!=6'd63)
                      begin
                           i<=i+1;      flag<=1'b0;
                      end
                  else
                      begin
                           flag<=1'b1;$fclose(vec_file);
                      end
         end
    end
    //用存放于文件中的数据对数组进行初始化，并将数组内容在命令窗口中显示
    always @(posedge clk)
       if(flag)
         begin
                  $readmemh("sin_wave.dat",mem);
                  if(j!=64)
                  begin
                           j<=j+1;
                           $display($time,"\t j=%0d,mem[%0d]=%0d",j,j,mem[j]);
                  end
         end
endmodule
```

程序说明：

(1) 功能仿真结果分析。由于命令窗口显示的功能仿真结果很长，所以仅摘抄一部分，供大家分析程序用。以下是部分功能仿真结果：

```
#                        0sin_wave data:    0
#                        5i=0,data:    0
#                        5sin_wave data: 255
#                       15i=1,data: 255
#                       15sin_wave data: 254
#                       25i=2,data: 254
#                       25sin_wave data: 252
#                       35i=3,data: 252
#                       35sin_wave data: 249
```

```
#                    45i=4,data: 249
#                    45sin_wave data: 245
#                    55i=5,data: 245
#                    55sin_wave data: 239
#                    65i=6,data: 239
#                    65sin_wave data: 233
#                    75i=7,data: 233
#                    75sin_wave data: 225
#                    85i=8,data: 225
#                    85sin_wave data: 217
#                    95i=9,data: 217
#                    95sin_wave data: 207
#                   105i=10,data: 207
#                   105sin_wave data: 197
```

(2) 时序仿真结果分析。由于命令窗口显示的时序仿真结果很长，所以仅摘抄一部分，供大家分析程序用。以下是部分时序仿真结果：

```
#                   505sin_wave data: 139
#                   505i=50,data: 139
#                   505sin_wave data: 138
#                   505sin_wave data: 154
#                   506sin_wave data: 158
#                   506sin_wave data: 150
#                   515i=51,data: 150
#                   516sin_wave data: 182
#                   516sin_wave data: 166
#                   516sin_wave data: 162
#                   525i=52,data: 162
#                   526sin_wave data: 170
#                   526sin_wave data: 174
#                   535i=53,data: 174
#                   535sin_wave data: 190
#                   536sin_wave data: 186
#                   545sin_wave data: 250
#                   545sin_wave data: 251
#                   545sin_wave data: 249
#                   545i=54,data: 249
#                   546sin_wave data: 233
#                   546sin_wave data: 237
#                   546sin_wave data: 229
#                   546sin_wave data: 197
```

```
#                    555sin_wave data: 199
#                    555i=55,data: 199
#                    556sin_wave data: 207
#                    565sin_wave data: 205
#                    565i=56,data: 205
#                    565sin_wave data: 221
#                    566sin_wave data: 217
#                    575i=57,data: 217
#                    576sin_wave data: 249
#                    576sin_wave data: 233
#                    576sin_wave data: 225
#                    585i=58,data: 225
#                    586sin_wave data: 233
#                    595sin_wave data: 235
#                    595i=59,data: 235
#                    596sin_wave data: 239
```

从仿真结果中我们可以直观地看出仿真延时信息和毛刺存在的时间等信息。这些信息跟波形图显示的信息一致，两者可以结合在一起分析。

(3) 本程序中使用了$display、$monitor、$fopen、$fclose、$fdisplayh、$readmemh、$finish 等系统任务，关于这些任务的用法与含义详见本章 6.4 节。

通过本节的学习，我们可以发现 ModelSim 不仅好用，而且易用。

6.2　延　　时

前几章我们描述的电路都是无延时的。事实上，在实际的电路中，任何一个逻辑门都具有延时。Verilog HDL 允许用户通过延时语句来说明逻辑电路中的延时。例 6-4 中，我们在编写测试激励模块时使用了延时，下面对延时作进一步说明。

1. 延时

信号在电路中传输会有传播延时等，如线延时、器件延时等。延时语句就是对延时特性的 HDL 描述。举例如下：

```
assign # 2 B = A;
```

表示 B 信号在 2 个时间单位后得到 A 信号的值，如图 6-28 所示。

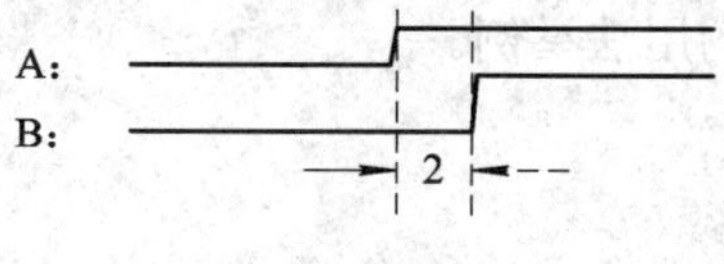

图 6-28　延时

在 Verilog HDL 中，所有延时都必须根据时间单位进行定义，定义的方法是在文件头添加如下语句：

```
`timescale 1ns /100ps
```

其中，`timescale 是 Verilog HDL 提供的编译预处理命令，1 ns 表示时间单位是 1 ns，100 ps 表示时间精度是 100 ps。根据该命令，编译工具才可以认知#2 为 2 ns。

在 Verilog HDL 的 IEEE 标准中没有规定时间单位的缺省值，其值由各仿真工具确定。因此，在编写代码时必须确定。

在 Verilog HDL 中，时序控制起着非常重要的作用，它使得设计者可以指定赋值发生的时刻，进而控制仿真时间的推进过程。基于延时的时序控制出现在表达式中，它指定了语句开始执行到执行完成之间的时间间隔。延时值可以是数字、标识符或表达式，需要在延时值前加上关键字#。

2. 时间尺度 `timescale

`timescale 命令用来说明跟在该命令后的模块的时间单位和时间精度。使用`timescale 命令可以在同一个设计里包含采用了不同的时间单位的模块。例如，一个设计中包含了两个模块，其中一个模块的时间延时单位为 ns，另一个模块的时间延时单位为 ps。EDA 工具仍然可以对这个设计进行仿真测试。

`timescale 命令的格式如下：

```
`timescale<时间单位>/<时间精度>
```

在这条命令中，时间单位参量是用来定义模块中仿真时间和延时时间的基准单位的。时间精度参量是用来声明该模块的仿真时间的精确程度的，该参量被用来对延时时间值进行取整操作(仿真前)，因此该参量又可以称为取整精度。如果在同一个程序设计里存在多个`timescale 命令，则用最小的时间精度值来决定仿真的时间单位。另外，时间精度至少要和时间单位一样精确，即时间精度值不能大于时间单位值。

在`timescale 命令中，用于说明时间单位和时间精度参量值的数字必须是整数，其有效数字为 1、10、100，单位为秒(s)、毫秒(ms)、微秒(μs)、纳秒(ns)、皮秒(ps)、毫皮秒(fs)。这几种单位的意义见表 6-1。

表 6-1　时间单位及其定义

时间单位	定　义
s	秒(1 s)
ms	千分之一秒(10^{-3} s)
μs	百万分之一秒(10^{-6} s)
ns	十亿分之一秒(10^{-9} s)
ps	万亿分之一秒(10^{-12} s)
fs	千万亿分之一秒(10^{-15} s)

【例 6-6】 `timescale 命令的用法举例。

```
`timescale 10ns/1ns
module  test;
reg  set;
parameter  d=1.37;
initial
  begin
```

```
    $monitor($realtime,"set=",set);
    #d set=0;
    #d set=1;
  end
endmodule
```

程序运行结果：

```
#                    0set=x
#                    1set=0
#                    3set=1
```

程序说明：

(1) `timescale 命令定义了模块 test 的时间单位为 10 ns、时间精度为 1 ns。在这个命令之后，模块中所有的时间值都是 10 ns 的倍数，并且可表达为带一位小数的实型数，这是因为 `timescale 命令定义的时间精度为时间单位的 1/10。

(2) 参数 d = 1.37，根据时间精度可知，d 的值应为 1.4(四舍五入)，再根据时间单位可知，d 所代表的时间为 14 ns(即 1.4 × 10 ns)。

(3) #d set=0;中 d 为延时值，#d 表示延时 d 秒，整个句子表达的意思是延时 d 秒后再将 set 赋值为 0。延时值可以是数字、标识符或表达式，表示延时时需要在延时值前加上关键字#。

(4) 本例的仿真过程为：在仿真时刻为 14 ns 时，寄存器 set 被赋值 0，在仿真时刻为 28 ns 时，寄存器 set 被赋值 1。

6.3　常用块语句

1. initial 块语句

所有在 initial 语句内的语句构成了一个 initial 块。initial 块从仿真 0 时刻开始执行，在整个仿真过程中只执行一次。如果一个模块中包括了若干个 initial 块，则这些 initial 块从仿真 0 时刻开始并发执行，且每个块的执行是各自独立的。

initial 块的使用类似于 always 块，块内使用的语句必须是行为语句，应用于 always 块内的语句均可应用于 initial 块。在一个模块内，可同时包括若干个 initial 块和若干个 always 块，所有这些块均从仿真 0 时刻开始并发执行，且每个块的执行是各自独立的。

如果在 initial 块内包含了多条行为语句，那么需要将这些语句组成一组，使用关键字 begin 和 end(或者 fork 和 join)将它们组合为一个块语句；如果块内只有一条语句，则不必使用关键字 begin 和 end(或者 fork 和 join)。这一点类似于 C 语言中的复合语句{}。

initial 语句的格式如下：

```
initial
  begin
    语句 1;
    语句 2;
```

```
    ...
    语句 n;
  end
```

由于 initial 块语句在整个仿真期间只能执行一次，因此它一般被用于初始化、信号监视、生成仿真波形等目的。下面举例说明 initial 语句的使用。

【例 6-7】 initial 块语句举例 1。

```
`timescale 1ns/1ns
module test_initial_0;
parameter size=4;
reg[7:0] y;
integer index;
reg[7:0] memory[0:size-1];
initial
  begin
     y=10;                              //初始化寄存器 areg
  for(index=0;index<size;index=index+1)
     #5 memory[index]=index;   //初始化一个 memory
  end
endmodule
```

程序说明：

(1) 程序中各变量的波形如图 6-29 所示。

/y	000010	00001010				
/index	0	0	1	2	3	4
/memory	{xx xx xx	{xx xx xx xx}	{00 xx xx xx}	{00 01 xx xx}	{00 01 02 xx}	{00 01 02 03}
Now	30 ns	4	8	12	16	20 24 28

图 6-29　例 6-7 中各变量的波形

(2) 在程序的 for 语句中加入延时，是为了看清楚初始化过程。实际仿真时，需要去掉该延时。从这个例子可以看出，initial 语句的用途之一是初始化各变量。

【例 6-8】 initial 块语句举例 2。

```
`timescale 1ns/1ns
module test_initial;
reg x;
initial
    #10 x=1'b1;   //只有一条语句，不需要使用 begin...end
initial
  begin
    x=1'b0;    //多条语句，需要使用 begin...end
    #5 x=1'bx;
```

```
    end
initial
    begin:block   //定义块内局部变量，需要给块命名
        integer I;
        I=5;
        #(10+I) x=1'b0;
        #(I) x=1'b1;
        #(I) x=1'b0;
    end
endmodule
```

程序说明：

(1) 程序中 x 的波形如图 6-30 所示。从仿真波形可以看出，多个 initial 块是从仿真 0 时刻开始并发执行的。

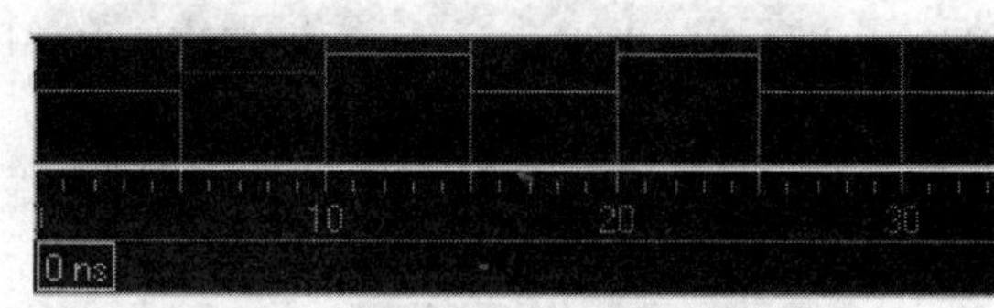

图 6-30　例 6 8 中 x 的波形

(2) 在仿真过程中，如果某条语句前面存在延时，那么对这条语句的仿真将会停顿下来，经过指定的延时时间之后再继续执行，这点可结合代码和波形图进行理解。

(3) 在 Verilg HDL 中，对于顺序块和并行块，可以给每个块取一个名字，只需将名字加在关键词 begin 或 fork 后面即可。这样做的原因有以下几点：

❖ 这样可以在块内定义局部变量，即只在块内使用的变量。

❖ 这样可以允许块被其他语句调用，如被 disable 语句调用。

❖ 在 Verilog HDL 中，所有的变量都是静态的，即所有的变量都只有一个唯一的存储地址，因此进入或跳出块并不影响存储在变量内的值。

基于以上原因，块名就提供了一个在任何仿真时刻确认变量值的方法。

(4) 从这个例子中我们可以看到 initial 语句的另一用途，即生成激励波形作为电路的测试仿真信号，如例 6-8 中的 x 即可用作电路的激励信号。initial 块常用于测试文件的编写，用来产生仿真测试信号和设置信号记录等仿真环境。

2. 顺序块 begin…end

关键字 begin 和 end 用于将多条语句组成顺序块。顺序块的格式如下：

```
begin
    语句 1;
    语句 2;
    ...
    语句 n;
end
```

或

```
begin:块名
    块内声明语句
    语句 1;
```

```
  语句 2;
  ...
  语句 n;
end
```

其中：块名即该块的名字，即一个标识名。块内声明语句可以是参数声明语句、reg 型变量声明语句、integer 型变量声明语句、real 型变量声明语句等。

【例 6-9】 顺序块应用举例。

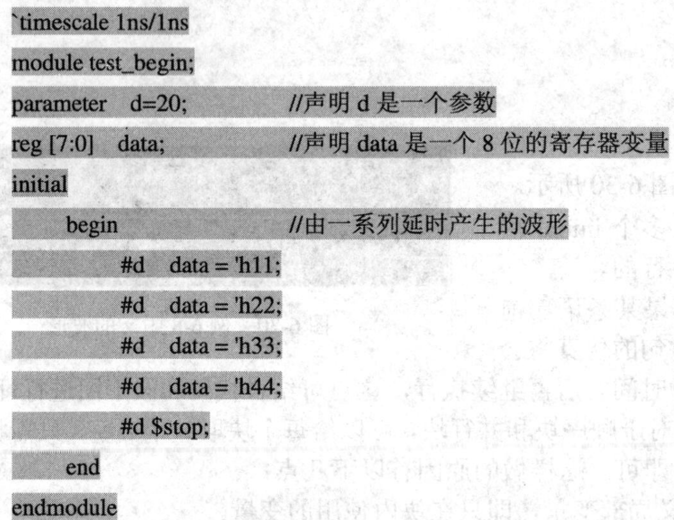

```
`timescale 1ns/1ns
module test_begin;
parameter   d=20;              //声明 d 是一个参数
reg [7:0]   data;              //声明 data 是一个 8 位的寄存器变量
initial
     begin                     //由一系列延时产生的波形
          #d   data = 'h11;
          #d   data = 'h22;
          #d   data = 'h33;
          #d   data = 'h44;
          #d $stop;
     end
endmodule
```

程序说明：

(1) 这个例子中用顺序块和延时控制组合来产生一个时序波形，如图 6-31 所示。

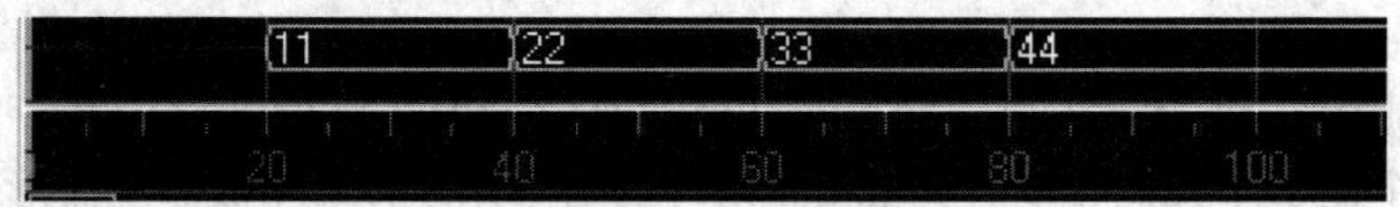

图 6-31　例 6-9 产生的时序波形

(2) 块内的语句是按顺序执行的，即只有上面一条语句执行完后下面的语句才能执行。

(3) 每条语句的延时时间是相对于前一条语句的仿真时间而言的。

(4) 直到最后一条语句执行完，程序流程控制才跳出该语句块。

3. 并行块 fork…join

并行块的格式如下：

```
fork
  语句 1;
  语句 2;
  ...
  语句 n;
join
```

或

```
fork:块名
```

```
    块内声明语句
    语句 1;
    语句 2;
    ...
    语句 n;
join
```

其中：块名即标识该块的一个名字，相当于一个标识符。块内说明语句可以是参数说明语句、reg 型变量声明语句、integer 型变量声明语句、real 型变量声明语句、time 型变量声明语句、事件(event)说明语句等。

下面使用 fork…join 语句重写例 6-9。

【例 6-10】 并行块应用举例。

```
`timescale 1ns/1ns
module test_fork;
parameter   d=20;       //声明 d 是一个参数
reg [7:0]   data;       //声明 data 是一个 8 位的寄存器变量
initial
      fork              //由一系列延时产生的波形
            #d          data = 'h11;
            #(2*d)  data = 'h22;
            #(3*d)  data = 'h33;
            #(4*d)  data = 'h44;
            #(5*d)  $stop;
      join
endmodule
```

程序说明：

(1) 本例用并行块替代了例 6-9 中的顺序块来产生波形，用这两种方法生成的波形是一样的。

(2) 块内语句是同时执行的，即程序流程控制一进入到该并行块，块内语句则开始同时并行地执行。

(3) 块内每条语句的延时时间是相对于程序流程控制进入块内时的仿真时间的。

(4) 延时时间是用来给赋值语句提供执行时序的。

(5) 当按时序排在最后的语句执行完后或一个 disable 语句执行时，程序流程控制跳出该程序块。

注意，顺序块和并行块之间的根本区别在于：当控制转移到块语句的时刻，并行块中所有的语句同时开始执行，语句之间的先后顺序是无关紧要的，因此在 fork_join 块内，不必关心各条语句的出现顺序。

4. 嵌套块

当一个块嵌入另一个块时，块的起始时间和结束时间是很重要的。跟在块后面的语句只有在该块的结束时间到了后才能开始执行，也就是说，只有该块完全执行完后，后面的语句才可以执行。

【例 6-11】 嵌套块应用举例。

```
`timescale 1ns/1ns
module test_nested;
parameter   d=20;                      //声明 d 是一个参数
reg [7:0]   data;                      //声明 data 是一个 8 位的寄存器变量
initial
    fork:block1                        //并行块
      #d          data = 'h11;
      #(2*d)   data = 'h12;
      #(3*d)   data = 'h13;
      begin:block2                     //内嵌顺序块
            #(d-10) data='h2f;
            #d data='h2e;
            fork:block3                //内嵌并行块
                  #5 data='h38;
                  #15 data='h39;
            join
            #d data = 'h2d;
      end
      #(4*d)   data = 'h14;
    join
endmodule
```

程序说明：

(1) 本例输出的 data 的波形如图 6-32 所示。

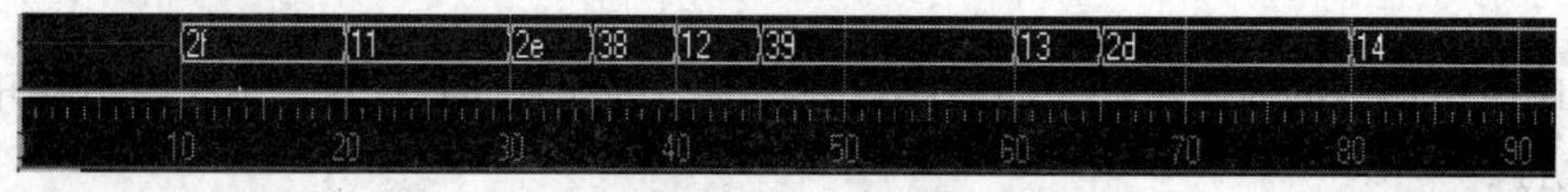

图 6-32　例 6-11 中 data 的波形

(2) 程序中，block2 的起始时间跟 block1 的其他并行语句一样都是仿真时刻 0；block3 的起始时间跟它在 block2 中的位置有关。由于 block3 之前还有 2 条顺序语句，经计算可知，block3 的起始时间为仿真时刻 30。可将程序代码和波形图结合起来分析。

关于起始时间和结束时间的进一步说明：

在并行块和顺序块中都有一个起始时间和结束时间的概念。对于顺序块，起始时间就是第一条语句开始被执行的时间，结束时间就是最后一条语句执行完的时间。而对于并行块来说，起始时间对于块内所有的语句是相同的，即程序流程控制进入该块的时间，其结束时间是按时序排在最后的语句执行完的时间。

6.4　常用系统函数和系统任务

Verilog HDL 中有以下一些系统函数和任务：$bitstoreal、0$rtoi、$display、$setup、$finish、$skew、$hold、$setuphold、$itor、$strobe、$period、$time、$printtimescale、$timefoemat、$realtime、$width、$real tobits、$write、$recovery 等。Verilog HDL 中的每个系统函数和系统任务前面都用一个标识符$来加以确认。这些系统函数和系统任务提供了非常强大的功能，有兴趣的读者可以参阅相关书籍。

下面对一些常用的系统函数和系统任务逐一加以介绍。

1. 系统任务$display、$write 和$strobe

格式：

```
$display(p1,p2,…,pn);
$write(p1,p2,...,pn);
$strobe (p1,p2,...,pn);
```

这三个系统任务的作用是输出信息，即将参数 p2 到 pn 按参数 p1 给定的格式输出。参数 p1 通常称为“格式控制”，参数 p2 至 pn 通常称为“输出表列”。这三个任务的作用基本相同。$display 自动地在输出后进行换行；如果想在一行里输出多个信息，可以使用$write；$strobe 总是在同一仿真时刻的其他语句执行完之后才执行。$display、$write 和$strobe 的输出格式控制是用双引号括起来的字符串，它包括两种信息：格式说明和普通字符。

(1) 格式说明，由“%”和格式字符组成。它的作用是将输出的数据转换成指定的格式输出。格式说明总是由“%”字符开始的。对于不同类型的数据，可用不同的格式输出。表 6-2 给出了常用的几种输出格式。

表 6-2　常用的输出格式

输出格式	说　明
%h 或%H	以十六进制数的形式输出
%d 或%D	以十进制数的形式输出
%o 或%O	以八进制数的形式输出
%b 或%B	以二进制数的形式输出
%c 或%C	以 ASCII 码字符的形式输出
%v 或%V	输出网络型数据信号强度
%m 或%M	输出等级层次的模块名称
%s 或%S	以字符串的形式输出
%t 或%T	以当前的时间格式输出
%e 或%E	以指数的形式输出实型数
%f 或%F	以十进制数的形式输出实型数
%g 或%G	以指数或十进制数的形式输出实型数，无论何种格式都以较短的结果输出

(2) 普通字符，即需要原样输出的字符。其中一些特殊的字符可以通过表 6-3 中的转换序列来输出。

表 6-3　转 义 字 符

转换序列	功　能
\n	换行
\t	横向跳格(即跳到下一个输出区)
\\	反斜杠字符\
\"	双引号字符"
\o	1～3 位八进制数代表的字符
%%	百分符号%

在$display 和$write 的参数列表中，其“输出表列”是需要输出的一些数据，可以是表达式。下面举几个例子进行说明。

【例 6-12】 $display 应用举例。

```
module  disp;
reg[6:0] val;
initial
begin
    val=49;
    $display("hex:%h,decimal:%d", val, val);
    $display("octal:%o,binary:%b", val, val);
    $display("hex:%h,decimal:%0d", val, val);
    $display("octal:%0o,binary:%0b", val, val);
    val=97;
    $display("ascii character:%c",val);
    $display("string: %s",val);
    $display("\\\t%%\n\"\101"); //转义字符
    #5    $display("current scope is %m");
    $display("simulation time is %t",$time);
end
endmodule
```

其输出结果为：

```
# hex:31,decimal: 49
# octal:061,binary:0110001
# hex:31,decimal:49
# octal:61,binary:110001
# ascii character:a
# string: a
# \   %
```

```
# "A
# current scope is disp
# simulation time is                    5
```

程序说明：

(1) 使用$display 时，输出表列中数据的显示宽度是自动按照输出格式进行调整的。这样在显示输出数据时，在经过格式转换以后，总是用表达式的最大可能值所占的位数来显示表达式的当前值。在用十进制数格式输出时，输出结果前面的 0 值用空格来代替。对于其他进制，输出结果前面的 0 仍然显示出来。对于一个位宽为 7 位的值，如按照十六进制数输出，则输出结果占 2 个字符的位置；如按照十进制数输出，则输出结果占 3 个字符的位置。这是因为这个表达式的最大可能值为7F(十六进制)、127(十进制)。可以通过在%和表示进制的字符中间插入一个 0 来自动调整显示输出数据宽度的方式，使输出时总是用最少的位数来显示表达式的当前值。请注意观察下面语句的输出：

```
$display("hex:%h,decimal:%0d", val, val);
$display("octal:%0o,binary:%0b", val, val);。
```

(2) $time 是时间度量系统函数，其使用方法稍后介绍。

如果输出表列中表达式的值包含有不确定的值或高阻值时，其结果输出应遵循一定的规则，下面举例说明。

【例 6-13】 不定值、高阻值输出举例。

```
module   disp;
reg[11:0] val;
initial
begin
    val=12'b001_xxx_xx0_zzz;
    $display("hex:%h,decimal:%d", val, val);
    $display("otal:%o,binary:%b", val, val);
end
endmodule
```

输出结果为：

```
# hex:XxZ,decimal:    X
# otal:1xXz,binary:001xxxxx0zzz
```

程序说明：

(1) 在输出格式为十进制的情况下：

如果表达式值的所有位均为不定值，则输出结果为小写的 x。

如果表达式值的所有位均为高阻值，则输出结果为小写的 z。

如果表达式值的部分位为不定值，则输出结果为大写的 X。

如果表达式值的部分位为高阻值，则输出结果为大写的 Z。

(2) 在输出格式为十六进制和八进制的情况下：

每 4 位二进制数为一组，代表一位十六进制数；每 3 位二进制数为一组，代表一位八进制数。

如果表达式值相对应的一位八进制(十六进制)数的所有位均为不定值，则该位八进制(十六进制)数的输出结果为小写的 x。

如果表达式值相对应的一位八进制(十六进制)数的所有位均为高阻值，则该位八进制(十六进制)数的输出结果为小写的 z。

如果表达式值相对应的一位八进制(十六进制)数的部分位为不定值，则该位八进制(十六进制)数的输出结果为大写的 X。

如果表达式值相对应的一位八进制(十六进制)数的部分位为高阻值，则该位八进制(十六进制)数的输出结果为大写的 Z。

(3) 对于二进制输出格式，表达式值的每一位的输出结果为 0、1、x、z。

选通显示($strobe)与$display 的作用大同小异。如果许多其他语句与$display 任务在同一时刻执行，那么这些语句与$display 任务的执行顺序是不确定的。如果使用$strobe，该语句总是在同一时刻的其他语句执行完之后才执行。因此，它可以确保所有在同一时刻赋值的其他语句执行完后才显示数据。

【例 6-14】 $strobe 应用举例。

```
module strob;
reg   val;
initial
  begin
        $strobe   ("\$strobe : val = %b", val);
        val = 0;
        val <= 1;
        $display ("\$display: val = %b", val);
    end
endmodule
```

输出结果为：

```
# $display: val = 0
# $strobe : val = 1
```

程序说明：

(1) 由于 val <= 1;是非阻塞赋值，要在此仿真时刻最后才完成赋值，因此非阻塞语句的赋值在所有的$display 命令执行以后才更新数值；因为$display 在 val = 0;语句之后，所以显示的 val 值为此刻的值 0。

(2) $strobe 语句总是在同一时刻的其他语句执行完之后才执行，因此它显示 val 非阻塞赋值完成后的值 1。因此，建议读者用$strobe 系统任务来显示用非阻塞赋值的变量的值。

2. 系统任务$monitor

格式：

```
$monitor(p1,p2,...，pn);
$monitor;
$monitoron;
$monitoroff;
```

任务$monitor 提供了监控和输出参数列表中的表达式或变量值的功能。其参数列表中输出控制格式字符串和输出表列的规则与$display 中的一样。当启动一个带有一个或多个参数的$monitor 任务时，仿真器建立一个处理机制，使得每当参数列表中变量或表达式的值发生变化时，整个参数列表中变量或表达式的值都将输出显示。如果在同一时刻两个或多个参数的值发生变化，则在该时刻只输出显示一次。

$monitoron 和$monitoroff 任务的作用是通过打开和关闭监控标志来控制监控任务$monitor 的启动和停止，这样使得程序员可以很容易地控制监控任务$monitor。其中，$monitoroff 任务用于关闭监控标志，停止监控任务$monitor；$monitoron 则用于打开监控标志，启动监控任务$monitor。通常在通过调用$monitoron 启动$monitor 时，不管$monitor 参数列表中的值是否发生变化，总是立刻输出显示当前时刻参数列表中的值，这用于在监控的初始时刻设定初始比较值。在缺省情况下，控制标志在仿真的起始时刻就已经打开了。在多模块调试的情况下，许多模块中都调用了$monitor，因为任何时刻只能有一个$monitor 起作用，因此需配合$monitoron 与$monitoroff 使用，把需要监视的模块用$monitoron 打开，在监视完毕后及时用$monitoroff 关闭，以便把$monitor 让给其他模块使用。$monitor 与$display 的不同之处还在于$monitor 往往在 initial 块中调用，只要不调用$monitoroff，$monitor 便不间断地对所设定的信号进行监视。

3. 时间度量系统函数$time

在 Verilog HDL 中有两种类型的时间系统函数：$time 和$realtime。用这两个时间系统函数可以得到当前的仿真时刻。

系统函数$time 可以返回一个用 64 bit 整数表示的当前仿真时刻值，该时刻以模块的仿真时间尺度为基准。$realtime 和$time 的作用是一样的，只是$realtime 返回的时间数字是一个实型数，该数字也是以时间尺度为基准的。

【例 6-15】 $monitor 和$time 应用举例。

```
`timescale 10ns/1ns
module monit;
reg data;
parameter p=1.4;
initial
begin
      $monitor($time,"data=",data);
//    $monitor($realtime,"data=",data);
      #p data=0;
      #p data=1;
      #p data=0;
      #p data=1;
end
endmodule
```

输出结果为：

```
#                    0data=x
#                    1data=0
#                    3data=1
#                    4data=0
#                    6data=1
```

程序说明：

(1) 在这个例子中，模块 monit 预想在时刻为 14 ns 时设置寄存器 data 为 0，在时刻为 28 ns 时设置寄存器 data 为 1，在 42 ns 时设置寄存器 data 为 0，在 56 ns 时设置寄存器 data 为 1。但是由$time 记录的 data 变化时刻却和预想的不一样。

(2) $time 显示时刻受时间尺度比例的影响。在上面的例子中，时间单位是 10 ns，因为$time 输出的时刻总是时间单位的倍数，所以就将 14 ns、28 ns、42 ns 和 56 ns 输出为 1.4、2.8、4.2 和 5.6。又因为$time 总是输出整数，所以在将经过尺度比例变换的数字输出时，要先进行取整。在上面的例子中，1.4、2.8、4.2 和 5.6 经取整后为 1、3、4 和 6 输出。注意：时间精度并不影响数字的取整。

(3) 若将例子中$monitor($time,"data=",data);改为$monitor($realtime,"data=",data);，则输出结果如下：

```
# 0data=x
# 1.4data=0
# 2.8data=1
# 4.2data=0
# 5.6data=1
```

从结果可以看出，$realtime 将仿真时刻经过尺度变换以后输出，不需进行取整操作。所以$realtime 返回的时刻是实型数。

4. 系统任务$finish 和$stop

(1) $finish。格式：

```
$finish;
$finish(n);
```

系统任务$finish 的作用是退出仿真器，返回主操作系统，也就是结束仿真过程。任务$finish 可以带参数，根据参数的值输出不同的特征信息。如果不带参数，默认$finish 的参数值为 1。下面给出了对于不同的参数值，系统输出的特征信息：

0：不输出任何信息；

1：输出当前仿真时刻和位置；

2：输出当前仿真时刻、位置和在仿真过程中所用 memeory 及 CPU 时间的统计。

(2) $stop。格式：

```
$stop;
$stop(n);
```

$stop 任务的作用是把 EDA 仿真器置成暂停模式，在仿真环境下给出一个交互式的命令提示符，将控制权交给用户。这个任务可以带有参数表达式。根据参数值(0、1 或 2)的不同，输出不同的信息。参数值越大，输出的信息越多。

5. 系统任务$readmemb 和$readmemh

在 Verilog HDL 程序中有两个系统任务$readmemb 和$readmemh，用来从文件中读取数据到存储器中。这两个系统任务可以在仿真的任何时刻被执行使用，其使用格式共有以下六种：

```
$readmemb("<数据文件名>",<存储器名>);
$readmemb("<数据文件名>",<存储器名>,<起始地址>);
$readmemb("<数据文件名>",<存储器名>,<起始地址>,<结束地址>);
$readmemh("<数据文件名>",<存储器名>);
$readmemh("<数据文件名>",<存储器名>,<起始地址>);
$readmemh("<数据文件名>",<存储器名>,<起始地址>,<结束地址>);
```

规则如下：

- 第一个变量是一个 ASCII 文件的名字，这个文件可以只包含空白位置(空格、换行、制表格 tab 和 form-feeds)、Verilog 注释(//形式的和/*...*/形式的都允许)、hex 地址值以及二进制或十六进制数字。数字中不能包含位宽说明和格式说明。对于$readmemb 系统任务，每个数字必须是二进制数字；对于$readmemh 系统任务，每个数字必须是十六进制数字。数据值必须和存储器数组的宽度相同，而且用空白分隔。
- 第二个变量是存储器数组的名字。
- 当数据文件被读取时，每一个被读取的数字都被存放到地址连续的存储器单元中。存储器单元的存放地址范围由系统任务声明语句中的起始地址和结束地址来说明。每个数据的存放地址在数据文件中进行说明。
- 地址值是带前缀@的十六进制数，允许大写和小写的数字。在字符“@”和数字之间不允许存在空白位置。可以在数据文件里出现多个地址。当系统任务遇到一个地址说明时，系统任务将该地址后的数据存放到存储器中相应的地址单元中。

【例 6-16】 系统任务$readmemb 和$readmemh 应用举例。

```
`timescale  10ns/1ns
module readmem_ex;
reg a,b,c,d;
parameter NumMem = 16;
reg [3:0] Mem[0:NumMem-1];
integer cnt;
initial
  begin
     $readmemh("Mem.txt",Mem,0,15);
     cnt = 0;
     repeat (NumMem)
        begin
           #1 cnt = cnt + 1;
```

```
            {a,b,c,d} = Mem[cnt];
        end
    end
initial
    $monitor("%t:a=%b b=%b c=%b d=%b",$realtime,a,b,c,d);
Endmodule
```

程序使用的文件 Mem.txt 如图 6-33 所示。

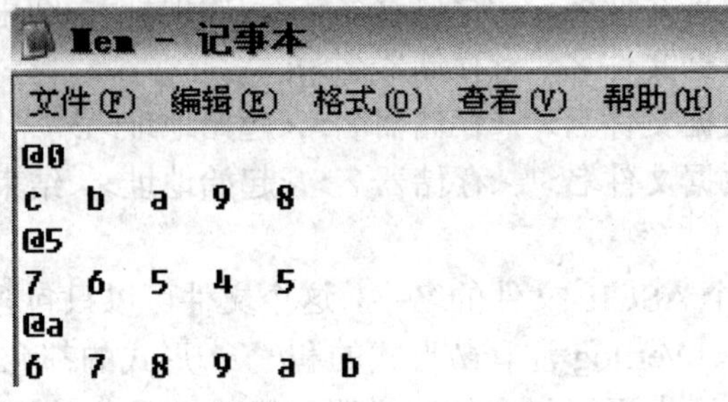
Mem - 记事本
文件(F) 编辑(E) 格式(O) 查看(V) 帮助(H)

```
@0
c b a 9 8
@5
7 6 5 4 5
@a
6 7 8 9 a b
```

图 6-33　Mem.txt 文件格式

程序运行结果如下：

```
#                 0:a=x b=x c=x d=x
#                10:a=1 b=0 c=1 d=1
#                20:a=1 b=0 c=1 d=0
#                30:a=1 b=0 c=0 d=1
#                40:a=1 b=0 c=0 d=0
#                50:a=0 b=1 c=1 d=1
#                60:a=0 b=1 c=1 d=0
#                70:a=0 b=1 c=0 d=1
#                80:a=0 b=1 c=0 d=0
#                90:a=0 b=1 c=0 d=1
#               100:a=0 b=1 c=1 d=0
#               110:a=0 b=1 c=1 d=1
#               120:a=1 b=0 c=0 d=0
#               130:a=1 b=0 c=0 d=1
#               140:a=1 b=0 c=1 d=0
#               150:a=1 b=0 c=1 d=1
#               160:a=x b=x c=x d=x
```

关于系统任务$readmemb 和$readmemh 的进一步说明：

❖ 如果系统任务声明语句中和数据文件里都没有进行地址说明，则缺省的存放起始地址为该存储器定义语句中的起始地址。数据文件里的数据被连续存放到该存储器中，直到该存储器单元存满或数据文件里的数据存完为止。

❖ 如果系统任务中说明了存放的起始地址，没有说明存放的结束地址，则数据从起始地址开始存放，存放到该存储器定义语句中的结束地址为止。

❖ 如果在系统任务声明语句中，起始地址和结束地址都进行了说明，则数据文件里的数据按该起始地址开始存放到存储器单元中，直到该结束地址，而不考虑该存储器的定义语句中的起始地址和结束地址。

❖ 如果地址信息在系统任务和数据文件里都进行了说明，那么数据文件里的地址必须在系统任务中地址参数声明的范围之内，否则将提示错误信息，并且使装载数据到存储器中的操作中断。

❖ 如果数据文件里的数据个数和系统任务中起始地址及结束地址暗示的数据个数不同的话，也会提示错误信息。

本节对一些常用的系统函数和任务逐一进行了介绍，在此基础上，我们可以在 ModelSim 软件中编写功能强大的测试激励模块，以便更好地使用 ModelSim 软件的功能。

6. 系统任务$fopen 和$fclose

$fopen 是打开一个文件进行写操作的系统函数，$fclose 是关闭一个文件的系统任务。

语法：

```
$fopen("FileName");    //返回一个整数
$fclose(<文件句柄>);
```

规则：

● 当调用 $fopen 函数时它返回一个与文件关联的 32 位的文件句柄或者是 0(如果文件不能打开)。若返回的是文件句柄，则该文件句柄只有 1 位被置成 1，并且按照文件被打开的顺序，依次将位 1、位 2、位 3、…、位 31 置位。

● 多通道描述符可以是一个文件句柄或者多个文件句柄按位的组合。多通道描述符为 32 位，可以认为是 32 个标志。每个标志表示一个独立的文件通道：位 0 和标准输出关联，位 1 和第一个打开的文件关联，位 2 和第二个打开的文件关联，如此类推。

● 一次可以同时打开 32 个文件，并且可以有选择地同时写多个文件。

● 当一个文件的输出系统任务，例如$fdisplay 被调用时，第一个变量是一个多通道描述符，它表示在哪里写文本，文本被写在多通道描述符的标志被置位的文件中。系统任务 $fdisplay、$fmonitor、$fwrite、$fstrobe 都用于写文件。

【例 6-17】 文件/读写应用举例。

```
module file_ex;
integer desc1, desc2, AllFiles;
initial
  begin
    desc1 = $fopen("messages.txt");
    if (!desc1)
      begin
        $display("Could not open \"messages.txt\"");
```

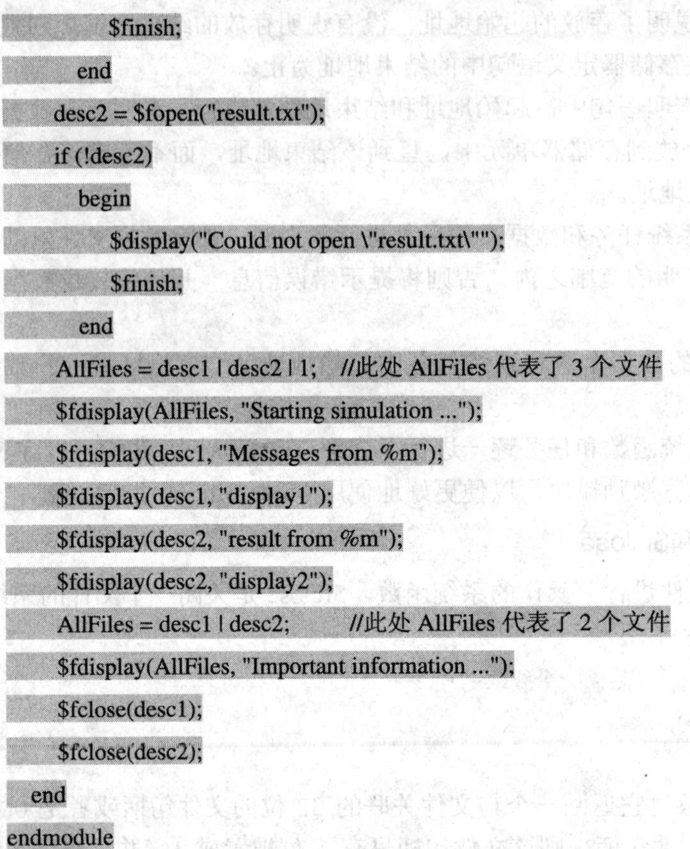

```
            $finish;
        end
    desc2 = $fopen("result.txt");
    if (!desc2)
        begin
            $display("Could not open \"result.txt\"");
            $finish;
        end
    AllFiles = desc1 | desc2 | 1;   //此处 AllFiles 代表了 3 个文件
    $fdisplay(AllFiles, "Starting simulation ...");
    $fdisplay(desc1, "Messages from %m");
    $fdisplay(desc1, "display1");
    $fdisplay(desc2, "result from %m");
    $fdisplay(desc2, "display2");
    AllFiles = desc1 | desc2;       //此处 AllFiles 代表了 2 个文件
    $fdisplay(AllFiles, "Important information ...");
    $fclose(desc1);
    $fclose(desc2);
  end
endmodule
```

程序说明：

(1) 程序运行后，在 modelsim 命令窗口出现"# Starting simulation ..."信息，在文件 messages 和 result 中写入了如图 6-34 所示的信息。

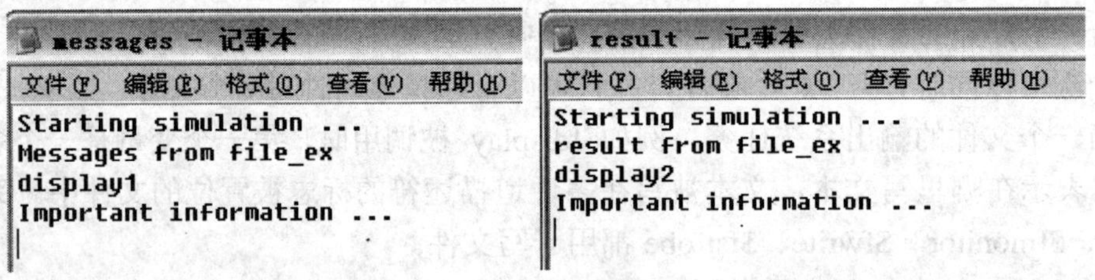

图 6-34　例 6-17 中 message 文件和 result 文件的写入内容

(2) 本例中，desc1 的值为 32'h0000_0002(位 1 被置成 1)，desc2 的值为 32'h0000_0004(位 2 被置成 1)。AllFiles = desc1 | desc2 | 1;执行后，AllFiles 的值为 32'h0000_0007(最低 3 位均被置成 1)，也就是说 AllFiles 包含了 3 个文件。AllFiles = desc1 | desc2 ;执行后，AllFiles 的值为 32'h0000_0006(位 2 和位 3 被置成 1)，也就是说 AllFiles 包含了 2 个文件。

(3) 多通道描述符的优点在于可以有选择地同时写多个文件。多通道描述符可以是一个文件句柄或者多个文件句柄按位的组合，Verilog HDL 会把输出写到与多通道描述符中值为 1 的位相关联的所有文件中。例如："# Starting simulation ..."信息被同时写入了 3 个文件(包括标准输出)，"Important information ..."信息被同时写入了 2 个文件。

6.5　端口连接规则

编写测试模块时，要正确使用端口连接规则。当测试模块中调用设计模块时，端口之间的连接必须遵守一些规则，图 6-35 对这些规则进行了总结。

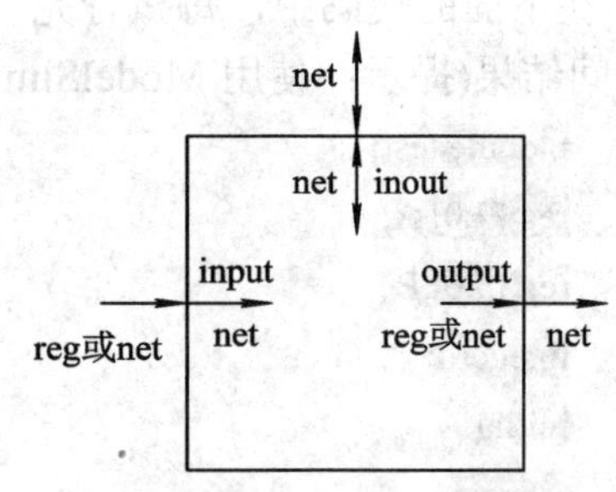

图 6-35　端口连接规则

下面对图 6-35 进行说明：

(1) 从模块内部来讲，输入端口(input)、输出端口(output)和输入输出端口(inout)必须满足以下规则：输入端口和输入输出端口必须为线网(net)数据类型，输出端口可以是线网数据类型，也可以是寄存器(reg)数据类型。

(2) 从模块外部来看，连接输入端口的变量可以是线网数据类型，也可以是寄存器数据类型，连接输出端口或者输入输出端口的变量必须是线网数据类型。

上述两点规则是一致的，我们可以这样来看，连接模块输入端口的变量可以看做其他某模块的输出，连接模块输出端口的变量可以看做是其他某模块的输入，连接模块输入输出端口的变量可以看做是其他某模块的输入输出。这样，就将上述两点规则联系起来了：模块外部的输入相当于其他模块的输出，可以是线网数据类型，也可以为寄存器(reg)数据类型；模块外部的输出相当于其他模块的输入，必须是线网数据类型。

6.6　小　　结

本章讨论了以下知识点：

❖ 中小型数据系统设计的仿真建议采用 Quartus Ⅱ自带的仿真器，既方便也直观。但大型设计的仿真则建议采用 ModelSim 等专用仿真器。

❖ Verilog HDL 有许多系统函数和系统任务是 C 语言中没有的，如$monitor、$readmemb、$stop 等，而这些系统任务在调试模块的设计中是非常有用的。我们只有通过阅读大量的 Verilog HDL 调试模块实例，经过长期的实践，经常查阅 Verilog HDL 手册才能逐步掌握这些知识。

❖ 本章给出了一个设计在 Quartus Ⅱ中完成，测试在 ModelSim 中完成的例子，该例具有典型性，希望读者掌握。当然，也可以将设计和测试均在 ModelSim 中完成，尤其是设计中没有涉及任何器件信息，并且没有调用任何依附于其他软件的宏功能模块时，设计和测试均在 ModelSim 中完成会更加方便。也可以直接使用 ModelSim 软件学习 Verilog HDL 的语法。

❖ 本章也介绍了端口连接规则。从模块内部来讲，输入端口(input)、输出端口(output)和输入输出端口(inout)必须满足以下规则：输入端口和输入输出端口必须为线网(net)数据类型，输出端口可以是线网数据类型，也可以为寄存器(reg)数据类型。

习　题　6

1. 在下面的代码中，每执行完一句，I、A、B 的值变为多少？试使用 ModelSim 软件观察中间结果(提示：使用 ModelSim 软件的单步仿真功能)。

```
module test;
reg [2:0] A;
reg [3:0] B;
integer I;
initial
  begin
     I=0;
     A=I;
     I=I-1;
     A=A-1;
     B=A;
     I=I+1;
     B=B+1;
  end
endmodule
```

2. 在下面每行代码后面的括号内填入 display 执行的结果。试使用 ModelSim 软件观察中间结果(提示：使用 ModelSim 软件的单步仿真功能)。

```
module test;
integer I;
reg[3:0] A;
reg[7:0] B;
initial
  begin
     I=-1;   A=I;   B=A;
     $display("%b",B);(           )
     A=A/2;
     $display("%b",A);(           )
     B=A-30
     $diaplay("%d",B);(           )
     A=A-30;
     $display("%d",A);(           )
     I=A/2;
```

```
    $display("%d",I);(          )
  end
endmodule
```

3. 已知 mux2 模块是二选一多路选择器，当 sel 为 0 时，F=A，当 sel 为 1 时，F=B。下面的模块是针对 mux2 模块的测试模块，因此没有输入、输出端口，请将 a、b、c、d 四个选项填入相应的括号中，以使测试模块完整。

```
`timescale 10ns /1ns
module   test;
(   )
initial
begin
(   )
end
initial
(   )
endmodule
```

(a)
```
SEL=0;   A=0;    B=0;
#5    A=1;
#5    SEL=1;
#5    B=1;
```

(b)
```
wire   F;
reg   SEL , A,   B;
```

(c)
```
$monitor ($time, SEL,   A ,   B ,   F) ;
```

(d)
```
mux2    ins1 (SEL , A , B , F);
```

4. 对于图 6-36 中的 counter_64 模块和 rom_64X8 模块，不调用宏功能模块实现之，请读者尝试完成，并在 ModelSim 中完成功能仿真和时序仿真。

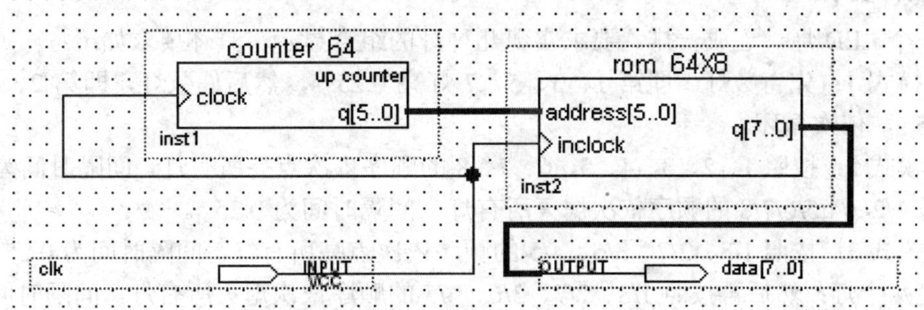

图 6-36　ModelSim 演示用案例

5. 对第 4 题编写测试激励模块(最好有 2～3 个)，用 ModelSim 仿真，仿真的输入、输出均用文件。练习本题的目的是使读者掌握使用 ModelSim 读/写文件的操作。

第 7 章　Verilog HDL 可综合设计举例

前几章对 Verilog HDL 的语法进行了比较详细的介绍，本章以此为基础，介绍几则实用的可综合的设计，通过这些设计，读者可以进一步掌握数字系统的设计方法。

本章所列的所有实验皆在 GW48-PK2 系统上验证，并且本章的引脚锁定说明均与 GW48-PK2 系统是相关联的。如果读者没有 GW48-PK2 系统，建议读者对于每个实例的第 6 部分(引脚锁定下载硬件验证)不作阅读。每个设计完成后，仅仅对其进行仿真，并能够通过仿真分析设计的正确性，这样也可以达到学习 Verilog HDL 的目的。当然，如果有 GW48-PK2 系统，建议读者最后按本章所列步骤完整地实现每个设计。

本章中所列实验比较多，实际教学中可根据教学实验的课时数及要求精选部分实验，其余部分可作为课余训练、学生科研活动、课程设计、毕业设计、全国大学生电子设计竞赛培训等实践活动的选题。有关 EDA 工具 Quartus Ⅱ的详细使用方法、FPGA 器件的基本特性、Verilog HDL 语言的详细内容等可参考相关书籍，如《EDA 技术与 VHDL》等；本章中所有实验和示例的软件设计平台是 Quartus Ⅱ 6.0，所有实验和示例的硬件平台为 Cyclone FPGA：EP1C3T144C8。

7.1　跑马灯控制器的设计

1. 设计要求

共 8 个 LED 灯，连成一排。要求实现几种灯的组合显示。具体要求如下：

(1) 模式 1：先奇数灯，即第 1、3、5、7 灯亮 0.25 s，然后偶数灯，即第 2、4、6、8 灯亮 0.25 s，依次循环。

(2) 模式 2：按照 1、2、3、4、5、6、7、8 的顺序依次点亮所有灯，间隔时间为 0.25 s；然后再按 1/2/3/4/5/6/7/8 的顺序依次熄灭所有灯，间隔时间为 0.25 s。

(3) 模式 3：按照 1/8、2/7、3/6、4/5 的顺序依次点亮所有灯，间隔时间为 0.25 s，每次同时点亮两个灯；然后再按照 1/8、2/7、3/6、4/5 的顺序依次熄灭所有灯，间隔时间为 0.25 s，每次同时熄灭两个灯。

(4) 以上模式可以选择。

2. 设计说明

LED 灯与 FPGA 的连接如图 7-1 所示，设计要求很容易实现，在此不再说明。

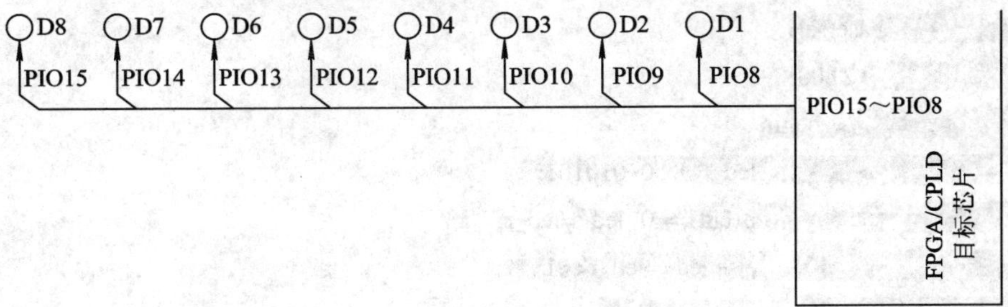

图 7-1　8 个 LED 灯与 FPGA 的连接图

使用两个键进行模式选择，两个键有 00、01、10、11 四种组合，使用其中的三种组合，分别对应设计要求的三种情况。

3. 设计模块(包含模块划分)

该设计比较简单，仅用一个模块即可，输入端口为 rst、clk、sel[1..0]，输出端口为 led[7..0]，其中 sel 用于模式选择，led 用于控制 8 个 LED 灯，如图 7-2 所示。

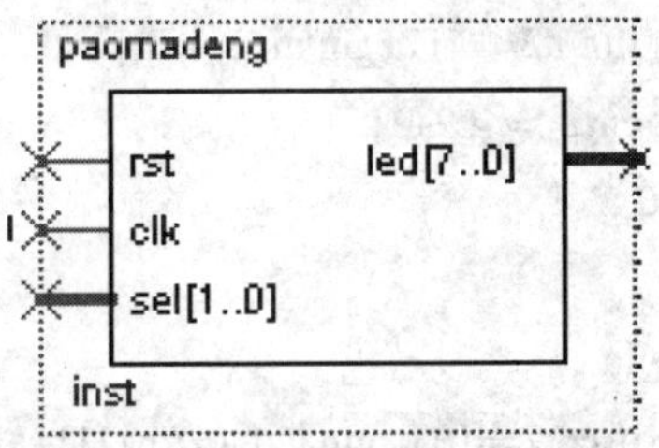

图 7-2　跑马灯模块端口框图

4. 代码分析

【例 7-1】 设计源码。

```
module paomadeng(rst,clk,sel,led);
input rst,clk;
input[1:0] sel;
output[7:0] led;

reg[7:0] led;
reg[7:0] led_r,led_r1;
reg cnt1,dir;
reg[2:0] cnt2;
reg[1:0] cnt3;

always @(posedge clk)
begin
    if(rst) begin cnt1<=0; cnt2<=0; cnt3<=0; dir<=0; end
    else
```

```
case(sel)
    2'b00:
        begin
            led_r=8'b01010101;
            if(cnt1==0) led<=led_r;
            else led<=led_r<<1;
            cnt1<=cnt1+1;
        end
    2'b01:
        begin
            if(!dir)
                begin
                    if(cnt2==0) begin led_r=8'b00000001;led<=led_r; end
                    else begin led<=(led<<1)+led_r; end
                    if(cnt2==7) begin dir<=~dir; end
                    cnt2<=cnt2+1;
                end
            else
                begin
                    if(cnt2==0) begin led_r=8'b11111110;led<=led_r; end
                    else begin led<=led<<1;   end
                    if(cnt2==7) begin dir<=~dir; end
                    cnt2<=cnt2+1;
                end
        end
    2'b11:
        begin
            if(!dir)
                begin
                    if(cnt3==0) begin
led_r=8'b00000001;led_r1=8'b10000000;end
                        else begin led_r=(led_r<<1)| led_r;
                        led_r1=(led_r1>>1)| led_r1; end
                    led<=led_r | led_r1;
                    if(cnt3==3) begin dir<=~dir; end
                    cnt3<=cnt3+1;
                end
            else
```

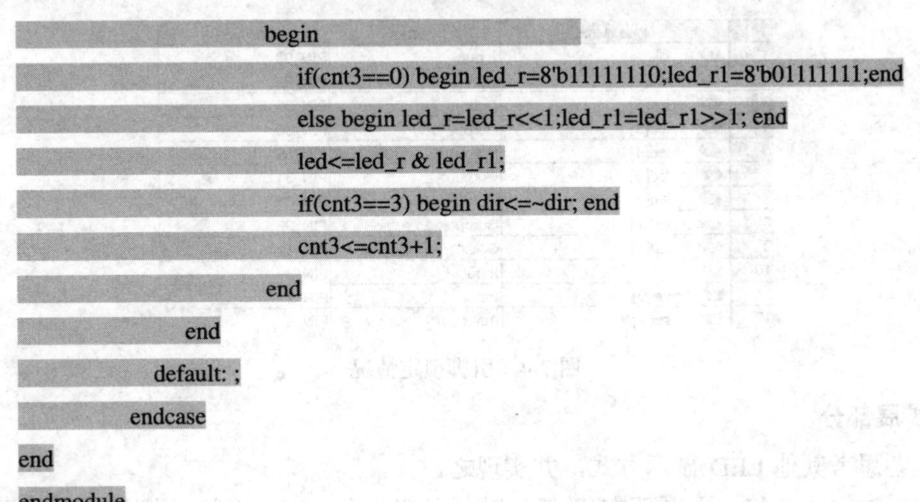

```
                    begin
                        if(cnt3==0) begin led_r=8'b11111110;led_r1=8'b01111111;end
                        else begin led_r=led_r<<1;led_r1=led_r1>>1; end
                        led<=led_r & led_r1;
                        if(cnt3==3) begin dir<=~dir; end
                        cnt3<=cnt3+1;
                    end
                end
            default: ;
        endcase
end
endmodule
```

程序说明：

(1) case 语句用于选择三种模式。当 case 表达式中的 sel 为 2'b00 时选择模式 1，为 2'b01 时选择模式 2，为 2'b11 时选择模式 3。

(2) cnt1、cnt2、cnt3 分别为三种模式下的计数器，用于控制流水灯的转换节奏。

(3) dir 用于方向控制，与 cnt1、cnt2、cnt3 的具体数值相关。

5. 仿真分析

仿真波形如图 7-3 所示。该仿真波形仅列出了 sel 为 2'b11 时跑马灯的运行情况。从图中可以看出，灯的运行与模式 3 一致，说明程序代码实现了模式 3。读者也可以通过修改 sel 的值对模式 1 和模式 2 进行验证。

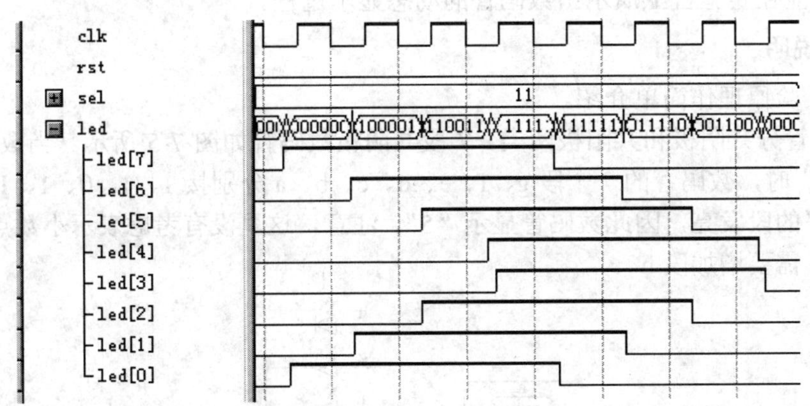

图 7-3　跑马灯仿真波形

6. 引脚锁定下载硬件验证

选择 GW48-PK2 系统中的实验电路 5，引脚锁定情况如图 7-4 所示。

将设计下载到实验开发系统中，观察实际运行情况。clk 接 FPGA 的 93 引脚，频率选择 4 Hz，然后通过按键选择跑马灯的运行模式，观察跑马灯的实际运行情况。

	Node Name	Direction	Location
1	clk	Input	PIN_93
2	led[7]	Output	PIN_38
3	led[6]	Output	PIN_37
4	led[5]	Output	PIN_36
5	led[4]	Output	PIN_35
6	led[3]	Output	PIN_34
7	led[2]	Output	PIN_33
8	led[1]	Output	PIN_32
9	led[0]	Output	PIN_11
10	rst	Input	PIN_3
11	sel[0]	Input	PIN_1
12	sel[1]	Input	PIN_2

图 7-4　引脚锁定情况

7. 扩展部分

请读者思考其他 LED 显示方式，并实现之。

例如：先循环左移，再循环右移(任一时刻只有一个 LED 灯亮)，然后从两头至中间依次点亮(任一时刻只有两个 LED 灯亮)，之后不断重复以上显示方式。

7.2　8 位数码扫描显示电路的设计

1. 设计要求

共 8 个数码管，连成一排，要求可以任意显示其中一个或多个数码管。具体要求如下：

(1) 依次选通 8 个数码管，并让每个数码管显示相应的值，比如让每个数码管依次显示 13579BDF。

(2) 要求能在实验台上演示出数码管的动态显示过程。

2. 设计说明

下面对实验原理作简单介绍。

(1) 数码管分共阴极和共阳极两类。7 段共阴极数码管如图 7-5 所示。当数码管的输入为“1101101”时，数码管的 7 个段 g、f、e、d、c、b、a 分别接 1、1、0、1、1、0、1；由于接有高电平的段发亮，因此数码管显示“5”。注意，这里没有考虑表示小数点的发光管，如果要考虑，需要增加段 h。

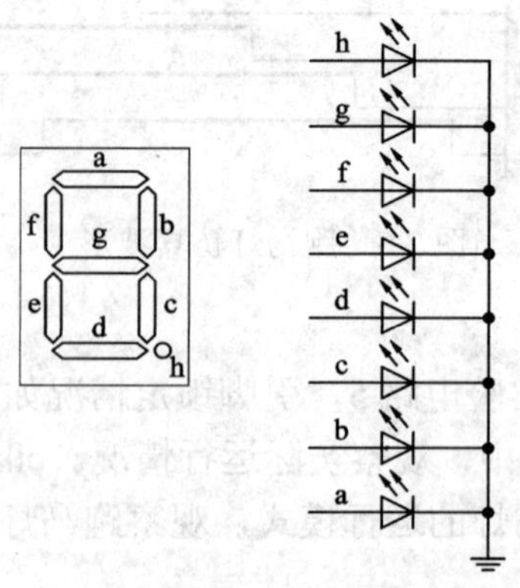

图 7-5　共阴极数码管及其电路

(2) 图 7-6 所示的是 8 位数码扫描显示电路，其中每个数码管的 8 个段 h、g、f、e、d、c、b、a(h 是小数点)都分别连在一起，8 个数码管分别由 8 个选通信号 K1、K2、…、K8 来选择。被选通的数码管显示数据，其余关闭。如在某一时刻，k1 为高电平，其余选通信号为低电平，这时仅 K1 对应的数码管显示来自段信号端的数据，而其他 7 个数码管均不显示。因此，如果希望在 8 个数码管显示不同的数据，就必须使得 8 个选通信号 K1、K2、…、K8 轮流被单独选通，同时，在段信号输入口加上希望在对应数码管上显示的数据，这样随着选通信号的变化，才能实现扫描显示的目的。

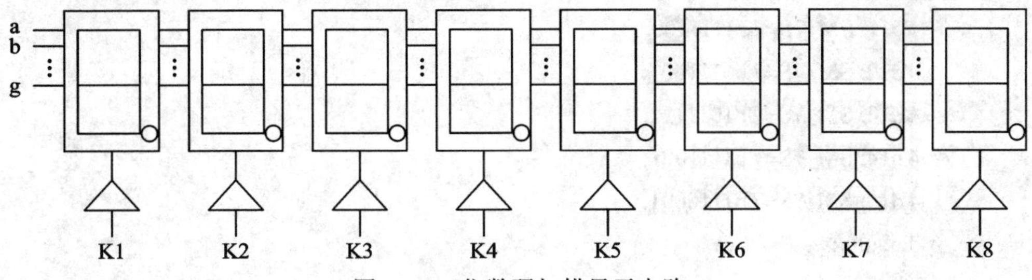

图 7-6　8 位数码扫描显示电路

3. 设计模块(包含模块划分)

该设计使用了 2 个模块，如图 7-7 所示。该设计的输入为 clk，输出为 SM_7S[6..0]、SM_B[7..0]。其中 SM_7S 为段选信号，对数码管的每一段进行控制；SM_B 为位选信号，用于在 8 个数码管中选择。

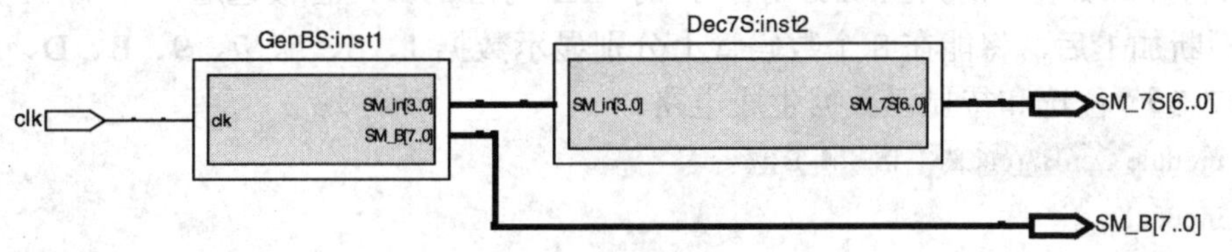

图 7-7　数码管顶层模块框图

4. 代码分析

例 7-2 的 Dec7S 模块为 7 段译码器，输入信号 SM_in 可取十六进制数 0～F，输出信号 SM_7S 的 7 位分别接数码管的 7 个段，高位在左，低位在右。

【例 7-2】 7 段数码显示译码器设计。

```
module Dec7S(SM_in,SM_7S);   //七段译码电路
input[3:0] SM_in;
output reg[6:0] SM_7S;
always @(SM_in)
  begin
case(SM_in)
      4'd0: SM_7S=7'b0111111;
      4'd1: SM_7S=7'b0000110;
      4'd2: SM_7S=7'b1011011;
      4'd3: SM_7S=7'b1001111;
```

```
        4'd4: SM_7S=7'b1100110;
        4'd5: SM_7S=7'b1101101;
        4'd6: SM_7S=7'b1111101;
        4'd7: SM_7S=7'b0000111;
        4'd8: SM_7S=7'b1111111;
        4'd9: SM_7S=7'b1101111;
        4'd10: SM_7S=7'b1110111;
        4'd11: SM_7S=7'b1111100;
        4'd12: SM_7S=7'b0111001;
        4'd13: SM_7S=7'b1011110;
        4'd14: SM_7S=7'b1111001;
        4'd15: SM_7S=7'b1110001;
        default: ;
      endcase
   end
endmodule
```

例 7-3 的 GenBS 模块用于生成位选信号和待显示数据。程序中的 cnt8 是一个 3 位计数器，产生扫描计数信号，SM_B=1<<cnt8;用于对 8 个数码管扫描选通，SM_in <= 2*cnt8+1;用于生成待显示数据。例如当 cnt8 等于 1 时，K2 对应的数码管被选通，同时，A 被赋值 3，当 cnt8 不断加 1 后，将能在 8 个数码管上分别显示数据 1、3、5、7、9、B、D、F。

【例 7-3】 位选和待显示数据生成电路。

```
module GenBS(clk,SM_in,SM_B);
input clk;
output reg[3:0] SM_in;
output reg[7:0] SM_B;
reg[2:0] cnt8;
always @(posedge clk)
  begin
   if(cnt8>=7) cnt8<=0;
   else cnt8<=cnt8+1;
   SM_in <= 2*cnt8+1;   //生成待显示数据为 1, 3, 5, ...
   SM_B=1<<cnt8;        //生成位选信号
  end
endmodule
```

例 7-4 是扫描显示的顶层模块。其中：clk 是扫描时钟；SM_7S 为 7 段控制信号，由高位至低位分别接 g、f、e、d、c、b、a 7 个段；SM_B 是位选控制信号，接图 7-6 中的 8 个选通信号 K1、K2、…、K8。

【例 7-4】 8 位数码扫描显示电路顶层模块。

```
module shumaguan(clk,SM_7S,SM_B);
```

```
input clk;
output[6:0] SM_7S;    //段控制信号输出
output[7:0] SM_B;     //位控制信号输出
wire[3:0] SM_in;

GenBS   inst1(clk,SM_in,SM_B); //调用位选和待显示数据生成电路
Dec7S inst2(SM_in,SM_7S);   //调用译码电路
endmodule
```

5. 仿真分析

仿真波形如图 7-8 所示。从图中可以看出，在每一个时钟上升沿选中下一个数码管，同时送相应的数据给该数码管显示。

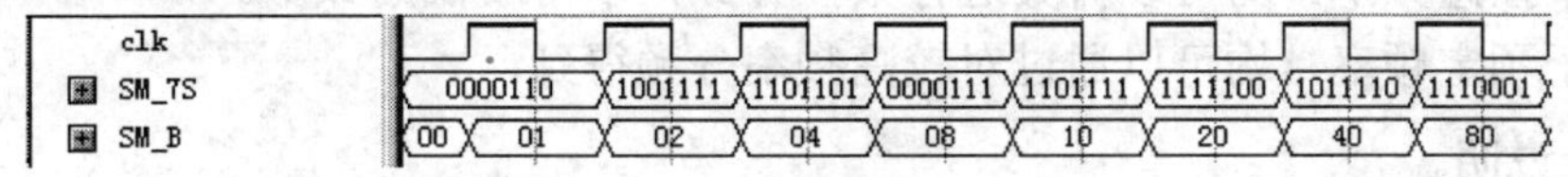

图 7-8　数码管仿真波形

6. 引脚锁定下载硬件验证

将设计下载到实验开发系统中，观察实际运行情况。

实验方式：若考虑小数点，则 SM_7S 的 8 个段分别与 PIO49、PIO48、…、PIO42(高位在左)连接、SM_B 的 8 个位分别与 PIO34、PIO35、…、PIO41(高位在左)连接。在 GW48 EDA 系统数码管左边有一个跳线冒，将其跳下端“CLOSE”(平时跳上端“ENAB”)，这时实验系统的 8 个数码管构成图 7-6 所示的电路结构，时钟 clk 可选择 clock0，通过跳线选择 16 384 Hz 信号。引脚锁定后进行编译、下载和硬件测试实验。

引脚锁定如图 7-9 所示。

	Node Name	Direction	Location
1	SM_7S[0]	Output	PIN_108
2	SM_7S[1]	Output	PIN_107
3	SM_7S[2]	Output	PIN_106
4	SM_7S[3]	Output	PIN_105
5	SM_7S[4]	Output	PIN_103
6	SM_7S[5]	Output	PIN_99
7	SM_7S[6]	Output	PIN_98
8	SM_B[0]	Output	PIN_96
9	SM_B[1]	Output	PIN_85
10	SM_B[2]	Output	PIN_84
11	SM_B[3]	Output	PIN_83
12	SM_B[4]	Output	PIN_78
13	SM_B[5]	Output	PIN_77
14	SM_B[6]	Output	PIN_76
15	SM_B[7]	Output	PIN_75
16	clk	Input	PIN_93

图 7-9　引脚锁定情况

时钟 clk 选择 clock0，通过跳线选择 4 Hz 信号，可演示数码管的动态扫描过程。

7. 扩展部分

请读者尝试完成以下几种显示方式：

(1) 8 个数码管同时显示，每个数码管的 8 个段，即 a、b、c、d、e、f、g、dp 依次显

示，每个段持续显示时间为 0.25 s。

(2) 8 个段和 8 个数码管依次显示，a 段显示在第 1 个数码管上，b 段显示在第 2 个数码管上，……，dp 段显示在第 8 个数码管上，显示持续时间为 0.25 s。

(3) 将 0～F 这 16 个十六制数依次显示在数码管中，每个时刻只有一个数码管显示，持续时间为 0.25 s，即 0 显示在第 1 个数码管、1 显示在第 2 个数码管、……、7 显示在第 8 个数码管、8 显示在第 1 个数码管、……、F 显示在第 8 个数码管。

7.3　数控分频器的设计

1. 设计要求

(1) 对于任意频率，均可以对其进行数控分频，以得较低的频率。

(2) 对于预定频率，均可以通过对较高频率分频得到。

2. 设计说明

数控分频器的功能是：当在输入端给定不同输入数据时，对输入的时钟信号有不同的分频比。数控分频器是用计数值可并行预置的加法计数器设计完成的，方法是将计数溢出位与预置数加载输入信号相接，详细设计程序如例 7-5 所示。

3. 设计模块(包含模块划分)

本例仅有一个模块，图 7-10 给出了分频器模块的端口框图。其中，CLK 为时钟信号；D 为输入数据，根据这个数据进行分频；FOUT 为分频后的输出。

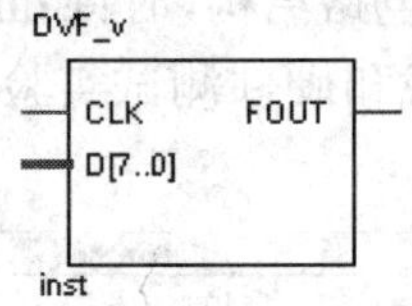

图 7-10　分频器模块的端口框图

4. 代码分析

【例 7-5】 数控分频器的设计。

```
module DVF_v(CLK,D,FOUT);
input CLK;
input[7:0] D;
output reg FOUT;
reg[7:0] FULL;
always @(posedge CLK)
  begin:P_REG
  reg[7:0] CNT8;
  if(CNT8==8'b11111111)
     begin
           CNT8 = D;        //当 CNT8 计数计满时，输入数据 D 被同步预置给计数器 CNT8
```

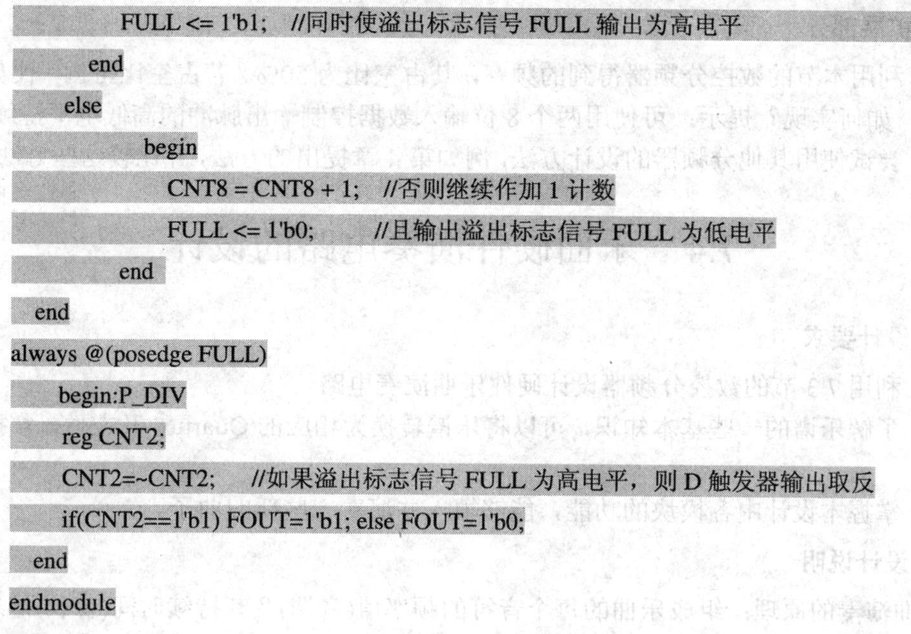

```
              FULL <= 1'b1;   //同时使溢出标志信号 FULL 输出为高电平
        end
      else
              begin
                CNT8 = CNT8 + 1;   //否则继续作加 1 计数
                FULL <= 1'b0;       //且输出溢出标志信号 FULL 为低电平
            end
    end
always @(posedge FULL)
    begin:P_DIV
    reg CNT2;
    CNT2=~CNT2;    //如果溢出标志信号 FULL 为高电平，则 D 触发器输出取反
    if(CNT2==1'b1) FOUT=1'b1; else FOUT=1'b0;
  end
endmodule
```

5. 仿真分析

图 7-11 为数控分频器的仿真结果。从图中可以看出，FOUT 的输出频率随 D 的变化而变化，实现了数控分频。

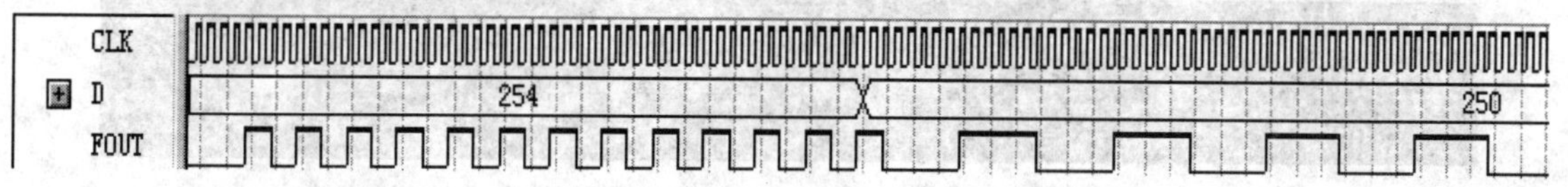

图 7-11　数控分频器的仿真结果

6. 引脚锁定下载硬件验证

将设计下载到实验开发系统中，观察实际运行情况。

选实验电路模式 1，键 2/键 1 负责输入 8 位预置数 D(PIO7～PIO0)，CLK 由 clock0 输入，频率选 65 536 Hz 或更高(确保分频后落在音频范围)；输出 FOUT 接扬声器(SPKER)。编译下载后进行硬件测试：改变键 2/键 1 的输入值，可听到不同音调的声音。

引脚锁定如图 7-12 所示。

	Node Name	Direction	Location
1	CLK	Input	PIN_93
2	D[0]	Input	PIN_1
3	D[1]	Input	PIN_2
4	D[2]	Input	PIN_3
5	D[3]	Input	PIN_4
6	D[4]	Input	PIN_5
7	D[5]	Input	PIN_6
8	D[6]	Input	PIN_7
9	D[7]	Input	PIN_10
10	FOUT	Output	PIN_129

图 7-12　引脚锁定

7. 扩展部分

(1) 利用本节的数控分频器得到的频率，其占空比为 50%。若占空比可调，比如占空比为 30%，如何实现？提示：可使用两个 8 位输入数据控制输出脉冲的高低电平持续时间。

(2) 尝试使用其他分频器的设计方法，例如第 4 章提出的方法，并比较这些方法的异同。

7.4　乐曲硬件演奏电路的设计

1. 设计要求

(1) 利用 7.3 节的数控分频器设计硬件乐曲演奏电路。

(2) 了解乐谱的一些基本知识，可以将乐谱转换为相应的 Quartus Ⅱ文件，掌握其演奏原理。

(3) 掌握本设计中各模块的功能，能够填入并演奏一些新的曲子。

2. 设计说明

乐曲演奏的原理：组成乐曲的每个音符的频率值(音调)及其持续时间(音长)是乐曲能连续演奏所需的两个基本数据，因此只要控制输出到扬声器的激励信号频率的高低和持续的时间，就可以使扬声器发出连续的乐曲声。

(1) 音调的控制。简谱中音名与音频的对应关系如图 7-13 所示。

```
音调频率如下：0--低音，1--中音，2--高音
0音1:262  0音2:294  0音3:330  0音4:349  0音5:392  0音6:440  0音7:494
1音1:523  1音2:587  1音3:659  1音4:698  1音5:784  1音6:880  1音7:988
2音1:1047  2音2:1175  2音3:1319  2音4:1397  2音5:1568  2音6:1760  2音7:1976
```

图 7-13　简谱中音名与音频的对应关系

图 7-13 中仅列出了低音、中音和高音的频率，对于比低音低八度或者比高音高八度的音，可依据 2 倍规则很容易地求出。所谓 2 倍规则，是指中音 1 是低音 1 频率的 2 倍，高音 1 是中音 1 频率的 2 倍，依此类推。

简谱中音频与分频预置数的对应关系如图 7-14 所示。

```
音调分频比freq_div_ratio如下：0--低音，1--中音，2--高音
0音1:1911  0音2:1703  0音3:1517  0音4:1432  0音5:1276  0音6:1136  0音7:1012
1音1:956  1音2:851  1音3:758  1音4:716  1音5:638  1音6:568  1音7:506
2音1:478  2音2:426  2音3:379  2音4:358  2音5:319  2音6:284  2音7:253
音调预置数ToneIndex如下：0--低音，1--中音，2--高音
0音1:137  0音2:345  0音3:531  0音4:616  0音5:772  0音6:912  0音7:1036
1音1:1092  1音2:1197  1音3:1290  1音4:1332  1音5:1410  1音6:1480  1音7:1542
2音1:1570  2音2:1622  2音3:1669  2音4:1690  2音5:1729  2音6:1764  2音7:1795
```

图 7-14　简谱中音频与分频预置数的对应关系

音名与音频的对应关系以及计算音频与分频值、11 位计数器的预置数的对应关系可由程序计算得出，相应的 C 语言程序代码如例 7-6 所示。

【例 7-6】 计算分频比与分频预置数的程序。

```
//音名与音调之间的对应关系的计算程序
#include <stdio.h>
```

```
#include "math.h"
#define N 3
#define M 7
main()
{
int i,j;
   double a[N][M]={0.0},freq_div_ratio[N][M]={0.0},ToneIndex[N][M]={0.0};   //频率，分频比,
   预置数
   double ratio,counter_11,freq=12000000;   //freq 为系统频率, 12 MHz
   ratio=pow(2.0,1.0/12);
   printf("ratio=%lf\n",ratio);
   //计算低音 1, 2, 3, 4, 5, 6, 7
   a[0][5]=440.0;
   a[0][6]=a[0][5]*ratio*ratio;
   a[0][4]=a[0][5]/ratio/ratio;
   a[0][3]=a[0][4]/ratio/ratio;
   a[0][2]=a[0][3]/ratio;
   a[0][1]=a[0][2]/ratio/ratio;
   a[0][0]=a[0][1]/ratio/ratio;
   //计算中音和高音：1,2,3,4,5,6,7
   for(i=1;i<=2;i++)
  {
       for(j=0;j<7;j++)
       {
              a[i][j]=a[i-1][j]*2;
       }
   }
   //打印低中高音 1,2,3,4,5,6,7
   printf("音调频率如下：0--低音，1--中音，2--高音\n");
   for(i=0;i<=2;i++)
   {
       for(j=0;j<7;j++)
       {
              printf("%d 音%d:%.0lf    ",i,j+1,a[i][j]);
       }
       printf("\n");
}

   //计算各音调的分频值
```

```
counter_11=pow(2.0,11); //分频值对应的位数应为 11 位，该位数由系统频率分频后的频率决定
freq=freq/(12*2);       //12 MHz, 12 分频，再 2 分频
printf("音调分频比 freq_div_ratio 如下：0--低音，1--中音，2--高音\n");
for(i=0;i<=2;i++)
{
    for(j=0;j<7;j++)
    {
        freq_div_ratio[i][j]=freq/a[i][j];
        printf("%d 音%d:%.0lf    ",i,j+1,freq_div_ratio[i][j]);
    }
    printf("\n");
}
//计算各音调的分频值相对应的预置数
printf("音调预置数 ToneIndex 如下：0--低音，1--中音，2--高音\n");
for(i=0;i<=2;i++)
{
    for(j=0;j<7;j++)
    {
        ToneIndex[i][j]=counter_11-freq_div_ratio[i][j];
        printf("%d 音%d:%.0lf    ",i,j+1,ToneIndex[i][j]);
    }
    printf("\n");
}
}
```

(2) 音长的控制。音乐中的音除了有高低之分外，还有长短之分。如何记录音的长短呢？简谱中用一条横线"—"在音符的右面或下面来标注音的长短。表 7-1 列出了常用音符和它们的长度标记。

表 7-1　常用音符及其长度标记

音符名称	写　法	时　值
全音符	5 — — —	四拍(可设为 1 s)
二分音符	5 —	二拍
四分音符	5	一拍
八分音符	$\underline{5}$	半拍
十六分音符	$\underline{\underline{5}}$	四分之一拍
三十二分音符	$\underline{\underline{\underline{5}}}$	八分之一拍

从表 7-1 中可以看出横线有记在音符后面的，也有记在音符下面的，横线标记的位置不

同，被标记的音符的时值也不同。从表 7-1 中可以发现一个规律：要使音符时值延长，在四分音符右边加横线“—”，这时的横线叫延时线。延时线越多，音持续的时间(时值)越长。

记在音符右边的小圆点称为附点，表示增加前面音符时值的一半，带附点的音符叫附点音符。例如：四分附点音符 5· = 5 + $\underline{5}$，八分附点音符：$\underline{5}$· = $\underline{5}$ + $\underline{\underline{5}}$。

音乐中除了有音的高低、长短之外，也有音的休止。表示声音休止的符号叫休止符，用“0”标记。每增加一个 0，就增加一个四分休止符的时值。

3. 设计模块(包含模块划分)

主系统由 3 个模块组成，例 7-7 是顶层设计文件，其内部有 3 个功能模块(如图 7-15 所示)：ToneTaba、NoteTabs 和 Speakera。

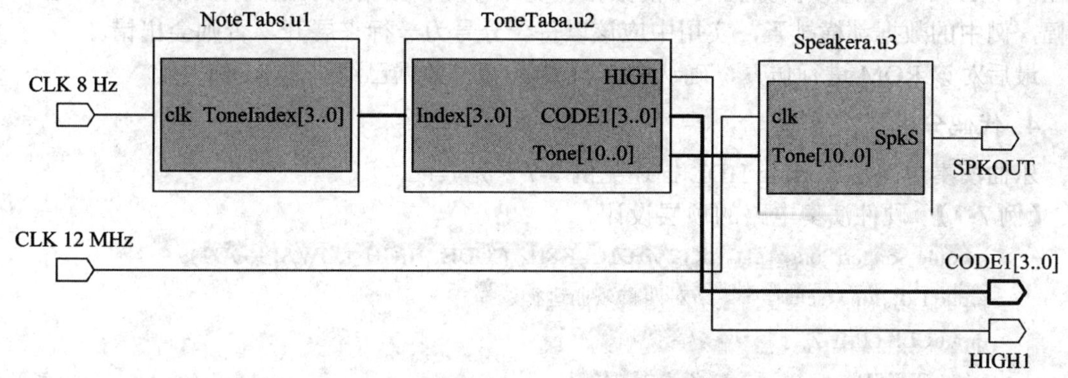

图 7-15　硬件乐曲演奏电路结构

与利用微处理器(CPU 或 MCU)来实现乐曲演奏相比，以纯硬件完成乐曲演奏电路的逻辑要复杂得多，如果不借助于功能强大的 EDA 工具和硬件描述语言，仅凭传统的数字逻辑技术，即使最简单的演奏电路也难以实现。本例实现的乐曲演奏电路结构如图 7-15 所示。在图 7-15 中，模块 u1 类似于弹琴的人的手指；u2 类似于琴键；u3 类似于琴弦或音调发声器。

下面首先来了解图 7-15 的工作原理：

(1) 音符的频率可以由图 7-15 中的模块 Speakera 获得。它是一个数控分频器，由其 clk 端输入一具有较高频率(这里是 12 MHz)的信号，通过 Speakera 分频后由 SPKOUT 输出。由于直接从数控分频器中出来的输出信号是脉宽极窄的脉冲式信号，为了有利于驱动扬声器，需另加一个 D 触发器以均衡其占空比，但这时的频率将是原来的 1/2。Speakera 对 clk 输入信号的分频比由 11 位预置数 Tone[10..0]决定。SPKOUT 的输出频率将决定每一音符的音调。这样，分频计数器的预置值 Tone[10..0] 与 SPKOUT 的输出频率就有了对应关系。例如在 ToneTaba 模块中若取 Tone[10..0]=1036，将发音符为“3”音的信号频率。

(2) 音符的持续时间须根据乐曲的速度及每个音符的节拍数来确定，图 7-15 中模块 ToncTaba 的功能首先是为 Speakera 提供决定所发音符的分频预置数，而此数在 Speakera 输入口停留的时间即为此音符的节拍值。模块 ToneTaba 是乐曲简谱码对应的分频预置数查表电路，其中设置了高音、中音、低音全部音符所对应的分频预置数，共 13 个，每一音符的停留时间由音乐节拍和音调发生器模块 NoteTabs 的 clk 的输入频率决定，这里为 4 Hz。这

13 个值的输出由对应于 ToneTaba 的 4 位输入值 Index[3..0]确定，而 Index[3..0]最多有 16 种可选值。ToneIndex[3..0]输向 ToneTaba 中的 Index[3..0]，其值与持续的时间由模块 NoteTabs 决定。

(3) 在 NoteTabs 中设置了一个 9 位二进制计数器(计数最大值为 512)，作为音符数据 ROM 的地址发生器。这个计数器的计数频率选为 4 Hz，即每一计数值的停留时间为 0.25 s，恰为当全音符设为 1 s 时，四四拍的 4 分音符的持续时间。当 NoteTabs 中的计数器按 4 Hz 的时钟速率作加法计数(即地址值递增)时，音符数据 ROM 中的音符数据将从 ROM 中通过 ToneIndex[3..0]端口输向 ToneTaba 模块，乐曲就开始连续自然地演奏起来了。

需定制例 7-10 的 NoteTabs 模块中的音符数据 ROM“music”。该 ROM 中的音符数据已列在例 7-11 中。注意该例数据表中的数据位宽、深度和数据的表达类型。此外，为了节省篇幅，例中的数据都横排了，实用中应该以每一分号为一行来展开，否则会出错。

最后对该 ROM 进行仿真，确认例 7-11 中的音符数据已经进入 ROM 中。

4. 代码分析

乐曲演奏电路的 Verilog HDL 描述见例 7-7～例 7-11。

【例 7-7】 硬件演奏电路的顶层设计。

```
module Songer(Song_sel,CLK12MHZ,CLK8HZ,CODE1,HIGH_LOW,SPKOUT);
input[1:0] Song_sel;          //对四首乐曲进行选择
input CLK12MHZ;               //音调频率信号
input CLK8HZ;                 //节拍频率信号
output[3:0] CODE1;            //简谱码输出显示
output[1:0] HIGH_LOW;         //高、中、低 8 度指示: 00—低, 01—中, 10—高
output SPKOUT;                //声音输出
wire[10:0] Tone;
wire[4:0] ToneIndex;
NoteTabs u1(.sel(Song_sel),.clk(CLK8HZ),.ToneIndex(ToneIndex));
ToneTaba u2(.Index(ToneIndex),.Tone(Tone),.CODE(CODE1),.HIGH(HIGH_LOW));
Speakera u3(.clk(CLK12MHZ),.Tone(Tone),.SpkS(SPKOUT));
endmodule
```

【例 7-8】 Speakera 模块。

```
module Speakera(clk,Tone,SpkS);
input clk;
input[10:0] Tone;    //分频预置数-----跟音调相匹配
output reg SpkS;     //声音输出
reg PreCLK, FullSpkS;
always @(posedge clk)
   begin:DivideCLK
   reg[3:0] Count4;
   PreCLK <= 0;  //将 CLK 进行 12 分频，PreCLK 为 CLK 的 12 分频
```

```
   if(Count4>11)
      begin PreCLK <= 1; Count4=0; end
   else
       Count4=Count4+1;
  end
always @(posedge PreCLK)
   begin:GenSpkS                          //11 位可预置计数器
   reg[10:0] Count11;
   if(Count11 == 11'h7FF)                 //首先进行 12 分频
      begin Count11 = Tone ; FullSpkS <= 1;     end
   else
      begin Count11 = Count11 + 1; FullSpkS <= 0; end
  end
always @(posedge FullSpkS)
   begin:DelaySpkS                        //将输出再 2 分频，展宽脉冲，使扬声器有足够功率发音
   reg Count2;
   Count2 = ~Count2;
   if(Count2==1)   SpkS <= 1;
   else SpkS <= 0;
   end
endmodule
```

【例 7-9】 ToneTaba 模块。

```
module ToneTaba(Index,CODE,HIGH,Tone);
input[4:0] Index;                         //音符
output reg[3:0] CODE;                     //简谱码输出
output reg[1:0] HIGH;                     //高、中、低 8 度指示: 00—低, 01—中, 10—高
output reg[10:0] Tone;                    //分频预置数-----跟音调相匹配
always @(Index)
  begin:Search
  case(Index)
   5'b00000:
      begin
        Tone<=11'b11111111111 ;
      end                                 //2047
   5'b00001:
      begin
        Tone<=11'd137 ;
      end                                 //137;
   5'b00010:
```

```
        begin
          Tone<=11'd345 ;
        end   //345;
    5'b00011:
        begin
          Tone<=11'd531 ;
        end   //531;
    5'b00100:
        begin
          Tone<=11'd616 ;
        end   //616;
    5'b00101:
        begin
          Tone<=11'd773 ;
        end   //773;
    5'b00110:
        begin
          Tone<=11'd912 ;
        end   //912;
    5'b0111:
        begin
          Tone<=11'd1036 ;
        end   //1036;
    5'b1000:
        begin
          Tone<=11'd1092 ;
        end   //1092;
    5'b1001:
        begin
          Tone<=11'd1197 ;
        end   //1197;
    5'b1010:
        begin
          Tone<=11'd1290 ;
        end   //1290;
    5'b1011:
        begin
          Tone<=11'd1332 ;
        end   //1332;
```

```
5'b1100:
    begin
        Tone<=11'd1410 ;
    end  //1410;
5'b1101:
    begin
        Tone<=11'd1480 ;
    end  //1480;
5'b1110:
    begin
        Tone<=11'd1542 ;
    end  //1542
5'b1111:
    begin
        Tone<=11'd1570 ;
    end  //1570
5'b10000:
    begin
        Tone<=11'd1622 ;
    end  //1622
5'b10001:
    begin
        Tone<=11'd1668;
    end  //1668
5'b10010:
    begin
        Tone<=11'd1690 ;
    end  //1690
5'b10011:
    begin
        Tone<=11'd1728 ;
    end  //1728
5'b10100:
    begin
        Tone<=11'd1764 ;
    end  //1764
5'b10101:
    begin
        Tone<=11'd1795 ;
```

```
      end   //1795
    default: ;
  endcase
  end
always @(Index)
  begin:Encode
  reg[4:0] temp_Index;
  if(Index>=15)
    begin
        temp_Index<=Index+2;
        CODE<={1'b0,temp_Index[2:0]};
        HIGH <=temp_Index[4:3];
    end
  else if(Index>=8)
    begin
        temp_Index<=Index+1;
        CODE<={1'b0,temp_Index[2:0]};
        HIGH <=temp_Index[4:3];
    end
  else
    begin
        temp_Index=Index;
        CODE<={1'b0,temp_Index[2:0]};
        HIGH <=temp_Index[4:3];
    end
  end
endmodule
```

【例 7-10】 NoteTabs 模块。

```
module NoteTabs(sel,clk,ToneIndex);
input[1:0] sel;                      //乐曲选择信号
input clk;
output[4:0] ToneIndex;               //乐曲曲谱中的音符输出
reg[9:0] Counter;                    //计数器的位数应该根据存放音乐的 ROM 进行调整
always @(posedge clk)
  begin:CNT8
    if(sel==2'b00)                   //多个曲子可放在 ROM 中，通过按键进行选择
          if(Counter>=88) Counter <= 8'd0;   //演奏 21 个音调，从低到高
          else Counter <= Counter+1;
      //此处可通过 sel 选择其他曲目播放
```

```
  end
music u1(.address(Counter),.q(ToneIndex),.inclock(clk));
endmodule
```

【例 7-11】 演奏从低音到高音共 21 个音调的 ROM 文件。

```
WIDTH=8;
DEPTH=88;
ADDRESS_RADIX=UNS;
DATA_RADIX=UNS;
CONTENT BEGIN
  [0..3]   :   0;        [4..7]   :   1;
  [8..11]  :   2;        [12..15] :   3;
  [16..19] :   4;        [20..23] :   5;
  [24..27] :   6;        [28..31] :   7;
  [32..35] :   8;        [36..39] :   9;
  [40..43] :  10;        [44..47] :  11;
  [48..51] :  12;        [52..55] :  13;
  [56..59] :  14;        [60..63] :  15;
  [64..67] :  16;        [68..71] :  17;
  [72..75] :  18;        [76..79] :  19;
  [80..83] :  20;        [84..87] :  21;
END;
```

5. 仿真分析

请读者自行仿真。

6. 引脚锁定下载硬件验证

实验电路结构图为 No.1。

先将引脚锁定，使 CLK12MHZ 与 clock9 相接，接收 12 MHz 时钟频率(用短路帽将 clock9 接"CLK12MHZ")；CLK8HZ 与 clock2 相接，接收 4 Hz 频率；发音输出 SPKOUT 接 Speaker；与演奏发音相对应的简谱码输出显示可由 CODE1 在数码管 5 显示；HIGH_LOW 为高、中、低八度音指示，可由发光管 D6/D5 指示。最后向目标芯片下载适配后的 SOF 逻辑设计文件。

引脚锁定如图 7-16 所示。

	Node Name	Direction	Location
1	CLK8HZ	Input	PIN_17
2	CLK12MHZ	Input	PIN_92
3	CODE1[0]	Output	PIN_39
4	CODE1[1]	Output	PIN_40
5	CODE1[2]	Output	PIN_41
6	CODE1[3]	Output	PIN_42
7	HIGH1	Output	PIN_77
8	SPKOUT	Output	PIN_129

图 7-16　引脚锁定

7. 扩展部分

(1) 填入新的乐曲，如“梁祝”或其他熟悉的乐曲。操作步骤如下：

① 根据所填乐曲可能出现的音符，修改例 7-11 中的音符数据，同时注意每一音符的节拍长短。

② 如果乐曲比较长，可增加模块 NoteTaba 中计数器的位数，如设为 9 位，则可有 512 个基本节拍。

(2) 在一个 ROM 中装入多首歌曲，可手动或自动选择歌曲(推荐图 7-17～图 7-19 所示的三首)。

图 7-17　梁祝的简谱

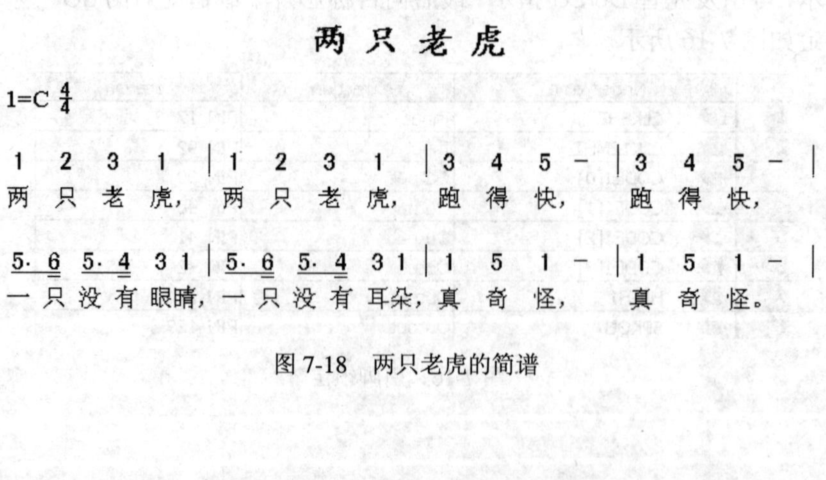

两 只 老 虎

1=C $\frac{4}{4}$

1 2 3 1 | 1 2 3 1 | 3 4 5 − | 3 4 5 − |
两 只 老 虎， 两 只 老 虎， 跑 得 快， 跑 得 快，

5· 6 5· 4 3 1 | 5· 6 5· 4 3 1 | 1 5 1 − | 1 5 1 − |
一 只 没 有 眼睛， 一 只 没 有 耳朵， 真 奇 怪， 真 奇 怪。

图 7-18　两只老虎的简谱

难忘今宵

1=C $\frac{4}{4}$

戴富荣 词
姜春阳 曲

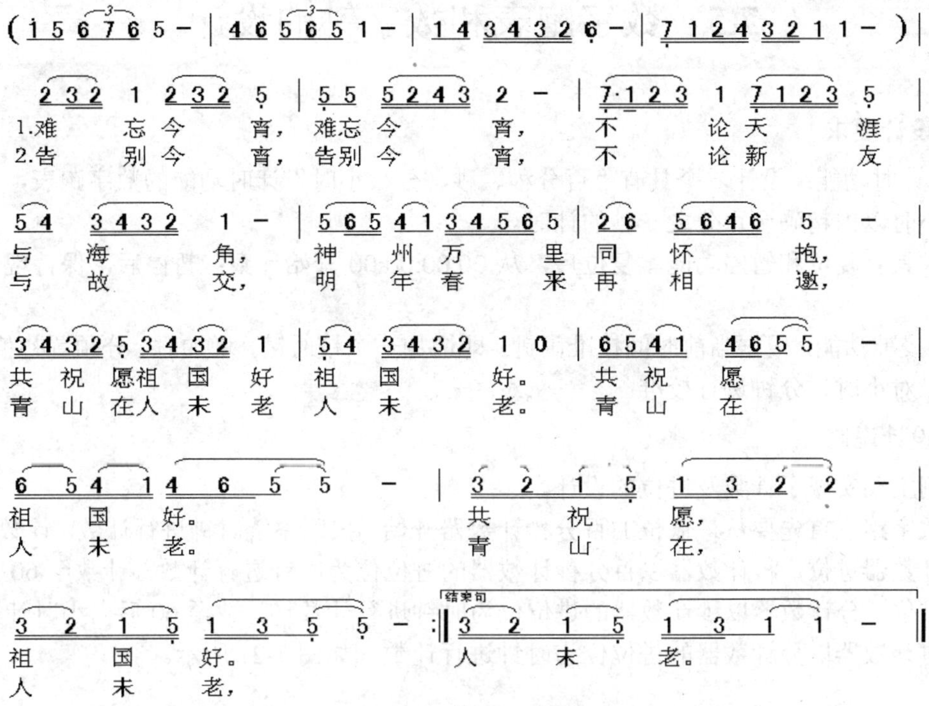

图 7-19　难忘今宵的简谱

提示：仍采用 No.1 电路，加入多支曲目后的引脚锁定如图 7-20 所示。

CLK8HZ	Input	PIN_17
CLK12MHZ	Input	PIN_92
CODE1[0]	Output	PIN_39
CODE1[1]	Output	PIN_40
CODE1[2]	Output	PIN_41
CODE1[3]	Output	PIN_42
HIGH_LOW[0]	Output	PIN_77
HIGH_LOW[1]	Output	PIN_78
SPKOUT	Output	PIN_129
Song_sel[0]	Input	PIN_107
Song_sel[1]	Input	PIN_108

图 7-20　引脚锁定

用键 8/7 控制四首曲目的选择；与演奏发音相对应的简谱码输出由数码管 5 显示；HIGH_LOW 为高、中、低八度音指示，可由发光管 D6/D5 指示。

(3) 结合本实验，读者可以查阅电子琴相关知识并设计一个简易电子琴。

(4) 考虑例 7-8 中的进程 DelaySpkS 对扬声器发声有什么影响。再考虑在电路上应该满足哪些条件，才能用数字器件直接输出的方波驱动扬声器发声。

7.5　数字跑表和数字钟的设计

1. 设计要求

(1) 计时功能：设计一个具有“百分秒、秒、分、小时”计时功能的数字跑表，可以实现一个小时以内精确至百分之一秒的计时。

要求具有复位和暂停功能。复位后，从 00:00:00:00 开始计数；暂停后，保持现有计数值不变。

(2) 校准功能：根据当前时间校准闹钟。即增加一个校时键，增加时、分预置初值按钮，这样可以对小时、分钟进行校准。

2. 设计说明

本例主要实现了计数及进位的设计。

本数字跑表首先要从最低位的百分秒计数器开始，按照系统时钟进行计数。计数至 100 后向秒计数器进位，秒计数器以百分秒计数器的进位位为时钟进行计数，计数至 60 后向分计数器进位，分计数器以秒计数器的进位位为时钟进行计数，计数至 60 后向小时计数器进位，小时计数器以分计数器的进位位为时钟进行计数，如图 7-21 所示。

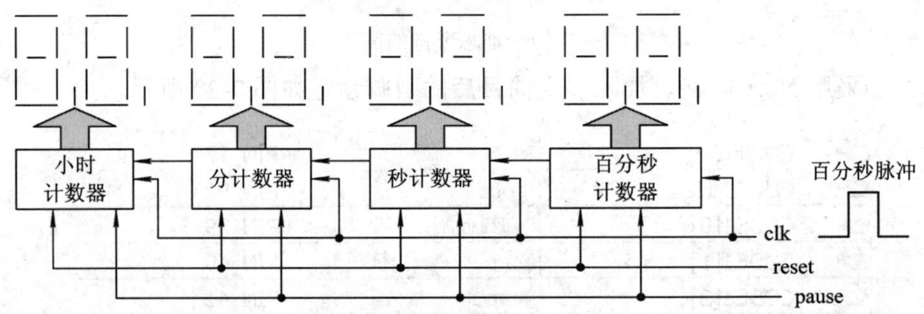

图 7-21　设计说明

注意：本设计要根据频率输入，将频率分频得到 0.01 Hz 的频率，用于百分秒的计数脉冲。

3. 设计模块(包含模块划分)

模块可划分为以下几个部分：一是分、秒、百分秒实现模块；二是小时实现模块；三是显示译码模块。采用自顶向下的设计，顶层模块如图 7-22 所示。

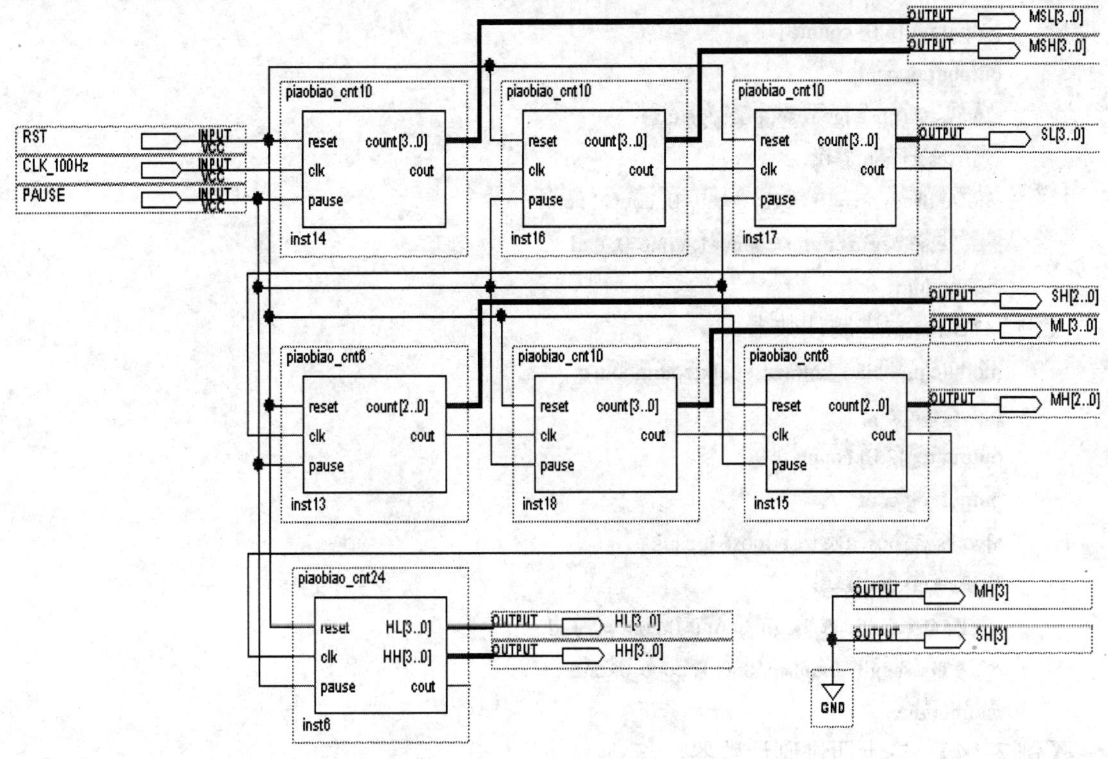

图 7-22　数字跑表与数字钟的顶层模块设计

图 7-22 中的端口信号定义如下：

CLK_100Hz：时钟信号，100 Hz。

RST：异步复位信号。

PAUSE：暂停信号。

MSH、MSL：百分秒的高位和低位。

SH、SL：秒的高位和低位。

MH、ML：分的高位和低位。

各模块说明如下：

(1) 分、秒、百分秒实现模块：可采用十进制计数器、六进制计数器完成整个分、秒和百分秒的设计。

(2) 小时实现模块：直接采用二十四进制计数器实现即可，具体实现见代码分析部分。

(3) 显示译码模块：见本章 7.2 节。

4. 代码分析

本设计的代码如例 7-12～7-14 所示。

【例 7-12】　十进制计数器。

```
module piaobiao_cnt10(reset,clk,count,cout);
input reset,clk;
```

```
output reg[3:0] count;
output reg cout;
always @(posedge reset,posedge clk)
  if(reset) count=0;
  else if(count==9) begin count=0; cout=1; end
      else begin count=count+1; cout=0; end
endmodule
```

【例 7-13】 六进制计数器。

```
module piaobiao_cnt6(reset,clk,count,cout);
input reset,clk;
output reg[2:0] count;
output reg cout;
always @(posedge reset,posedge clk)
  if(reset) count=0;
  else if(count==5) begin count=0;cout=1; end
      else begin count=count+1; cout=0; end
endmodule
```

【例 7-14】 二十四进制计数器。

```
module piaobiao_cnt24(reset,clk,pause,HL,HH,cout);
input reset,clk,pause;
output[3:0] HL,HH;
output reg cout;
reg[4:0] count;
assign HL=count%10,
      HH=count/10;
always @(posedge reset,posedge clk)
    if(reset) count=0;
    else if(!pause)
      if(count==23) begin count=0;cout=1; end
          else begin count=count+1; cout=0; end
endmodule
```

5. 仿真分析

为了仿真方便，设定 CLK_100Hz 的时钟周期为 10 ns(当然也可以采用实际的时钟周期 10 ms，对于功能仿真来说没有本质的区别)。

整个仿真波形如图 7-23 所示。

其中能够说明设计正确性的部分仿真波形如图 7-24～图 7-26 所示。

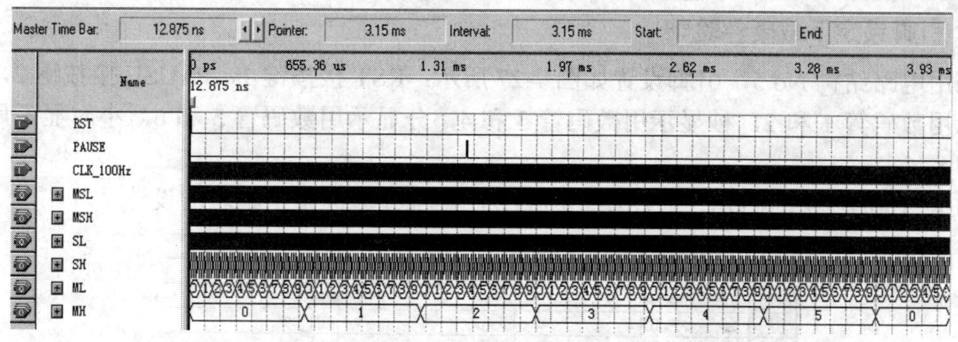

图 7-23　仿真波形

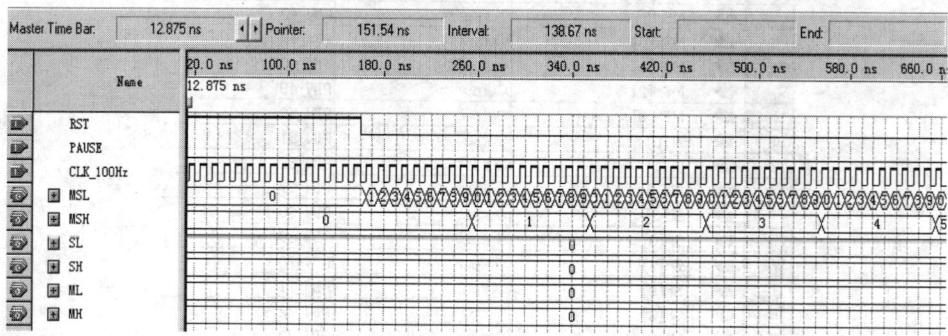

图 7-24　RST 功能

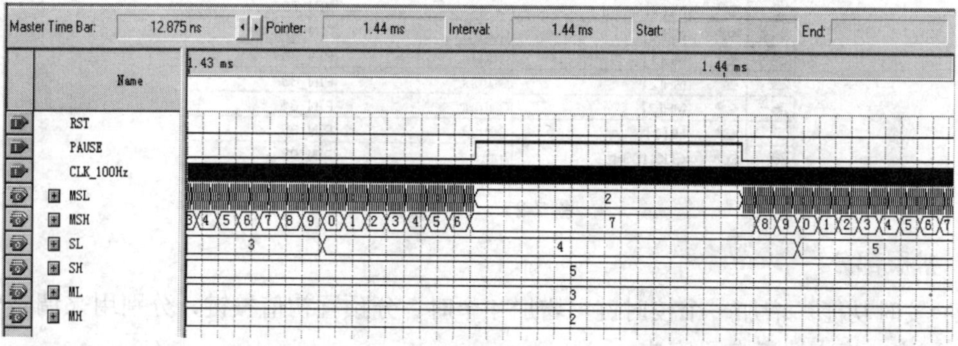

图 7-25　PAUSE 功能

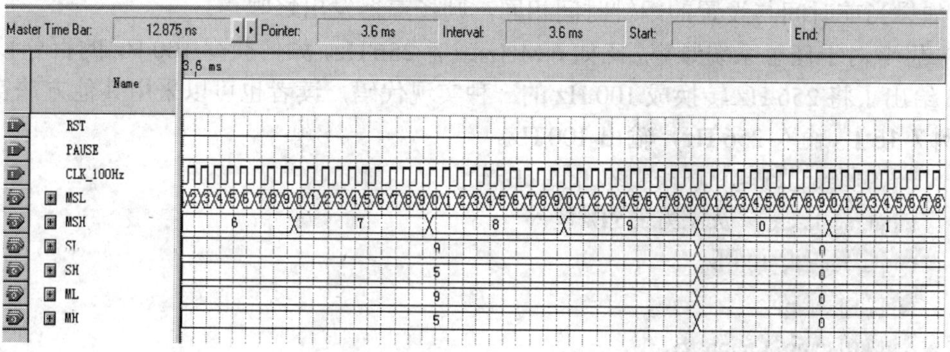

图 7-26　分、秒、百分秒计时功能

6. 引脚锁定下载硬件验证

采用电路结构 No.5，引脚设置如图 7-27 所示：RST 接按键 1，PAUSE 接按键 2，百分秒显示用数码管 1 和 2，秒显示用数码管 3 和 4，分显示用数码管 5 和 6，小时显示用数码管 7 和 8。

CLK_100Hz 接 clock0，频率选择 256 Hz，观察并验证整个跑表的设计。

	Node Name	Direction	Location
1	RST	Input	PIN_1
2	PAUSE	Input	PIN_2
3	MSL[0]	Output	PIN_39
4	MSL[1]	Output	PIN_40
5	MSL[2]	Output	PIN_41
6	MSL[3]	Output	PIN_42
7	MSH[0]	Output	PIN_47
8	MSH[1]	Output	PIN_48
9	MSH[2]	Output	PIN_49
10	MSH[3]	Output	PIN_50
11	SL[0]	Output	PIN_51
12	SL[1]	Output	PIN_52
13	SL[2]	Output	PIN_67
14	SL[3]	Output	PIN_68
15	SH[0]	Output	PIN_69
16	SH[1]	Output	PIN_70
17	SH[2]	Output	PIN_71
18	SH[3]	Output	PIN_72
19	ML[0]	Output	PIN_73
20	ML[1]	Output	PIN_74
21	ML[2]	Output	PIN_75
22	ML[3]	Output	PIN_76
23	MH[0]	Output	PIN_77
24	MH[1]	Output	PIN_78
25	MH[2]	Output	PIN_83
26	MH[3]	Output	PIN_84
27	HL[0]	Output	PIN_85
28	CLK_100Hz	Input	PIN_93

图 7-27　引脚锁定

7. 扩展部分

(1) 校时功能。增加一个校时键，增加 4 个时、分预置初值按键，分别用来调整时、分的各位。这一步由读者自己完成。

(2) 闹钟功能。增加一个闹钟功能键，同时使用校时功能中用到的 4 个铵键来设置闹钟时间。如果当前时间与设置的闹钟时间相同，则扬声器发出蜂鸣声。

(3) 思考对于任意系统频率，比如 6 MHz 或者 256 Hz，如何获得 100 Hz 的百分秒频率。例 7-15 给出了将 256 Hz 转换成 100 Hz 的一种实现代码，读者也可以采用其他方法实现。

【例 7-15】 输入 256 Hz，输出 100 Hz。

```
module freq_256_100(rst,clk,en,clk_100Hz);
input rst,clk,en;     //clk 为 256 Hz 输入
output reg clk_100Hz;
reg[7:0] temp;
reg[7:0] temp_1,temp_2;
always @(posedge clk)
```

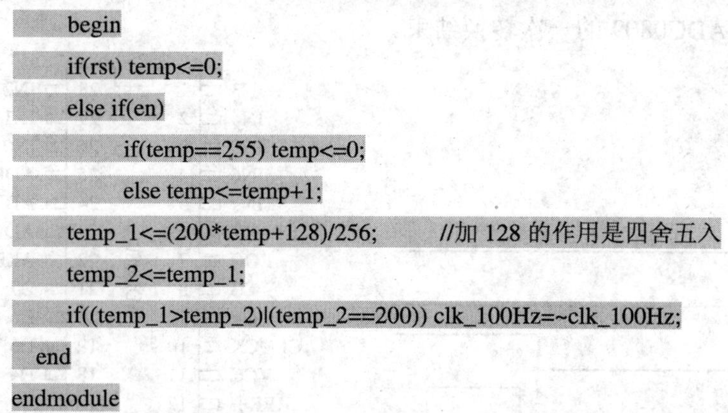

```
    begin
    if(rst) temp<=0;
    else if(en)
        if(temp==255) temp<=0;
        else temp<=temp+1;
    temp_1<=(200*temp+128)/256;        //加 128 的作用是四舍五入
    temp_2<=temp_1;
    if((temp_1>temp_2)|(temp_2==200)) clk_100Hz=~clk_100Hz;
  end
endmodule
```

本例的仿真波形如图 7-28 所示。

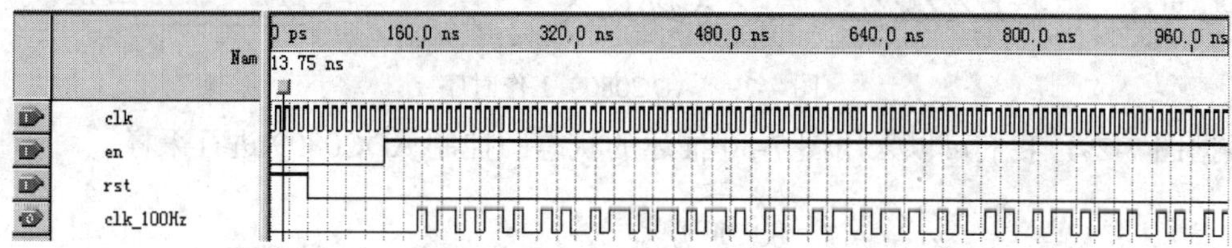

图 7-28　256 Hz 转换为 100 Hz 的仿真波形

(4) 试设计一万进制计数器。

提示：对于任意计数器，可以采用小位数计数器级联进行设计，这是计数器的设计技巧之一。比如，对于一万进制计数器，可以采用两个一百进制计数器的级联，也可以采用四个十进制计数器的级联。从设计所占的面积和速度而言，采用 4 个十进制计数器级联的效果更好。

7.6　用 Verilog HDL 状态机实现 A/D 采样控制电路

1. 设计要求

(1) 理解并掌握 ADC0809 芯片的工作时序要求。

(2) 采用状态机来设计 A/D 转换器 ADC0809 的采样控制电路。

2. 设计说明

ADC0809 是 CMOS 的 8 位 A/D 转换器，片内有 8 路模拟开关，可控制 8 个模拟量中的一个进入转换器。转换时间约为 100 μs，ADC0809 含锁存控制的 8 路开关，输出由三态缓冲器控制，单 5 V 电源供电。

主要控制信号如图 7-29 所示。START 是转换启动信号，高电平有效。ALE 是 3 位通道选择地址信号(ADDC、ADDB、ADDA)的锁存信号。当模拟量送至某一输入端(如 IN1 或 IN2 等)时，由 3 位地址信号选择，而地址信号由 ALE 锁存。EOC 是转换状态信号，转换开始后 EOC 为低电平，当启动转换约 100 μs 后，EOC 由负变正，以示转换结束。在 EOC 的上升沿后，若使输出使能信号 OE 为高电平，则控制打开三态缓冲器，把转换好的 8 位数据结果输至数据总线，至此 ADC0809 的一次转换结束。

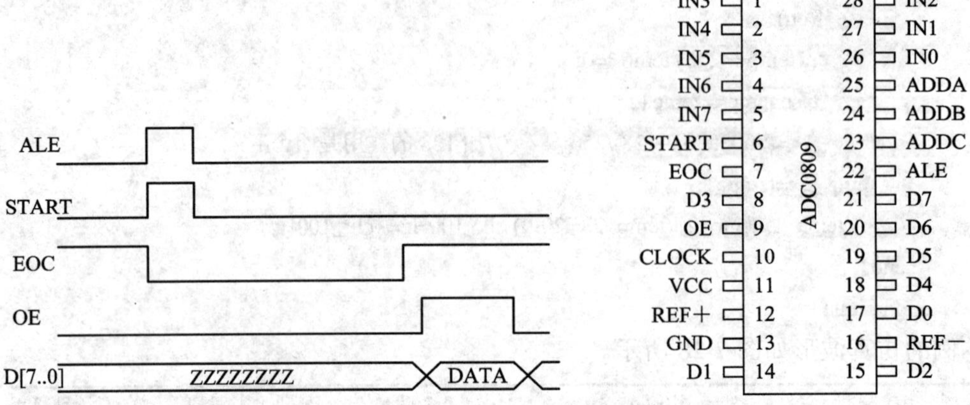

图 7-29　ADC0809 工作时序

根据图 7-29，我们可以采用图 7-30 描述的状态图控制 ADC0809 进行采样。

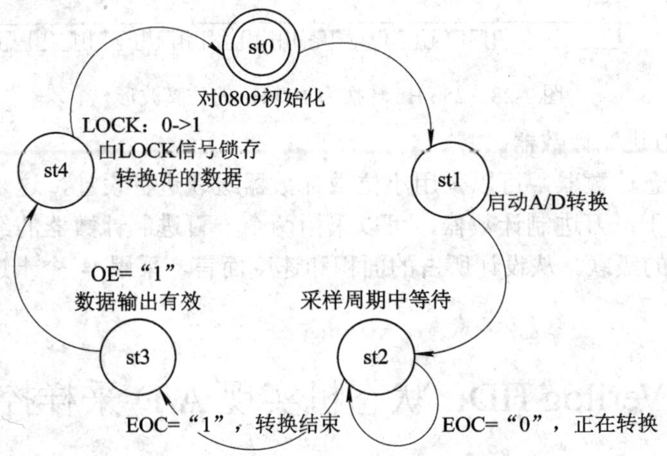

图 7-30　控制 ADC0809 采样的状态图

3. 设计模块(包含模块划分)

本设计仅涉及一个状态机，采用一个模块即可。采样控制模块端口框图如图 7-31 所示，端口信号与图 7-29 中的信号是一致的。

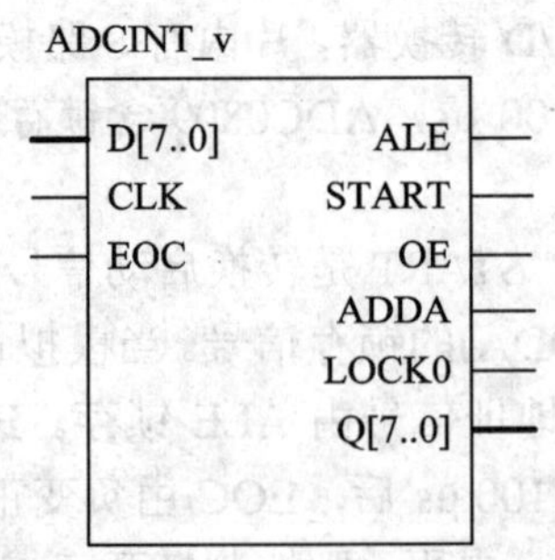

图 7-31　采样控制模块端口框图

其内部结构如图 7-32 所示。

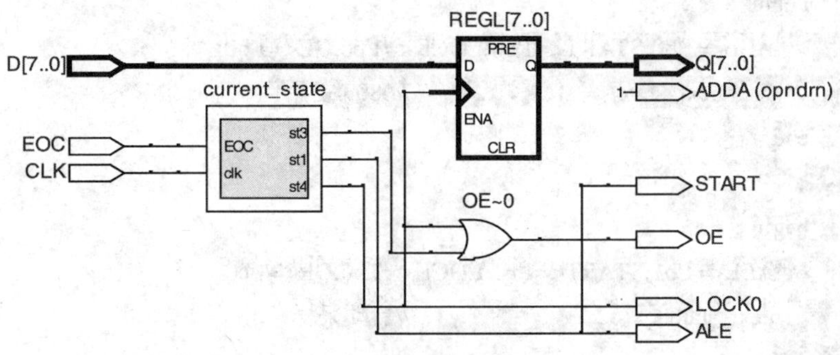

图 7-32 采样控制模块的内部结构

4. 代码分析

根据图 7-30，可以得出由 Verilog HDL 描述的采样控制状态机，如例 7-16 所示。

【例 7-16】 Verilog HDL 状态机的 A/D 采样控制电路实现。

```
module ADCINT_v(D,CLK,EOC,ALE,START,OE,ADDA,LOCK0,Q);
input[7:0] D;            //来自 0809 转换好的 8 位数据
input CLK;               //状态机工作时钟
input EOC;               //转换状态指示，低电平表示正在转换
output reg ALE;          //8 个模拟信号通道地址锁存信号
output reg START;        //转换开始信号
output reg OE;           //数据输出三态控制信号
output ADDA;             //信号通道最低位控制信号
output LOCK0;            //观察数据锁存时钟
output[7:0] Q;           //8 位数据输出
parameter st0=3'b000, //定义各状态子类型
          st1=3'b001,
      st2=3'b010,
      st3=3'b011,
      st4=3'b100;
reg[2:0] current_state, next_state;
reg[7:0] REGL;
reg LOCK;                //转换后数据输出锁存时钟信号
assign ADDA=1'b1;   //当 ADDA<=1'b0 时，模拟信号进入通道 IN0；当 ADDA<=1'b1 时，模拟信
                    //号进入通道 IN1
assign Q = REGL, LOCK0 = LOCK ;
always @(current_state,EOC)  //规定各状态转换方式
  begin:COM
  case(current_state)
```

```
        st0:
          begin
            ALE<=1'b0;START<=1'b0;LOCK<=1'b0;OE<=1'b0;
                next_state <= st1;          //0809 初始化
          end
        st1:
          begin
            ALE<=1'b1;START<=1'b1;LOCK<=1'b0;OE<=1'b0;
            next_state <= st2;              //启动采样
          end
        st2:
          begin
            ALE<=1'b0;START<=1'b0;LOCK<=1'b0;OE<=1'b0;
            if(EOC==1) next_state <= st3;   //EOC=1 表明转换结束
            else next_state <= st2;         //转换未结束，继续等待
          end
        st3:
          begin
            ALE<=1'b0;START<=1'b0;LOCK<=1'b0;OE<=1'b1;
                next_state <= st4;          //开启 OE，输出转换好的数据
          end
        st4:
          begin
            ALE<=1'b0;START<=1'b0;LOCK<=1'b1;OE<=1'b1;
            next_state <= st0;
          end
        default:
          next_state <= st0;
      endcase
    end
always @(posedge CLK)
  begin:REG
  current_state<=next_state;
  end     //由信号 current_state 将当前状态值带出此进程:REG
always @(posedge LOCK)
  begin:LATCH1
  REGL <= D;
  end     //此进程中，在 LOCK 的上升沿，将转换好的数据锁入
endmodule
```

5. 仿真分析

请读者自行仿真。需要说明的是，设置采样控制的输入信号时，其工作时序要按照图 7-29 的要求给出，这样才能得到正确结果。

6. 引脚锁定下载硬件验证

用硬件验证例 7-16 电路对 ADC0809 的控制功能。

测试步骤：建议选择电路模式 No.5，ADC0809 的转换时钟 CLK 已经事先接有 750 kHz 的频率，引脚锁定为：START 接 PIO34，OE(ENABLE)接 PIO35，EOC 接 PIO8，ALE 接 PIO33，状态机时钟 CLK 接 clock0，ADDA 接 PIO32(ADDB 和 ADDC 都接 GND)，ADC0809 的 8 位输出数据线接 PIO23～PIO16，锁存输出 Q 显示于数码管 8/数码管 7(PIO47～PIO40)。

实验操作：将 GW48 EDA 系统左下角的拨码开关的 4、6、7 向下拨，其余向上，即使 0809 工作使能，并且使 FPGA 能接受来自 0809 转换结束的信号。下载 ADC0809 中的 ADCINT.sof 到实验板的 FPGA 中；clock0 的短路帽可选 12 MHz、6 MHz、65 536 Hz 等频率；按动一次右侧的复位键；用螺丝刀旋转 GW48 系统左下角的精密电位器，以便为 ADC0809 提供变化的待测模拟信号(注意，这时必须在例 7-16 中赋值：ADDA=1'b1，这样就能通过实验系统左下的 AIN1 输入端与电位器相接，并将信号输入 0809 的 IN1 端)。这时数码管 8 和 7 将显示 ADC0809 采样的数字值(十六进制)，数据来自 FPGA 的输出。数码管 2 和 1 也将显示同样的数据，此数据直接来自 0809 的数据口。实验结束后注意将拨码开关拨向默认状态，即仅“4”向下，其余向上。

注意：可变电阻顺时针旋转可使采样值变小，逆时针旋转可使采样值变大。

引脚锁定如图 7-33 所示。

	Node Name	Direction	Location
1	Q[7]	Output	PIN_106
2	Q[6]	Output	PIN_105
3	Q[5]	Output	PIN_103
4	Q[4]	Output	PIN_99
5	Q[3]	Output	PIN_98
6	Q[2]	Output	PIN_97
7	Q[1]	Output	PIN_96
8	CLK	Input	PIN_93
9	Q[0]	Output	PIN_85
10	OE	Output	PIN_76
11	START	Output	PIN_75
12	ALE	Output	PIN_74
13	ADDA	Output	PIN_73
14	D[7]	Input	PIN_50
15	D[6]	Input	PIN_49
16	D[5]	Input	PIN_48
17	D[4]	Input	PIN_47
18	D[3]	Input	PIN_42
19	D[2]	Input	PIN_41
20	D[1]	Input	PIN_40
21	D[0]	Input	PIN_39
22	EOC	Input	PIN_11

图 7-33　引脚锁定

7. 扩展部分

(1) 在本实验的基础上增加存储器，用于存储 A/D 转换后的数据，设计一个简易存储示波器。

(2) 若不采用集成电路芯片 ADC0809，可否采用比较器和 D/A 器件实现 A/D 转换功能。请查阅相关资料，并给出电路设计。

7.7　交通控制器的设计

1. 设计要求

实现一个常见的十字路口交通灯控制功能。一个十字路口的交通灯一般分为两个方向，每个方向具有红灯、绿灯和黄灯 3 种。具体要求如下：

(1) 十字路口包含 A、B 两个方向的车道。A 方向放行 1 分钟(绿 55 s，黄 5 s)，同时 B 方向禁行(红 60 s)；然后 A 方向禁行 1 分钟(红 60 s)，同时 B 方向放行(绿灯 55 s，黄灯 5 s)。依此类推，循环往复。

(2) 实现正常的倒计时功能，用 2 组数码管作为 A 和 B 两个方向的倒计时显示。

(3) 当遇特殊情况时，可通过按 hold 键来实现特殊的功能。使 A、B 方向的红灯亮并且警告灯不停闪烁；计数器停止计数并保持在原来的状态；特殊情况处理完毕后可通过按 hold 键使交通灯正常运行，并正常计数。

(4) 系统已有时钟为 64 Hz。

2. 设计说明

本设计的重点在于：

(1) 分频器设计，根据已有时钟频率获得需要的时钟频率。

(2) 交通控制器设计，根据计时时间来控制交通灯与数码管。

3. 设计模块(包含模块划分)

本设计可划分为三个模块：一是分频器模块；二是交通灯控制器模块；三是显示译码模块。图 7-34 为整体设计框图，图中未包含显示译码模块，仅显示了前两个模块。

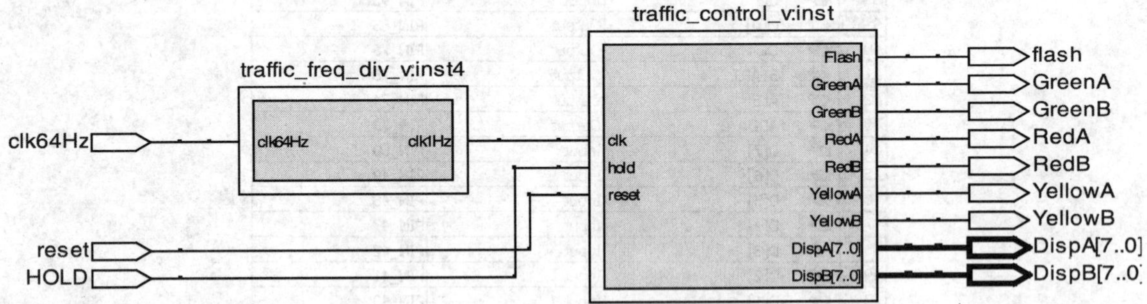

图 7-34　交通控制器模块框图

图 7-34 中：

Clk64Hz：64 Hz 系统时钟；

reset：系统复位信号；

HOLD：人工按钮，用于特殊状态，此时两组路灯都显示红灯并且闪烁；

RedA、GreenA、YellowA、RedB、GreenB、YellowB：分别为 A、B 车道的红、绿、黄灯信号；

DispA：用于 A 方向灯的时间显示，8 位，可驱动两个数码管；

DispB：用于 B 方向灯的时间显示，8 位，可驱动两个数码管。

对图 7-34 中两个模块的说明：

(1) 分频器模块。分频器模块的作用是将现实可用的时钟分频至 1 Hz，以供交通控制器模块使用。本例中可用的输入时钟频率为 64 Hz。

(2) 交通灯控制器模块。交通灯控制器模块是本设计的核心，它使交通灯按既定要求变化。

4. 代码分析

【例 7-17】 分频器模块。

```
module traffic_cnt64_v(clk64Hz,clk1Hz);
input clk64Hz;
output clk1Hz;
reg[5:0] count;
always @(posedge clk64Hz)
  count=count+1;
assign clk1Hz=count[5];
endmodule
```

【例 7-18】 交通灯控制器模块。

```
module
traffic_control_v(clk,reset,hold,RedA,GreenA,YellowA,RedB,GreenB,YellowB,Flash,DispA,DispB);
input clk,reset,hold;                //本 clk 频率为 1 Hz
output reg RedA,GreenA,YellowA,RedB,GreenB,YellowB,Flash;
output[7:0] DispA,DispB;
reg[5:0] NumA,NumB;                  //中间变量用于计数
integer count;
assign   DispA[7:4]=NumA/10,   //用于向数码管送显示数据, A 方向十位
         DispA[3:0]=NumA%10;  //用于向数码管送显示数据, A 方向个位
assign   DispB[7:4]=NumB/10,   //用于向数码管送显示数据, B 方向十位
         DispB[3:0]=NumB%10;  //用于向数码管送显示数据, B 方向个位
always @(posedge reset,posedge clk)
    begin
     if(reset) count=0;              //复位信号, 将计数器清零
     else if(hold) Flash= ~Flash;
           else
                begin
```

```
                    Flash=0;
                    if(count==119)   count=0;
                    else count=count+1;
                end
    end
always @(posedge clk)
    begin
    if(hold)                         //hold 信号有效期间，交通灯闪烁
        begin
            RedA<=1'b1;GreenA<=1'b0;YellowA<=1'b0;
            RedB<=1'b1;GreenB<=1'b0;YellowB<=1'b0;
        end
    else     //hold 无效期间，系统行为，交通灯按既定方式循环运行
        if(count<55)                 //前 55s，A 灯为绿，B 灯为红
            begin
                NumA<=55-count;
                NumB<=60-count;
                RedA<=1'b0;GreenA<=1'b1;YellowA<=1'b0;
                RedB<=1'b1;GreenB<=1'b0;YellowB<=1'b0;
            end
        else if(count<60)            //55~60 s，A 灯为黄，B 灯为红
            begin
                NumA<=60-count;
                NumB<=60-count;
                RedA<=1'b0;GreenA<=1'b0;YellowA<=1'b1;
                RedB<=1'b1;GreenB<=1'b0;YellowB<=1'b0;
            end
        else if(count<115)           //60~115 s，A 灯为红，B 灯为绿
            begin
                NumA<=120-count;
                NumB<=115-count;
                RedA<=1'b1;GreenA<=1'b0;YellowA<=1'b0;
                RedB<=1'b0;GreenB<=1'b1;YellowB<=1'b0;
            end
        else if(count<120)           //115~120 s，A 灯为红，B 灯为黄
            begin
                NumA<=120-count;
                NumB<=120-count;
                RedA<=1'b1;GreenA<=1'b0;YellowA<=1'b0;
```

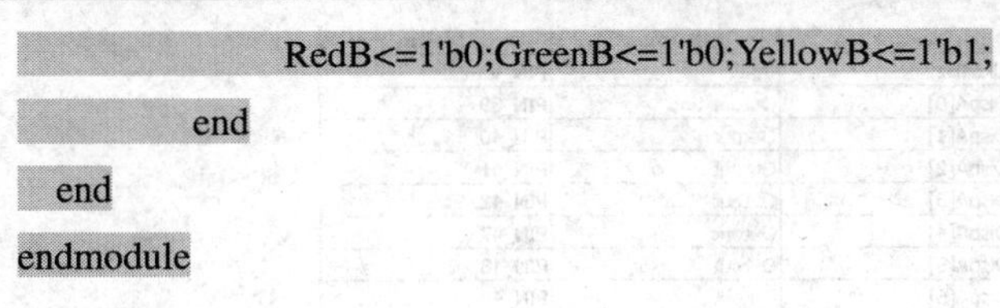

```
            RedB<=1'b0;GreenB<=1'b0;YellowB<=1'b1;
        end
  end
endmodule
```

5. 仿真分析

仿真波形参见图 7-35 和图 7-36。其中图 7-36 是图 7-35 放大后截取的一部分。在仿真验证过程中，缩小或放大仿真波形以观察结果正确与否，是常用的技巧之一，希望读者掌握。

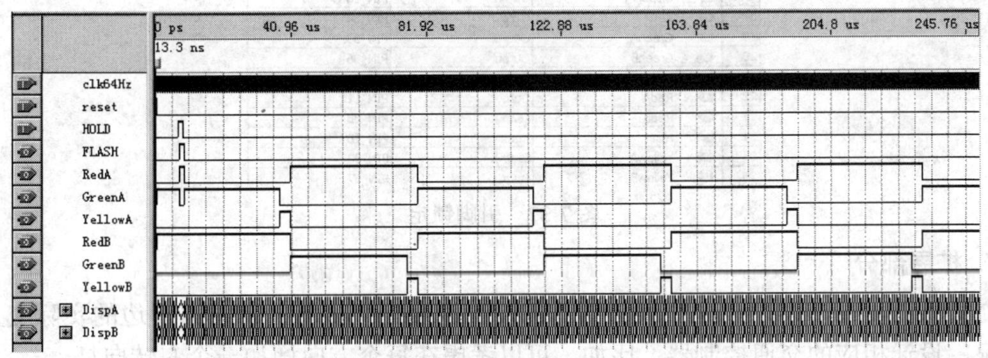

图 7-35　仿真波形

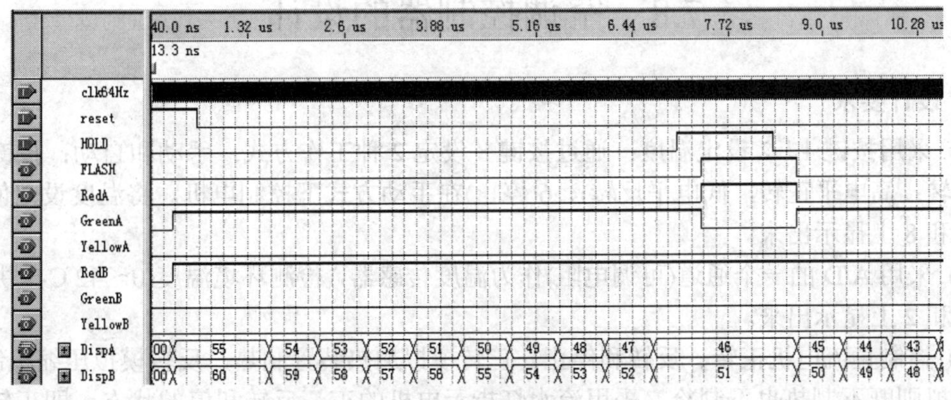

图 7-36　仿真细节(部分仿真图)

从仿真波形可以看出，该设计实现了既定的设计要求。

6. 引脚锁定下载硬件验证

将设计下载到实验开发系统中，观察实际运行情况。

选择实验电路 5。CLK 连接 clk0，选择 64 Hz 频率。灯 1、2、3 指示 A 方向的红、黄、绿灯；灯 8、7、6 指示 B 方向的红、黄、绿灯。数码管 1、2 显示 A 方向的时间；数码管 7、8 显示 B 方向的时间。灯 4 用于闪烁。键 1 用于 HODL，此时灯 4 闪烁；键 8 用于系统复位。

具体引脚连接如图 7-37 所示。

	Node Name	Direction	Location
1	clk64Hz	Input	PIN_93
2	DispA[0]	Output	PIN_39
3	DispA[1]	Output	PIN_40
4	DispA[2]	Output	PIN_41
5	DispA[3]	Output	PIN_42
6	DispA[4]	Output	PIN_47
7	DispA[5]	Output	PIN_48
8	DispA[6]	Output	PIN_49
9	DispA[7]	Output	PIN_50
10	DispB[0]	Output	PIN_85
11	DispB[1]	Output	PIN_96
12	DispB[2]	Output	PIN_97
13	DispB[3]	Output	PIN_98
14	DispB[4]	Output	PIN_99
15	DispB[5]	Output	PIN_103
16	DispB[6]	Output	PIN_105
17	DispB[7]	Output	PIN_106
18	flash	Output	PIN_34
19	GreenA	Output	PIN_33
20	GreenB	Output	PIN_36
21	HOLD	Input	PIN_1
22	RedA	Output	PIN_11
23	RedB	Output	PIN_38
24	reset	Input	PIN_10
25	YellowA	Output	PIN_32
26	YellowB	Output	PIN_37

图 7-37　引脚锁定

7. 扩展部分

交叉路口复杂多样，因此交通控制器的设计也会变化多端。请根据周边的实际交叉路口情况，设计相应的交通控制器。比如，可以考虑在每个方向增加一个左转向灯。

7.8　空调控制器的设计

1. 设计要求

(1) 采用按键 1、2 设定温度；通过按键 8 设定 2 种工作方式：手动和自动；按键 7(控制正反转：高电平正转，低电平反转)、6(停止)在手动方式下控制电机。将温度设定值在数码管 7 和 8 上显示出来。

(2) 采用 A/D 的一个通道(可调电阻)作为温度传感器，检测环境温度(0～42℃)。并在数码管 1 和 2 上显示出来。

(3) 控制直流电机正转、反转和停止。正转模拟加热装置制热，反转模拟压缩机制冷；停止模拟则既不制热也不制冷。采用流水灯指示电机的正、反转和停的状态，即正转时流水灯运动方向从左向右；反转时流水灯运动方向从右向左；停止时流水灯熄灭。

(4) 控制温度精度为±1℃。即当控制器设定在自动(AUTO)模式下，当环境温度低于设定温度 1℃时，电机正转——制热；当环境温度高于设定温度 1℃时，电机反转——制冷；当环境温度在设定温度±1℃范围之内时，电机停转。

2. 设计说明

空调机的工作过程如下：

接通电源后，用户通过按键设定温度(默认为 25℃)并指定工作模式(手动/自动)，空调机开始运行。

当环境温度高于设定温度，且超过允许误差范围时，压缩机开始运行，环境温度随压缩机运行而下降。当环境温度降到设定温度附近，且进入允许误差范围之内时，压缩机停止运行。

当环境温度低于设定温度，且超过允许误差范围时，加热装置开始运行，环境温度随加热装置运行而上升。当环境温度达到设定温度附近，且进入允许误差范围之内时，加热装置停止运行。

压缩机或加热器周而复始地运行，保证环境温度控制在设定的温度范围之内。

3. 设计模块(包含模块划分)

本例要用到 A/D 采样模块，用以模拟环境温度；要用到跑马灯程序，用以模拟电机运转。空调控制模拟系统的整体框图如图 7-38 所示。

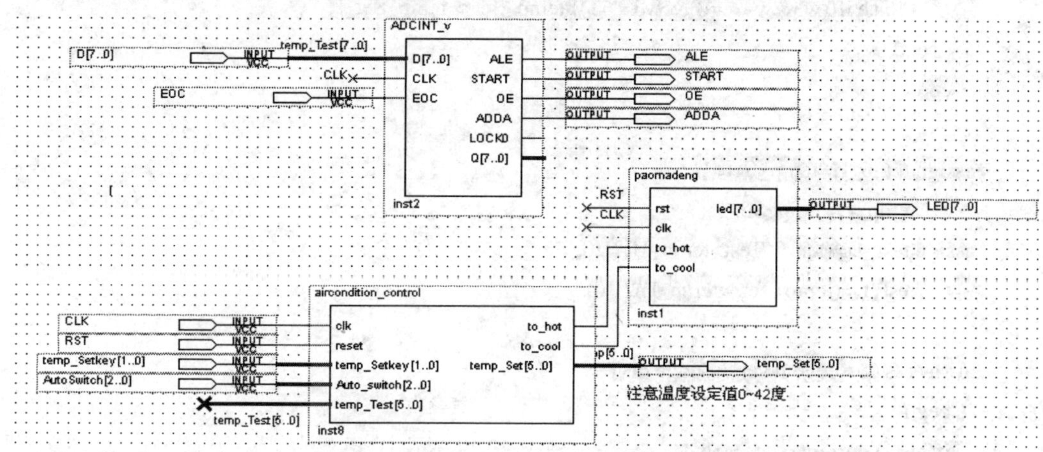

图 7-38　空调控制模拟系统的整体框图

4. 代码分析

下面的代码为空调控制器 aircondition_control 模块的代码。

【例 7-19】 空调控制器模块。

```
module
aircondition_control(clk,reset,temp_Setkey,Auto_switch,temp_Test,to_hot,to_cool,temp_Set);
input clk,reset;              //键 1 为复位键
input[1:0] temp_Setkey;   //键 2 增 1 设置温度，键 3 降 1 设置温度
input[2:0] Auto_switch;    //包含 3 个键，键 8 用于设置自动/手动(高电平手动)，手动时键 7 正/反转
                           //(高电平正转，低电平反转)，键 6 停转
input[5:0] temp_Test;
output reg to_hot,to_cool;
output reg[5:0] temp_Set;      //环境温度为 0～42℃，所以此处选择 6 位来表示温度
parameter s0=2'b00,s1=2'b01,s2=2'b10;      //定义环境温度状态：s1 为高，s2 为低，s0 为适中
reg[1:0] current_state,next_state;
wire[5:0] temp_H,temp_L;
wire test_H,test_L;
reg w1,w2,w3,w4;
always @(posedge clk,posedge reset)
  begin
```

```
      if(reset) temp_Set<=25;
   else
      begin
         w1<=temp_Setkey[0];
         w2<=w1;
         w3<=temp_Setkey[1];
         w4<=w3;
         if((w1&w2= =0)&(w1= =1)) temp_Set<=temp_Set-1;
         else if((w3&w4= =0)&(w3= =1)) temp_Set<=temp_Set-1;
      end
   end

assign temp_H=temp_Set+1,
      temp_L=temp_Set-1;
assign test_H=(temp_Test>temp_H)?1:0,
      test_L=(temp_Test<temp_L)?1:0;

always @(posedge reset,posedge clk)
   begin
   if(reset) current_state=s0;
   else current_state=next_state;
   end
always @(Auto_switch,current_state,test_H,test_L)
   begin
   if(Auto_switch[2]==1)
   begin
      if(Auto_switch[0]==1)      //停转优先级最高
         begin
            to_hot<=0;
            to_cool<=0;
         end
      else if(Auto_switch[1]= =1)   //正转
               begin
                  to_hot<=1;
                  to_cool<=0;
               end
            else                        //反转
               begin
                  to_hot<=1;
                  to_cool<=0;
```

```
                end
    end
else
    begin
        case(current_state)
            s0:
                begin
                    to_hot<=0;
                    to_cool<=0;
                    if(test_H= =1 & test_L= =0)
                        next_state<=s1;
                    else if(test_H= =0 & test_L= =1)
                        next_state<=s2;
                    else next_state<=s0;
                end
            s1:
                begin
                    to_hot<=0;
                    to_cool<=1;
                    if(test_H= =0 & test_L= =0)
                        next_state<=s0;
                    else if(test_H= =0 & test_L= =1)
                        next_state<=s2;
                    else next_state<=s1;
                end
            s2:
                begin
                    to_hot<=1;
                    to_cool<=0;
                    if(test_H= =0 & test_L= =0)
                        next_state<=s0;
                    else if(test_H= =1 & test_L= =0)
                        next_state<=s1;
                    else next_state<=s2;
                end
            default: next_state<=s0;
        endcase
    end
end
endmodule
```

5. 仿真分析

仿真波形如图 7-39 所示，读者可以结合题目要求理解仿真波形。

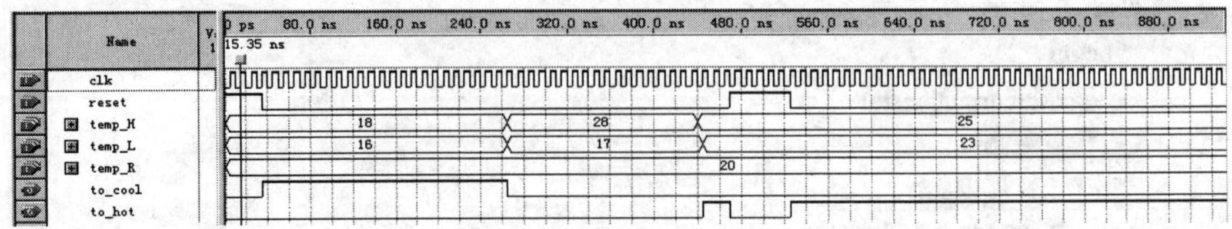

图 7-39　空调控制器的仿真波形

6. 引脚锁定下载硬件验证

将设计下载到实验开发系统中，观察实际运行情况。

选择电路模式 5。引脚锁定如图 7-40 所示。

	Node Name	Direction	Location
1	temp_Set[5]	Output	PIN_103
2	temp_Set[4]	Output	PIN_99
3	temp_Set[3]	Output	PIN_98
4	temp_Set[2]	Output	PIN_97
5	temp_Set[1]	Output	PIN_96
6	CLK	Input	PIN_93
7	temp_Set[0]	Output	PIN_85
8	OE	Output	PIN_76
9	START	Output	PIN_75
10	ALE	Output	PIN_74
11	ADDA	Output	PIN_73
12	D[5]	Input	PIN_48
13	D[4]	Input	PIN_47
14	D[3]	Input	PIN_42
15	D[2]	Input	PIN_41
16	D[1]	Input	PIN_40
17	D[0]	Input	PIN_39
18	LED[7]	Output	PIN_38
19	LED[6]	Output	PIN_37
20	LED[5]	Output	PIN_36
21	LED[4]	Output	PIN_35
22	LED[3]	Output	PIN_34
23	LED[2]	Output	PIN_33
24	LED[1]	Output	PIN_32
25	EOC	Input	PIN_11
26	AutoSwitch[2]	Input	PIN_10
27	AutoSwitch[1]	Input	PIN_7
28	AutoSwitch[0]	Input	PIN_6
29	temp_Setkey[1]	Input	PIN_3
30	temp_Setkey[0]	Input	PIN_2
31	RST	Input	PIN_1

图 7-40　引脚锁定

设置温度 temp_Set 由数码管 1、2 显示；环境温度由数码管 7、8 显示；键 1 为复位键；键 2 为温度增加设置键，每个上升沿时增加一度；键 3 为温度减 1 设置键；键 8 为手动/自动设置键(高电平为手动)；键 7 为手动模式下正/转反转键(高电平正转)；键 6 为停转，比键 7 的优先级高，高电平停转，低电平时视键 7 的状态正转或反转；键 7 和键 6 在键 8 为高电平时有效。关于获取和改变模拟环境温度信号的操作，可参见本章 7.6 节。

CLK 接 clk0，此处选择 12 MHz。

7. 扩展部分

考虑为空调控制器增加风扇转速显示和控制功能。在空调控制系统中，风扇转速决定了温度变化的快慢，是空调控制器中一个比较重要的控制变量。

7.9　饮料自动售卖机的设计

1. 设计要求

(1) 自动售饮料机。假定该自动售饮料机仅提供一种饮料，每盒售价为 1.5 元，该机器上有按键，按下后表示购买该饮料。

(2) 投币器只能接受 1 元硬币和 5 角硬币。

(3) 具有找零功能，即只找零 5 角。

(4) 有两个输出口，一个输出饮料，另一个输出找零。在输出饮料和找零时，使用两个指示灯，分别用于提示用户取走饮料和找零。

(5) 在界面上显著位置显示投币总额和找零值。

2. 设计说明

本例使用状态机完成设计。根据题意，可得如图 7-41 所示状态图。

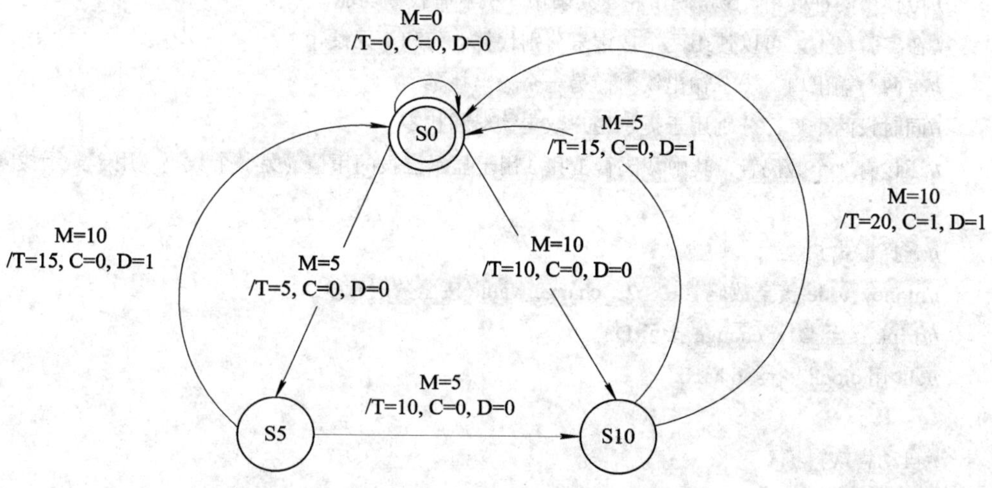

图 7-41　状态图

状态图中，S0 表示未投币状态或者饮料取出后的状态；S5 表示已投币 5 角的状态；S10 表示已投币 1 元的状态。在状态图中连线上的数字，斜线上为输入，斜线下为输出。其中 M 表示投币值，为 0 表示未投币，为 5 表示投币 5 角，为 10 表示投币 1 元；T 表示已投币的总和；C 用于指示是否有零钱找回，为 1 表示有零钱找回；D 用于指示是否有饮料需要取走，为 1 表示有饮料要取走。

3. 设计模块(包含模块划分)

本设计由一个模块完成，其端口框图如图 7-42 所示。

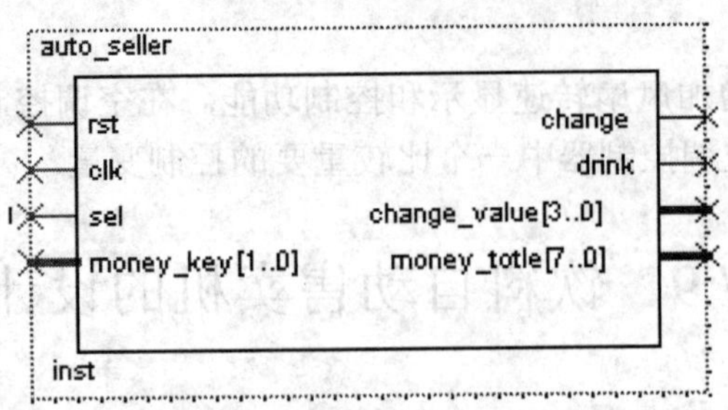

图 7-42　饮料自动售卖机模块端口框图

在图 7-42 中，clk 为时钟输入；rst 为系统复位信号；sel 为用户选择购买按钮，高电平表示用户选择了购买 1.5 元饮料的按钮；money_key[1:0]表示投入的硬币币值，money_key[0]表示 5 角硬币，money_key[1]表示 1 元硬币，每个按键用上升沿表示投入了相应的币值；drink 表示有饮料，是取饮料的提示信息；money_totle 表示已投币值；change 为取找零信息；change_value 为找零值。

4. 代码分析

【例 7-20】 自动售饮料机。

```
//实验箱上用一个按键来控制是否选择购买了 1.5 元饮料
//可使用两种硬币，5 角硬币和 1 元硬币，机器有找零功能
//在实验箱上，可以使用两个按键来分别代替 5 角和 1 元硬币
//有两个输出口，一个输出饮料，另一个输出找零
//同时设两个灯，分别用于提示用户取走饮料和找零
//还设有 3 个数码管，其中数码管 1 和 2 用于显示已投的币值，另一个数码 3 用于显示找零币值

//选择模式 5:
//money_totle 接至数码管 1、2；change_value 接至数码管 3
//drink 接至 D1；change 接至 D3
//clk 用 clock0：选 6 MHz

//自动售饮料机
//clk：时钟输入
//rst：系统复位信号，异步复位，键 8
//sel：高电平表示用户选择了购买 1.5 元饮料的按钮
//money_key[1:0]：键 1 和 2 代表投入硬币的币值，money_key[0]表示 5 角硬币，money_key[1]
//表示 1 元硬币。每个按键用上升沿表示投入了相应的币值
//drink：取饮料提示信息
//money_totle：已投币值
//change：取找零信息
//change_value：找零值
module auto_seller(rst,clk,sel,money_key,change,drink,change_value,money_totle);
```

```
//声明输入/输出端口
input clk,rst,sel;
input[1:0] money_key;
output reg[7:0] money_totle;       //用于保存投币总额
output[3:0] change_value;
output reg drink;
output reg change;

reg[1:0] money;
reg m1,m2,m3,m4;      //用于判断按键的上升沿，确定投币数

assign change_value=change? 4'd5:0;
//声明有限状态机的内部状态
reg[2:0] current_state,next_state;
//状态编码
parameter s0=2'b01;
parameter s5=2'b11;
parameter s10=2'b10;

always @(posedge clk,posedge rst)
  begin
  if(rst)          current_state<=s0;    //rst 异步清零
  else      current_state<=next_state;
  end

always @(posedge clk)
  begin
  m1<=money_key[0];
  m2<=m1;
  m3<=money_key[1];
  m4<=m3;
  if((m1&m2==0)&(m1==1)) money[0]<=1'b1; else money[0]<=1'b0;
  if((m3&m4==0)&(m3==1)) money[1]<=1'b1; else money[1]<=1'b0;
  end

always @(current_state,money,rst,sel)
  begin
  if(rst)
    begin
```

```
          next_state<=s0;money_totle<=8'h00; drink<=0; change<=0;
          end
       else if(!sel)
    begin
         next_state<=s0;money_totle<=8'h00; drink<=0; change<=0;
          end
else
    begin
         case(current_state)
              s0:    //状态为 S0
              begin
                   if(money= =2'b10)
                       begin
                            money_totle<=8'h10;
                            drink<=0;change<=0;
                            next_state<=s10;
                       end
                   else if(money= =2'b01)
                       begin
                            money_totle<=8'h5;
                            drink<=0;change<=0;
                            next_state<=s5;
                       end
                   else
                       begin
                            money_totle<=8'h0;
                            drink<=0;change<=0;
                            next_state<=s0;
                       end
              end
              s5:    //状态为 S5
              begin
                   if(money= =2'b10)
                       begin
                            money_totle<=8'h15;
                            next_state<=s0;
                            drink<=1;change<=0;
                       end
                   else if(money= =2'b01)
```

```
                    begin
                        money_totle<=8'h10;
                        drink<=0;change<=0;
                        next_state<=s10;
                    end
                  else
                    begin
                        money_totle<=8'h5;
                        drink<=0;change<=0;
                        next_state<=s5;
                    end
             end
             s10:    //状态为 S10
             begin
                  if(money= =2'b10)
                    begin
                        money_totle<=8'h20;
                        drink<=1;change<=1;
                        next_state<=s0;
                    end
                  else if(money==2'b01)
                    begin
                        money_totle<=8'h15;
                        drink<=1;change<=0;
                        next_state<=s0;
                    end
                  else
                    begin
                        money_totle<=8'h10;
                        drink<=0;change<=0;
                        next_state<=s10;
                    end
             end
        endcase
    end
  end
endmodule
```

程序说明：

(1) money 可选择 2'b10 和 2'b01，分别代表 1 元和 5 角。

(2) drink 为 1，相应的指示灯亮，表示有饮料，是取饮料的提示信息；change 为 1，相应的指示灯亮，表示有找零，是取找零的提示停息。

5. 仿真分析

仿真结果如图 7-43 所示。

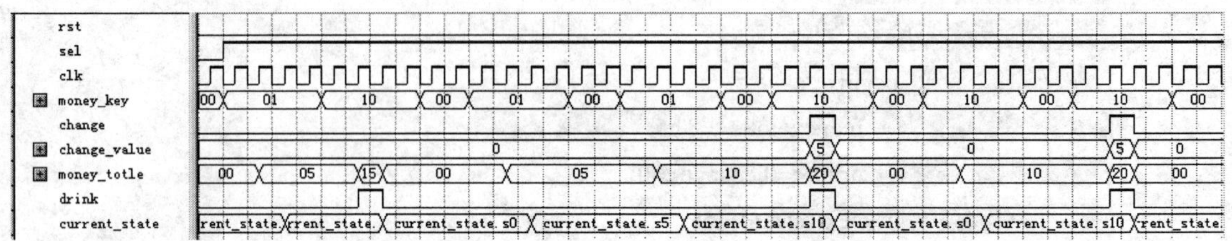

图 7-43　仿真结果

6. 引脚锁定下载硬件验证

将设计下载到实验开发系统中，观察实际运行情况。

选择模式 5。

money_totle 接至数码管 1 和 2; change_value 接至数码 3 管。

drink 接至 D1; change 接至 D3

clk 用 clock0，选 6 MHz。

键 8 用于复位，键 7 控制选择的是 1.5 元饮料(低电平)还是 2.5 元饮料(高电平)。

键 1 和键 2，分别代替 5 角和 1 元硬币，上升沿表示投币。

有两个输出口，一个输出饮料，另一个输出找零，本例仿真时不用。

引脚锁定如图 7-44 所示。

	Node Name	Direction	Location
1	money_key[0]	Input	PIN_1
2	money_key[1]	Input	PIN_2
3	sel	Input	PIN_7
4	rst	Input	PIN_10
5	drink	Output	PIN_11
6	change	Output	PIN_33
7	money_totle[0]	Output	PIN_39
8	money_totle[1]	Output	PIN_40
9	money_totle[2]	Output	PIN_41
10	money_totle[3]	Output	PIN_42
11	money_totle[4]	Output	PIN_47
12	money_totle[5]	Output	PIN_48
13	money_totle[6]	Output	PIN_49
14	money_totle[7]	Output	PIN_50
15	change_value[0]	Output	PIN_51
16	change_value[1]	Output	PIN_52
17	change_value[2]	Output	PIN_67
18	change_value[3]	Output	PIN_68
19	clk	Input	PIN_93

图 7-44　引脚锁定

7. 扩展部分

(1) 为本设计添加一个退出购买按钮：按动此钮，将已投钱币全额退出。

(2) 本设计每次购买饮料的数量为 1，同时提供饮料和找零功能。请在本设计的基础上增加一次可购买的饮料数量为 N 的功能。

(3) 本饮料自动售卖机仅提供一种饮料，请在本设计的基础上将可提供的饮料种类变为两种，每种饮料每盒售价分别为 1.5 元和 2.5 元，在相应的饮料下方有按键。

7.10 小　结

本章讨论了以下知识点：

❖ 本章重点介绍了跑马灯控制器、8 位数码扫描显示电路、数控分频器、乐曲硬件演奏电路、数字跑表和数字钟、Verilog HDL 状态机 A/D 采样控制电路、交通控制器、空调控制器、饮料自动售卖机等 9 个设计项目。读者通过对这些项目的学习与模仿，可以达到事半功倍的学习效果。

❖ 对于组合逻辑电路来说，重点和难点在于真值表的化简；对于时序逻辑电路来说，重点和难点在于有限状态机的设计。

❖ 本章介绍的这些设计，均可以作为一个子模块被其他模块调用，比如在空调控制器的设计中，引用了跑马灯控制器模块和 A/D 采样控制电路模块。这些设计的学习、理解和掌握为设计更复杂的电路打下了基础。

习　题　7

1. 设计一个电梯控制器，具体要求如下：

(1) 电梯有 N 层，N 可根据实际情况变化。

(2) 电梯复位后停在一楼。

(3) 电梯内部每层均有相应的 stop 按钮；电梯外部除顶层外每层都有 up 按钮，除底层外每层都有 down 按钮；up 按钮被按下表示该层有人要去高层，down 按钮被按下表示该层有人要去低层，stop 按钮被按下表示该层有人要出电梯。对于 stop、up、down 按钮，当被按下后，相应的指示灯亮，直到该请求被满足后，指示灯才灭。

(4) 电梯运行过程中，上升、下降、停止时相应的指示灯要亮，楼层随时显示。

上述要求是电梯控制器的基本设计要求。另外，为了仿真的需要，还增加了以下要求：

系统工作时钟不作要求，但要求电梯每 2 秒上升或下降一层。

2. 设计正弦信号发生器，具体要求如下：

(1) 正弦信号发生器的结构由 3 部分组成：数据计数器或地址发生器、数据 ROM 和 D/A，如图 7-45 所示，其中 data 送至 D/A 转换器。

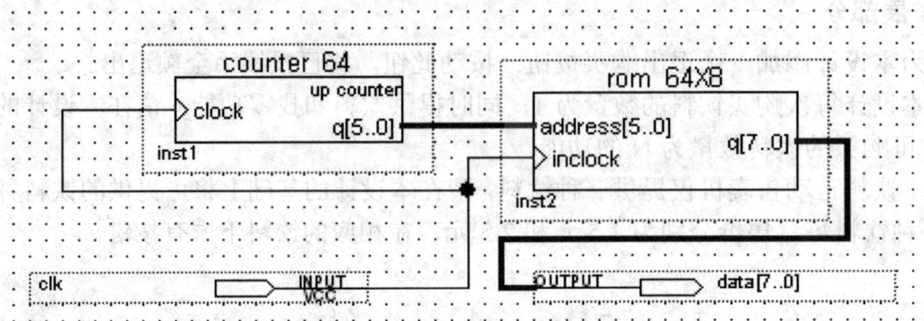

图 7-45　正弦信号发生器的结构

(2) 针对该正弦信号发生器设计一个激励模块，当每周期的正弦数据依次取为 16、32、64、128 时，使用 ModelSim 仿真观察输出的正弦信号。

(3) 在实验台上，进行引脚锁定并下载验证。当每周期的正弦数据依次取为 16、32、64、128 时，使用示波器观察 D/A 输出的正弦信号的效果。

3. 设计一个 3 位密码锁，具体要求如下：

(1) 密码锁开锁期间，用户可按 password 键，然后自行设置 3 位密码。若用户不自行设置，则密码默认为 666。

(2) 密码锁开锁时，用户输入的 3 位密码若与所设置密码相同，则开锁，否则密码锁保持关闭状态。开锁时，通过点亮某一个指示灯来指示这种状态。

(3) 密码锁在设置密码和开锁的过程中，均通过七段数码管显示输入的 3 位数字。

4. 设计一个出租车计费器，具体要求如下：

(1) 可设置车型。不同的车型，其车轮直径不同，车轮转一圈的里程数也不同。

(2) 可设置起步公里数和起步价。目前，国内每一个城市的起步里程和起步价不完全相同，因此起步里程数及起步价要求可设置。

(3) 可设置每百米费用。在超过起步里程后，出租车每走过一公里或一百米，车费均在起步价的基础上，按每百米费用乘以百米数累加。

(4) 能够根据行驶里程，实时得出出租车费用并通过数码管显示出来。

5. 设计 PS/2 接口和 RS232 接口，具体要求如下：

(1) 在 PS/2 键盘上按下按键，通过 FPGA 的处理，将按下按键的 ASCII 码显示在数码管上。

(2) 通过 RS232 接口自动将按键值传送到主机的串口调试终端上，并在数据接收区显示接收到的字符。

(3) 要求：串口收发波特率可调；含一个起始位，一个停止位，无校验位。

第 8 章　CPU 结构及其设计

处理器是计算机中的重要部分，也是嵌入式系统中必不可少的部分。随处理问题的不同，处理器有着不同的定制化程度，据此可将处理器分为三类：通用处理器、单用途处理器和专用处理器。这三类处理器在 NRE 费用、上市时间、功耗和性能等方面有着巨大的差异，这也是嵌入式系统设计者在三种处理器之间作出选择的依据。三类处理器之间的差异可参阅本书参考文献[1]。虽然三类处理器有着各自的特点，但在具体设计实现方面，这三类处理器则大同小异。

在现代电子设计中，采用 FPGA 来实现数字系统具有很高的性价比，设计参数和设计指标的调整也比较灵活，因此在电子设计中逐渐为大家所采用。同时，嵌入式系统日新月异，其中很重要的一个方面是广泛采用专用处理器，这主要是因为一方面专用处理器具有针对性，针对应用作了优化，功耗和性能有显著提高，另一方面也可以推出具有自主知识产权的产品，领先竞争对手。有鉴于此，本章尝试采用 FPGA 来实现并验证能够完成某特定功能的专用处理器，以此说明专用处理器的设计方法。

本章将详细介绍一个基于 Verilog 状态机控制的 10 位指令微处理器的设计流程，包括 CPU 的系统结构设计、基本组成部件设计、指令系统设计和 CPU 的 RTL 级仿真与实现，以及在 FPGA 上的调试运行。

8.1　专用处理器的顶层系统设计

本节主要介绍 8 位专用处理器的硬件系统构建、系统支持的指令系统的设计以及指令系统对应的硬件的设计。

1. 专用处理器的组成结构

专用处理器的结构框图如图 8-1 所示。从图中可以看出，专用处理器主要由控制器和数据路径两大部分构成。另外，为了配合专用处理器完成系统任务，还需要有程序存储器和数据存储器，前者用于存放程序指令的机器码，后者用于存放计算结果。

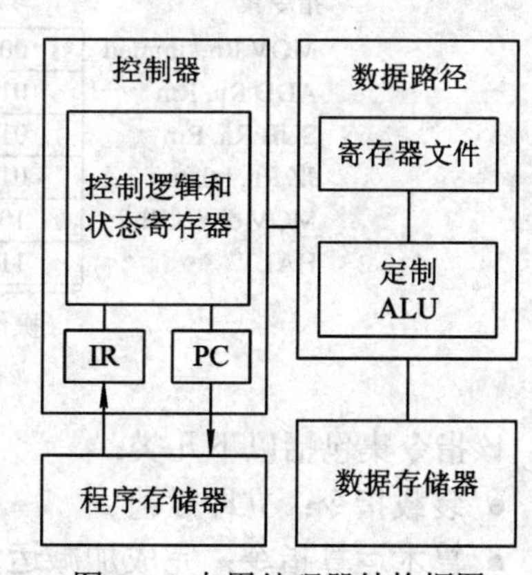

图 8-1　专用处理器结构框图

专用处理器是一个可编程处理器，针对某一特定类型的应用进行了优化。这些特定类型的应用具有共同的特点，例如嵌入式控制、数字信号处理等。典型的专用处理器有单片机、数字信号处理器等。在专用处理器的设计过程中，设计者可针对现实中的应用对通用处理器的数据路径进行优化，例如可以增加专门的功能单元执行常用运算以及删除不常用的其他功能单元。例如图 8-1 中，数据路径可针对特定的应用进行定制，寄存器可以增加，并且寄存器允许在一个指令内把一个寄存器内容与某一存储器位置相加，以减少寄存器数量，简化控制器。

系统采用自顶向下的方法进行设计。顶层设计由专用处理器和存储器通过双向总线相连而构成，其中程序存储器与专用处理器的控制器通过总线交互信息，数据路径通过总线与数据存储器交互信息。

与通用 CPU 的工作方式相同，专用处理器执行一条指令时也分多个步骤进行。首先程序寄存器 PC 初始值为 0，当一条指令执行完后，程序寄存器指向下一条指令的地址。如果是执行顺序指令，PC+1 就指向下一条指令地址；如果是分支转换指令，则直接跳到该分支地址。

2. 专用处理器的功能

设计要求：本专用处理器可通过编程来完成自然数求和的功能，并将计算结果存储于数据存储器 RAM 中。

例如完成：0+1+2+…+10=？。完成该功能的算法用 C 语言表示，如例 8-1。

【例 8-1】 C 语言描述的功能。

```
int total = 0;
for (int i=10; i!=0; i--)
    total += i;
    next instructions...
```

专用处理器的特点就是面向某一特定的应用领域，同时又像通用处理器一样是可编程的，因此专用处理器的体系结构可与通用处理器类似，但同时其各组成部分可比通用处理器简化一些。例如本例设计的专用处理器就是要完成自然数的求和功能，其功能部件只要能满足这一类应用即可，所以实现起来会比通用处理器考虑的内容少，设计内容也少。

3. 指令系统的设计

为了设计专用处理器，对可应用于该专用处理器的指令集作出约定是非常有必要的。针对累加功能，可以约定图 8-2 所示的一个简单的指令集。

指令集	4 bit（操作码）	2 bit（操作数）	4 bit（操作数）	操作
MOV Rn,#immed	0011	Rn	immediate	Rn=immediate
ADD Rn, Rm	0100	Rn	Rm	Rn=Rn＋Rm
SUB Rn, Rm	0101	Rn	Rm	Rn=Rn－Rm
JZ Rn, relative	0110	Rn	relative	PC=relative(仅当Rn=0时)
MOV direct,Rn	1000	Rn	Direct	Direct=Rn
HALT	1111			PC=HALT

图 8-2　简单指令集

该指令集包括以下几类：

- 装载指令：立即赋值。
- 算术运算指令：完成加减运算。
- 存储指令：将数据存储到数据存储器中。

● 分支指令：使处理器转到其他地址。

从图 8-2 中也可以看出，所有的指令都包含 4 位操作码和 6 位操作数，所有指令完成的功能在图 8-2 中的右边已进行了说明。

从该指令集我们可以看出该专用处理器的一些结构特点。比如，在寄存器文件中共有 4 个寄存器，立即数为 4 位二进制数，ROM 程序存储空间为 16 个地址，使用的 RAM 存储器有 16 个地址等。当然，可以根据专用处理器的功能要求修改指令集。在对图 8-2 的指令集作出约定后，我们就可以用汇编语言来描述算法。汇编语言代码如例 8-2。

【例 8-2】 汇编语言描述。

```
0           MOV R0,#0;      //total=0
1           MOV R1,#10;     //i=10
2           MOV R2,#1;      //常数 1
3           MOV R3,#0;      //常数 0
Loop:       JZ R1,NEXT;     //如果 i=0，则完成
5           ADD R0,R1;      //total+=i
6           SUB R1,R2;      //i--
7           JZ R3,Loop      //不为零则跳转
NEXT:       MOV 10H,R0      //将结果存放在 RAM 的地址 10H 处
HERE:       HALT            //停在这里
```

在此基础上可以方便地将求和算法转换为机器码并存放在程序存储器中，如例 8-3 所示。

【例 8-3】 机器码描述。

```
memory[0]=10'b0011_00_0000;    //MOV R0,#0;
memory[1]=10'b0011_01_1010;    //MOV R1,#10;
memory[2]=10'b0011_10_0001;    //MOV R2,#1;
memory[3]=10'b0011_11_0000;    //MOV R3,#0;
memory[4]=10'b0110_01_1000;    // JZ R1,NEXT;
memory[5]=10'b0100_00_0100;    //ADD R0,R1;
memory[6]=10'b0101_01_1000;    //SUB R1,R2;
memory[7]=10'b0110_11_0100;    //JZ R3,Loop
memory[8]=10'b1000_00_1010;    //MOV 10H,R0
memory[9]=10'b1111_00_1001;    //halt
for(i=10;i<(2**N);i=i+1)           //存储器其余地址存放 0
        memory[i] = 0;
```

显然，程序存储器的字长取为 10 bit 较为合适。目前市面上常见的存储器的字长为 8 位、16 位、32 位或 64 位。当然，也可以很方便地根据需要将每条指令的机器码扩展为 16 bit 或者其他常用字长。

另外，需要说明的是，由于本设计涉及的程序代码较少，因此程序存储器和数据存储器均设计得很小，但是在设计这两种存储器时，由于采用了参数化的设计理念，因此很容易拓展到大容量的存储器。感兴趣的读者可自行拓展。

8.2 专用处理器的设计实现

1. 顶层系统设计

在 Quartus Ⅱ软件中实现 8.1 节中的设计，整个专用处理器的设计结构框图如图 8-3 所示。整个处理器分为控制器和数据路径两部分，两个部分的工作时钟设计为同频不同相。同时，为了配合专用处理器的工作，系统中还包括程序存储器和数据存储器。

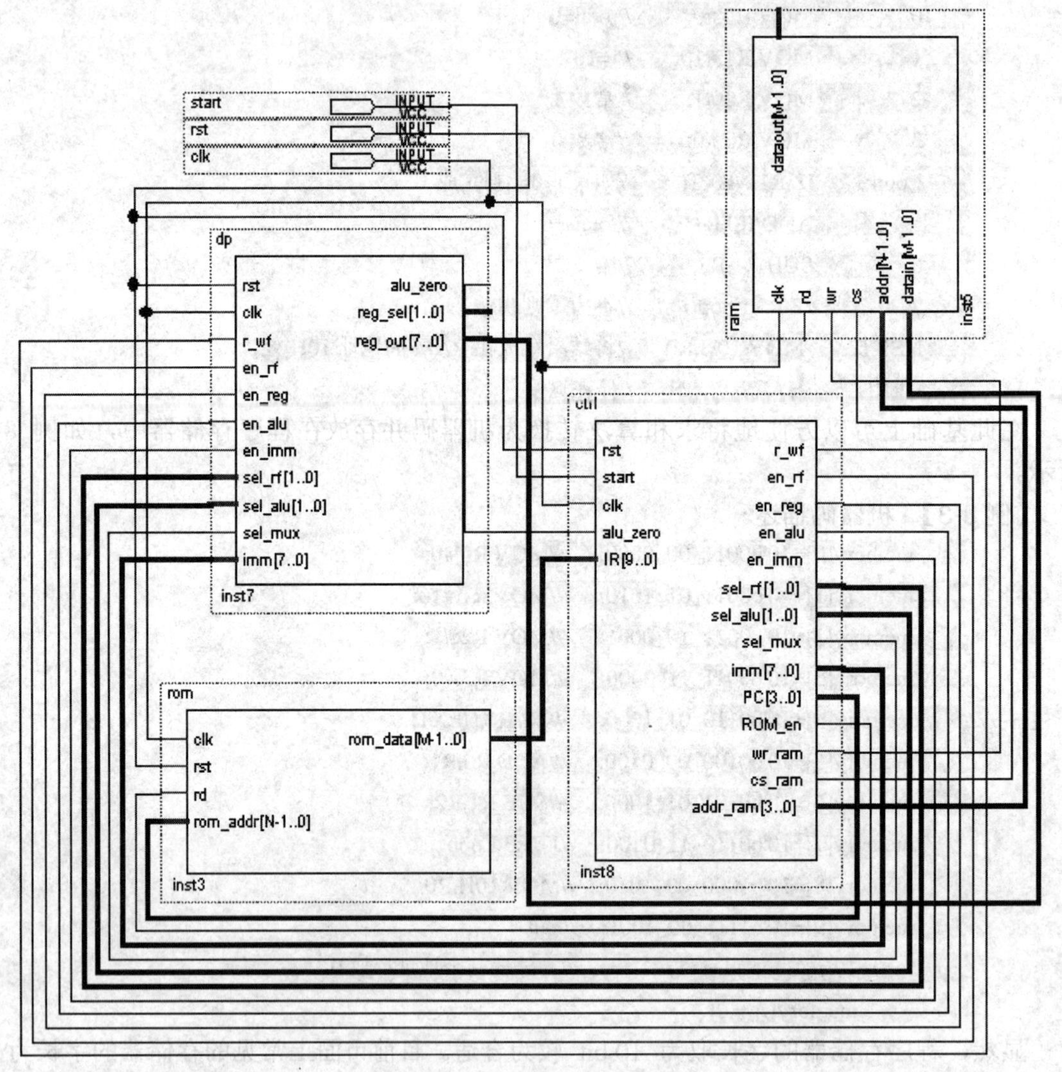

图 8-3 专用处理器实现框图

图 8-3 中的控制器是整个专用处理器的核心，它产生控制信号控制数据路径的行为；而控制器是通过状态机来产生控制信号的。因此控制器中状态机的设计无疑是最重要，也是最容易出错的地方。

在图 8-3 中，又可对数据路径部分进行细分，细分后的框图如图 8-4 所示。

由图 8-4 可以看出，数据路径部分包括二选一数据选择器、寄存器、寄存器文件、ALU 等部分。这些部分的时钟为同一个时钟。

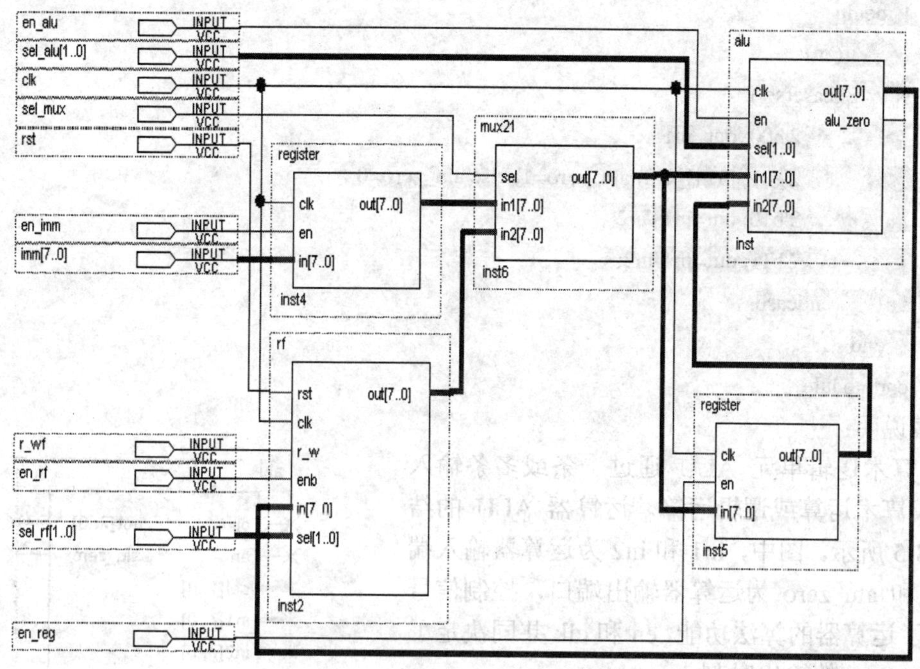

图 8-4 数据路径部分实现框图

上述设计具有很大的灵活性，可以根据不同的实际应用情况来修改参数。例如，对于寄存器文件中的寄存器数目，可以根据实际情况增减；对于 ALU 中进行的计算，也可以根据实际情况进行增减，等等。

2. 基本部件设计

本系统的目标主要是设计一个专用处理器，同时也要设计与之协同工作的程序存储器和数据存储器。因此，CPU 设计中包括三大部分：数据路径、控制器、存储器。对于数据路径，又包括一些基本部件：运算器、寄存器、通用寄存器文件、多路选择器等。对于存储器，又包括主要用于存放指令的程序存储器和主要用于存放中间运算结果的数据存储器。

下面分别对系统中的各个基本部件进行设计实现。

1) 数据路径部分

在数据路径中包含寄存器文件、ALU、寄存器、数据选择器等部分。下面对每个部件先给出代码，然后再进行分析说明。

【例 8-4】 ALU：数据逻辑单元。

```
module alu(clk,en,sel,in1,in2,out,alu_zero);
input en,clk;
input[1:0] sel;
input[7:0] in1,in2;
output reg[7:0] out;
```

```
output reg alu_zero;
always @(posedge clk)
  begin
     if(en)
        case(sel)
              2'b00: out=in1;
              2'b01: if(in1==0) alu_zero=1; else alu_zero=0;
              2'b10: out=in1+in2;
              2'b11: out=in1-in2;
        endcase
  end
endmodule
```

程序说明：

(1) 算术逻辑单元 ALU 通过一条或多条输入总线完成算术运算或逻辑运算。运算器 ALU 的结构如图 8-5 所示。图中，in1 和 in2 为运算器输入端口，out 和 alu_zero 为运算器输出端口，控制信号 sel 决定了运算器的算法功能，en 和 clk 共同决定了 out 和 alu_zero 的输出时刻。

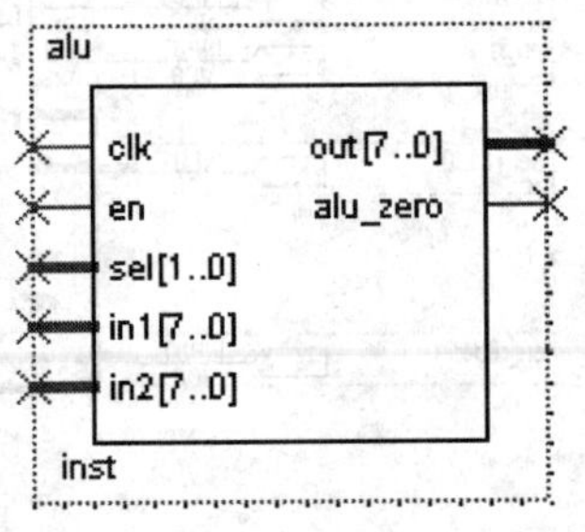

图 8-5　运算器 ALU 的结构图

(2) 算术逻辑单元的算法功能如表 8-1 所示。由表可知，ALU 可完成加、减等算术运算，还可完成逻辑运算。

表 8-1　运算器 ALU 的功能

sel	操　作	说　明
00	out=in1	直通
01	if(in1==0) alu_zero=1; else alu_zero=0;	判断 in1 是否为 0，若为 0 则输出 alu_zero 为 1，否则 alu_zero 为 0
10	out=in1+in2;	加法
11	out=in1−in2	减法

【例 8-5】 寄存器。

```
module register(clk,en,in,out);
input clk,en;
input[7:0] in;
output reg[7:0] out;
reg[7:0] val;
always @(posedge clk)
  val<=in;
always @(en,val)
```

```
    begin
    if(en == 1'b1) out <= val;
    end
endmodule
```

程序说明：

(1) 寄存器是组成时序电路的最基本元件，在 CPU 中寄存器常被用来暂存各种信息，如数据信息、地址信息、控制信息等，以及与外部设备交换信息。本例中的寄存器用作暂存立即数以及中间结果。寄存器结构如图 8-6 所示。图中，clk、en、in 为输入端口，out 为输出端口。这些寄存器在时钟上升沿到来时获得输入数据 in，en 控制 out 信号的输出时刻。

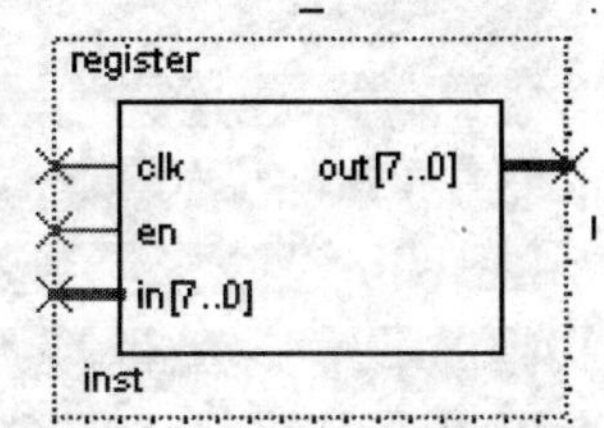

图 8-6　寄存器结构图

(2) 该寄存器是 8 位寄存器，输入 in 和输出 out 均为 8 位。在编制程序时，要注意可在寄存器中存放数的范围，以防止越界。

【例 8-6】 通用寄存器文件。本设计包含 4 个通用寄存器。

```
module rf( rst,clk,r_w,enb,in,sel,out);
input rst,clk,enb,r_w;
input[7:0] in;
input[1:0] sel;
output reg[7:0] out;
reg[7:0] reg_file[0:3];
integer i;
always @(posedge rst, posedge clk)
   begin
        if(rst) begin
                        for(i=0;i<3;i=i+1) reg_file[i]=0;
                end
        else
           begin
                if(enb == 1)
                    begin
                        if(r_w==0)       //写 register
                            begin
                                case (sel)
                                    2'b00:
                                        reg_file[0] <= in;
                                    2'b01:
                                        reg_file[1] <= in;
```

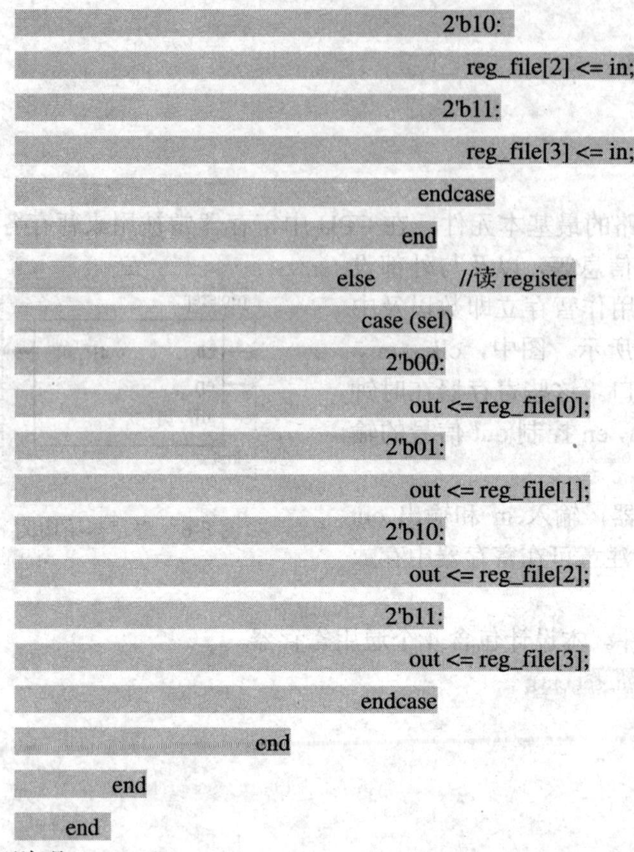

```
                        2'b10:
                            reg_file[2] <= in;
                        2'b11:
                            reg_file[3] <= in;
                    endcase
                end
            else                //读 register
                case (sel)
                    2'b00:
                        out <= reg_file[0];
                    2'b01:
                        out <= reg_file[1];
                    2'b10:
                        out <= reg_file[2];
                    2'b11:
                        out <= reg_file[3];
                endcase
        end
    end
end
```

程序说明：

(1) 寄存器文件的结构如图 8-7 所示。图中 out 为输出端口，其余为输入端口。在执行指令时，寄存器文件中存放指令所处理的立即数，并且可对寄存器文件中的任一寄存器进行读/写。

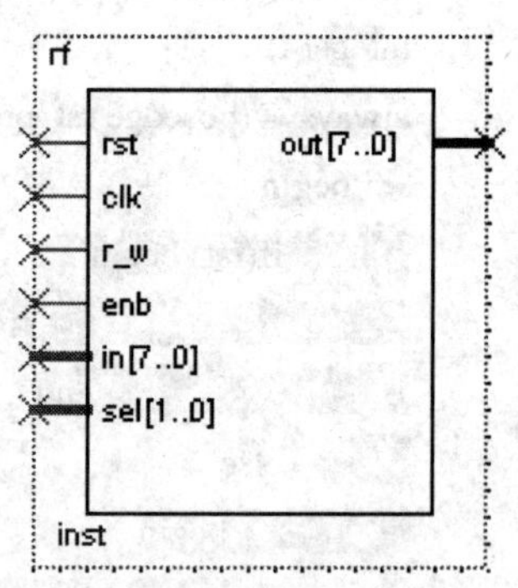

图 8-7　寄存器文件结构图

(2) 该寄存器文件相当于 4 × 8 位的 RAM。当向寄存器文件的一个单元写入数据时，首先输入 sel 作为单元地址，当 clk 上升沿到来时，若 r_w 和 enb 为有效电平，输入数据 in 就被写入该单元中；当从寄存器文件的一个单元读出数据时，首先输入 sel 作为单元地址，当 clk 上升沿到来时，若 r_w 和 enb 为有效电平，输出数据就会在 out 端口输出。

【例 8-7】 二选一多路选择器，用于选择立即数或者寄存器数据。

```
endmodule
module mux21(sel,in1,in2,out);
input sel;
input[7:0] in1,in2;
output[7:0] out;
```

```
    assign out=(sel)?in2:in1;
  endmodule
```

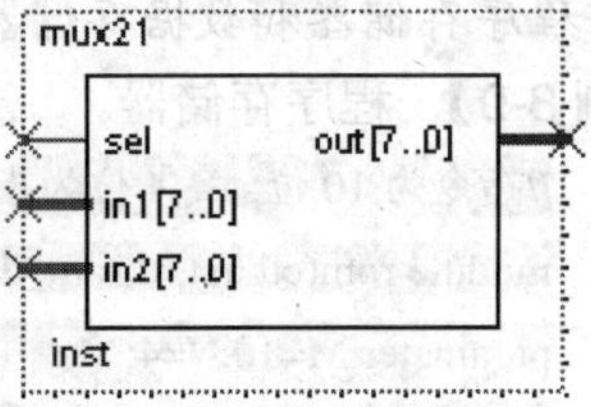

程序说明：

二选一多路选择器的结构如图 8-8 所示。图中，out 为输出端口，其余为输入端口。sel 信号控制着将哪个输入信号输出到 out。当 sel 为 0 时，out=in1；当 sel 为 1 时，out=in2。

图 8-8　多路选择器结构图

【例 8-8】 数据路径顶层文件。

```
module dp( rst,clk,r_wf,en_rf,en_reg,en_alu,en_imm,sel_rf,
sel_alu,sel_mux,imm,alu_zero,reg_sel,reg_out);
input rst,clk,r_wf,en_rf,en_reg,en_alu,en_imm;
input[7:0] imm;
input[1:0] sel_rf,sel_alu;
input sel_mux;
output reg[1:0] reg_sel;
output reg[7:0] reg_out;
output alu_zero;
wire[7:0] op1,op2,alu_out,out_imm,out_rf;

register register0(.clk(clk),.en(en_reg),.in(op1),.out(op2));
register register1(.clk(clk),.en(en_imm),.in(imm),.out(out_imm));
mux21 mux0(.sel(sel_mux),.in1(out_imm),.in2(out_rf),.out(op1));
alu alu0(.clk(clk),.en(en_alu),.sel(sel_alu),.in1(op1),.in2(op2),.out(alu_out),
         .alu_zero(alu_zero));
rf rf0(.rst(rst),.clk(clk),.r_w(r_wf),.enb(en_rf),.in(alu_out),.sel(sel_rf),.out(out_rf));

always @(posedge clk)
   begin
   reg_sel <= sel_rf;
   reg_out <= alu_out;
   end
endmodule
```

程序说明：

(1) 数据路径是由下层元件实例化而成的，其结构如图 8-4 所示。

(2) 数据路径的功能就是在控制器的控制下对数据进行相应的运算处理，包括多路选择、算术运算、逻辑运算等。

(3) 该模块在对下层元件实例化时，采用的是名称关联法。

2) 程序存储器和数据存储器

【例 8-9】 程序存储器。

```
//指令为 10 位: 高 4 位为指令码; 中间两位为寄存器; 低 4 位为立即数
module rom(clk,rst,rd,rom_data,rom_addr);
parameter M=10,N=4;                    //4 根地址线、10 位数据的存储器
input clk,rst,rd;                      //rd 读使能信号
input[N-1:0] rom_addr;
output reg[M-1:0] rom_data;
reg[M-1:0] memory[0:2**N];             //4 根地址线、8 位数据的存储器
always @(posedge clk,posedge rst)
if(rst)
   begin: init                         //该顺序块用于初始化 ROM 值
      integer i;
      memory[0]=10'b0011_00_0000;   //MOV R0,#0;
      memory[1]=10'b0011_01_1010;   //MOV R1,#10;
      memory[2]=10'b0011_10_0001;   //MOV R2,#1;
      memory[3]=10'b0011_11_0000;   //MOV R3,#0;
      memory[4]=10'b0110_01_1000;   //JZ R1,NEXT;
      memory[5]=10'b0100_00_0100;   //ADD R0,R1;
      memory[6]=10'b0101_01_1000;   //SUB R1,R2;
      memory[7]=10'b0110_11_0100;   //JZ R3,Loop
      memory[8]=10'b1000_00_1010;   //MOV 10H,R0
      memory[9]=10'b1111_00_1001;   //halt
      for(i=10;i<(2**N);i=i+1)         //存储器其余地址存放 0
            memory[i] = 0;
   end
else
   begin: read                         //该顺序块用于读取 ROM 值
      if(rd) rom_data=memory[rom_addr];
   end
endmodule
```

程序说明:

(1) 程序存储器的仿真结果如图 8-9 所示。

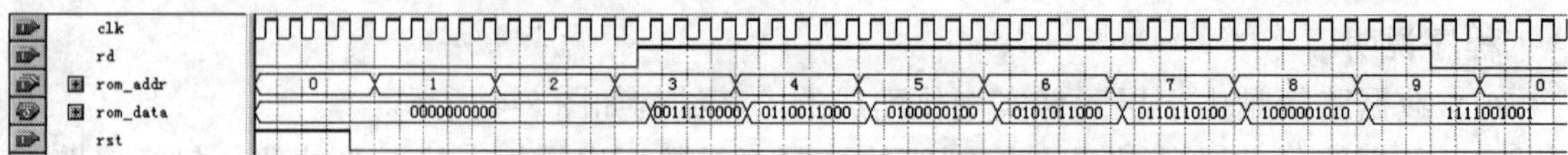

图 8-9　程序存储器仿真波形图

从图中波形可以看出，该设计正确。

(2) 程序存储器的初始化有多种方式，可以通过编程器进行编程，也可以通过在系统编程的方式进行编程，等等。

【例 8-10】 数据存储器。

```
module ram(clk,rd,wr,cs,addr,datain,dataout);
parameter M=8,N=4;                          //4 根地址线、8 位数据
input rd,wr,cs,clk;
input[N-1:0] addr;
input[M-1:0] datain;
output[M-1:0] dataout;
reg[M-1:0] memory[0:2**N];                  //4 根地址线、8 位数据的存储器
reg[M-1:0] temp;
assign dataout=temp;
always @(posedge clk)
  begin:p0
  if(cs)
     if(rd) temp<=memory[addr];
     else if(wr) memory[addr]<=datain;
  else temp<='bz;
  end
endmodule
```

程序说明：

(1) 数据存储器的设计与 RAM 的设计方法完全相同，其仿真可参照 RAM 的仿真方法进行。

(2) 数据存储器可读可写，因此不用初始化。

3) 控制器部分

控制器提供必要的控制信号，使得数据流通过数据路径后达到预期的功能。控制器部分使用状态机技术来实现，这个状态机根据当前的状态和输入的信号值，输出更新后的状态和相应的控制信号。

【例 8-11】 控制器。

```
module ctrl(rst,start,clk,alu_zero,r_wf,en_rf,en_reg,en_alu,
        en_imm,sel_rf,sel_alu,sel_mux,imm,PC,IR,ROM_en,wr_ram,cs_ram,addr_ram);
input rst,start,clk;
input alu_zero;
input[9:0] IR;
output reg r_wf,en_rf,en_reg,en_alu,en_imm;
output reg[1:0] sel_rf,sel_alu;
output reg sel_mux;
output reg[7:0] imm;
output reg[3:0] PC;                   //16 个地址
```

```
output reg ROM_en;
output reg wr_ram,cs_ram;              //RAM 接口信号
output reg[3:0] addr_ram;
parameter s0=5'b00000,s1=5'b00001,s2=5'b00010,s3=5'b00011,s4=5'b00100,
          s5=5'b00101,s5_2=5'b00110,s5_3=5'b00111,
          s6=5'b01000,s6_2=5'b01001,s6_3=5'b01010,s6_4=5'b01011,s6_5=5'b01100,
          s7=5'b01101,s7_2=5'b01110,s7_3=5'b01111,s7_4=5'b10000,s7_5=5'b10001,
          s8=5'b10010,s8_2=5'b10011,s8_3=5'b10100,s9=5'b10101,done=5'b10110,
          s10=5'b10111,s10_2=5'b11000,s10_3=5'b11001,s10_4=5'b11010;
reg[4:0] state;
parameter loadi=4'b0011, add=4'b0100, sub=4'b0101, jz=4'b0110,
store=4'b1000,halt=4'b1111;
reg[3:0] OPCODE;
reg[3:0] address;
reg[1:0] register;
integer value,value1,value2;
always @(posedge rst,posedge clk)
  begin
    sel_mux=1'b1; en_rf=0; en_reg=0; en_alu=0; en_imm=0;
    ROM_en<=0;                         //ROM 输出控制信号
    wr_ram<=0; cs_ram<=0;              //RAM 接口信号
    addr_ram<=0;
    if(rst)
     begin
      state<=s0;
         PC<=0;
     end
    else
     begin
      case(state)
        s0:                            //系统复位后的状态
      begin
         PC = 0;
         if(start == 1'b1)
           state <= s1;
         else
           state <= s0;
       end
        s1:                            //取指令
```

```
    begin
      ROM_en<=1;
      state <= s2;
        end
      s2:                                           //取指令
    begin
          OPCODE = IR[9:6];
        register=IR[5:4];
          address= IR[3:0];
          state <= s3;
        end
      s3:                                           //PC 增 1
    begin
          PC = PC + 4'b1;
          state <= s4;
        end
      s4:                                           //指令译码
    begin
          case(OPCODE)
            loadi:                                  //根据指令译码结果选择相应的处理
              state <= s5;
            add:
              state <= s6;
            sub:
              state <= s7;
            jz:
              state <= s8;
            store:
              state <= s10;
         halt:
              state <= done;
            default:
              state <= s1;
          endcase
        end
      s5:
    begin                                           //装载立即数
      imm=address;
      en_imm=1;
```

```
            state <= s5_2;
      end
         s5_2:
      begin
        sel_mux=0;
        en_alu=1;
        sel_alu=2'b00;
            state <= s5_3;
      end
     s5_3:
      begin
        en_rf=1;
        r_wf=0;
        sel_rf=register;
            state <= s9;
      end
         s6:
      begin                                    //加
        sel_rf=IR[3:2];
        en_rf=1;
        r_wf=1;
            state <= s6_2;
      end
         s6_2:
      begin
        en_reg=1;
            state <= s6_3;
      end
         s6_3:
      begin
            sel_rf=register;
        en_rf=1;
        r_wf=1;
            state <= s6_4;
      end
         s6_4:
      begin
        en_alu=1;
        sel_alu=2'b10;
```

```
            state <= s6_5;
        end
          s6_5:
        begin
            sel_rf=register;
          en_rf=1;
          r_wf=0;
            state <= s9;
        end
          s7:
        begin                                            //减
          sel_rf=IR[3:2];
          en_rf=1;
          r_wf=1;
            state <= s7_2;
        end
          s7_2:
        begin
          en_reg=1;
            state <= s7_3;
        end
          s7_3:
        begin
            sel_rf=register;
          en_rf=1;
          r_wf=1;
            state <= s7_4;
        end
          s7_4:
        begin
          en_alu=1;
          sel_alu=2'b11;
            state <= s7_5;
        end
          s7_5:
        begin
            sel_rf=register;
          en_rf=1;
          r_wf=0;
```

```
            state <= s9;
      end
        s8:
      begin                                           //跳转
        en_rf=1;
        r_wf=1;
        sel_rf=register;
        state<=s8_2;
      end
     s8_2:
      begin
        sel_mux=1'b1;
        en_alu=1;
        sel_alu=2'b01;
            state <= s8_3;
      end
     s8_3:
      begin
            if(alu_zero==1)
           PC <= address;
            state <= s9;
      end
        s9:                                           //返回并处理下一条指令
            state <= s1;
        s10:                                          //存储
       begin
          sel_rf=register;
          en_rf=1;
          r_wf=1;                                     //从寄存器文件中读出结果
              state <= s10_2;
       end
        s10_2:
      begin
        sel_mux=1'b1;
            state <= s10_3;
      end
        s10_3:
      begin
        en_alu=1;
```

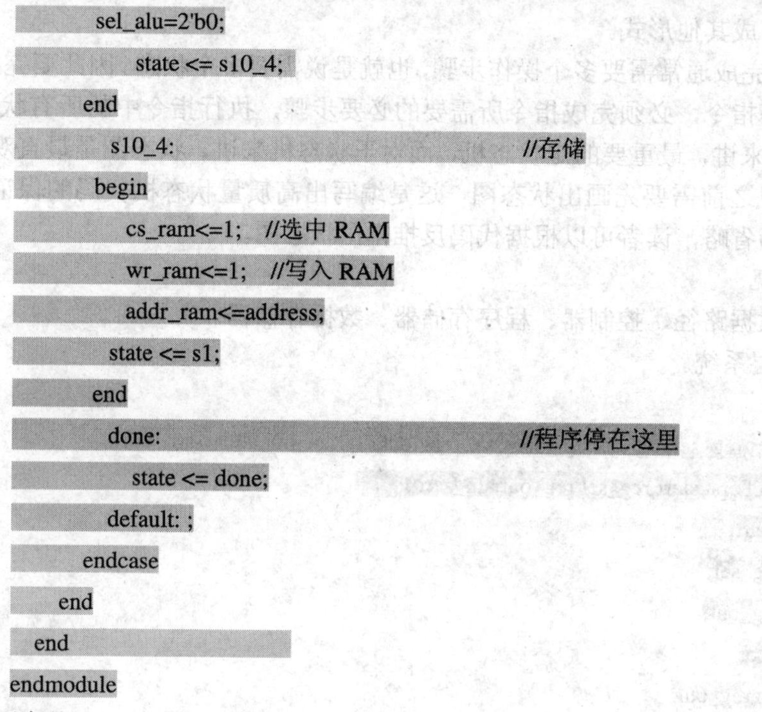

```
            sel_alu=2'b0;
                state <= s10_4;
            end
            s10_4:                                          //存储
            begin
                cs_ram<=1;   //选中 RAM
                wr_ram<=1;   //写入 RAM
                addr_ram<=address;
                state <= s1;
            end
            done:                                           //程序停在这里
                state <= done;
            default: ;
        endcase
    end
  end
endmodule
```

程序说明：

(1) 控制器结构如图 8-10 所示。图中左边为输入信号，右边为输出信号。控制器的主要功能是对输入的指令 IR 进行译码，然后产生数据路径各部件按指令要求进行操作所需要的控制信号。

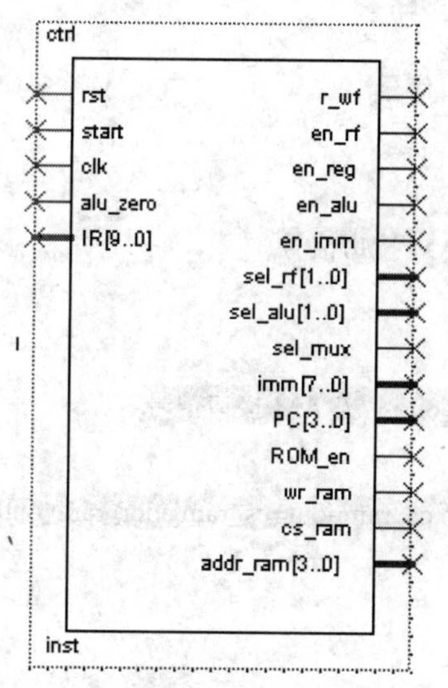

图 8-10　控制器结构图

(2) 由控制器的实现代码可以看出，控制器由一个 always 块构成，状态译码、寄存和输出均在此 always 块中产生。当然我们也可以将状态译码、状态寄存、输出在不同的 always 块中生成，这部分在前面已经介绍过，感兴趣的读者可以按照我们在状态机一章中介绍的方法，将控制器改写成其他形式。

(3) 一条指令的完成通常需要多个操作步骤，也就是说需要多个状态。因此要完成加法、减法、取数、存数等指令，必须完成指令所需要的必要步骤，执行指令中的所有状态。

(4) 对于控制器来讲，最重要的是状态机，而对于状态机来讲，状态图是最直观的表述方式。在设计状态机之前需要先画出状态图，这是编写出高质量状态机代码的保证。由于状态图较复杂，本书省略，读者可以根据代码反推得出状态图。

4) 顶层系统实现

顶层系统包括数据路径、控制器、程序存储器、数据存储器。

【例 8-12】 顶层系统。

```
module
cpu(clk,rst,start,reg_sel,reg_out,alu_zero,wr_ram_out,cs_ram_out,addr_ram_out);
//module cpu(clk,rst,start,reg_sel,reg_out,alu_zero);
input clk,rst,start;
output[1:0] reg_sel;
output[7:0] reg_out;
output alu_zero;
wire[7:0] imm,reg_out;
wire[1:0] sel_rf,sel_alu,reg_sel;
wire sel_mux;
wire r_wf,en_rf,en_reg,en_alu,en_imm,alu_zero;
reg clk1,clk2;

wire[3:0] PC;   //ROM 接口信号
wire ROM_en;
wire[9:0] IR;
wire wr_ram,cs_ram;   //RAM 接口信号
wire[3:0] addr_ram;

output wr_ram_out,cs_ram_out;   //RAM 接口信号
output[3:0] addr_ram_out;
assign wr_ram_out=wr_ram,cs_ram_out=cs_ram,addr_ram_out=addr_ram;

always @(posedge clk)
  begin
clk2<=clk1;clk1<=~clk2;                //二分频
  end
  dp datapath(rst, clk2, r_wf, en_rf, en_reg, en_alu, en_imm, sel_rf,sel_alu, sel_mux, imm,alu_zero, reg_sel,
reg_out);
  rom rom_instruction(clk2,rst,ROM_en,IR,PC);
```

```
ram ram_data(clk1, ,wr_ram,cs_ram,addr_ram,reg_out, );
ctrl control(rst,start,clk1,alu_zero,r_wf,en_rf,en_reg,en_alu,en_imm,sel_rf,
                sel_alu,sel_mux,imm, PC,IR,ROM_en,wr_ram,cs_ram,addr_ram);
//ctrl
control(rst,start,clk1,alu_zero,r_wf,en_rf,en_reg,en_alu,en_imm,sel_rf,sel_alu,sel_mux,imm,
PC,IR,ROM_en);
endmodule
```

程序说明：

(1) 顶层系统结构如图 8-3 所示。从图中可以看到数据路径、控制器、程序存储器、数据存储器这四个部分。

(2) 顶层系统的功能就是将各个模块连接起来，形成一个整体，进而可以对该系统进行仿真验证。

(3) 该模块在对下层元件实例化时，采用的是位置关联法。

8.3　专用处理器的仿真验证

在编辑仿真波形文件时，要将 CPU 的主要功能部件的输入/输出信号、各部件的控制信号、系统时钟信号加入到波形激励文件中，因为只有根据输入端口的工作特性，在输入端加入适当的激励信号波形，才能使仿真达到应有的测试效果。

仿真时，取 clk 的时钟周期为 10 ns，也就是工作时钟为 100 MHz。clk1、clk2 是 clk 的 4 分频信号，工作频率为 25 MHz，两者同频不同相，主要用于协调各部件的运行。其他重要的端口包含 rst、start、reg_out、reg_sel、addr_ram_out、cs_ram_out、wr_ram_out 和控制器中的 state、PC、rom_data。其中，reg_sel 为寄存器文件中的寄存器选择信号，reg_out 为寄存器数据端口，addr_ram_out、cs_ram_out、wr_ram_out 分别为数据存储器的地址信号、片选信号、读写控制信号，控制器中的 state 为状态机信号，PC 为程序计数器，rom_data 为 ROM 中的数据。

仿真波形如图 8-11 和图 8-12 所示。图 8-11 是完整的仿真波形，图 8-12 是从图 8-11 中截取的部分仿真波形。从图 8-12 中可以看出，该专用处理器完成了累加的功能，累加的结果为 55，并存储于 RAM 的 10H 地址处。此仿真结果表明该设计是正确的。

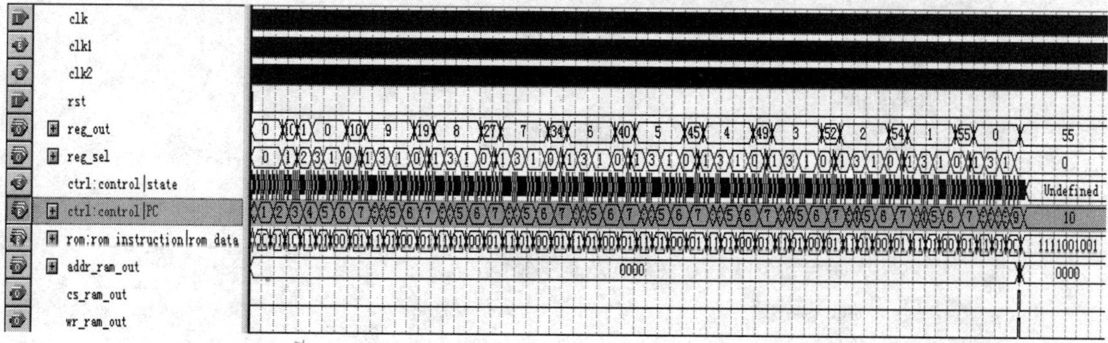

图 8-11　仿真输出波形

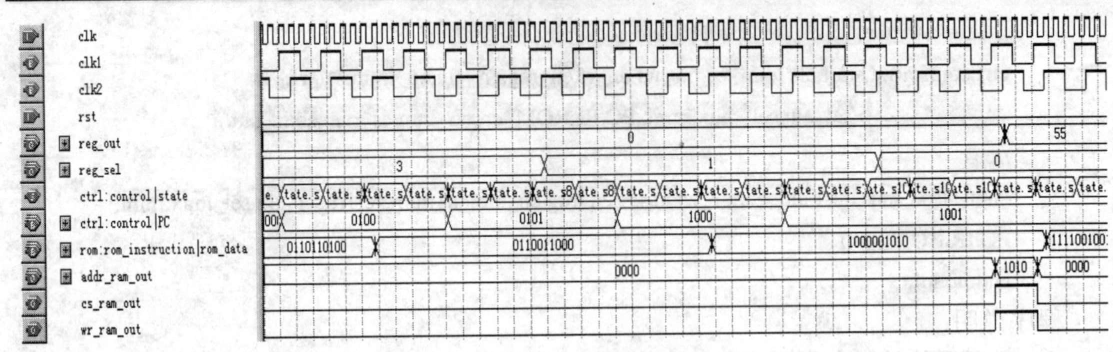

图 8-12　部分仿真输出波形(放大)

下面我们来分析系统复位和第一条指令的执行过程，该过程的仿真波形如图 8-13 所示。

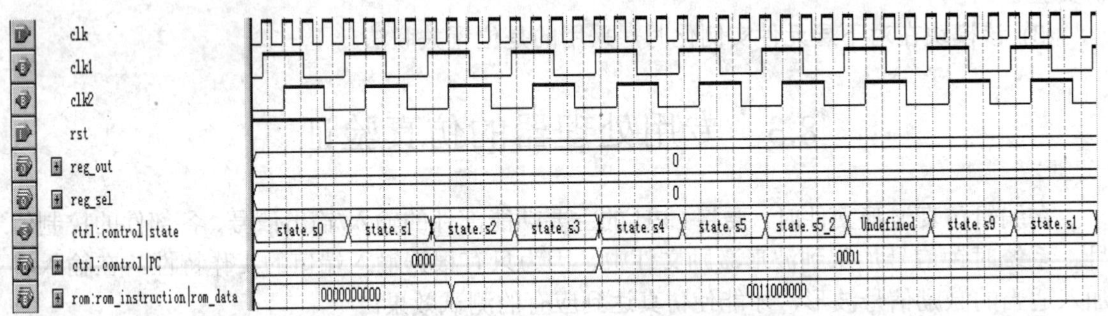

图 8-13　复位和第一条指令的执行

根据图 8-13 可知，复位过程和第一条指令的执行过程说明见例 8-13 所摘录的程序代码的注释。其中，复位有 1 个步骤，第一条指令执行有 6 个步骤。

【例 8-13】 用于说明复位和第一条指令的代码。

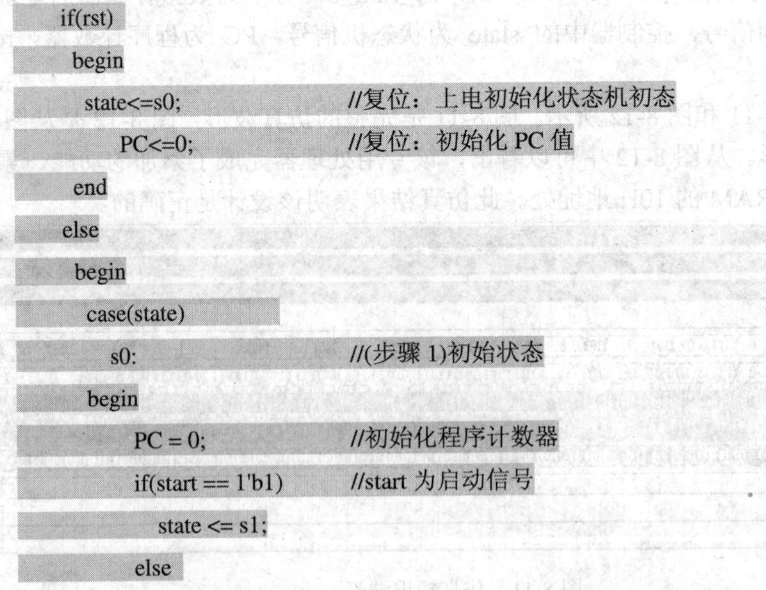

```
if(rst)
  begin
    state<=s0;                //复位：上电初始化状态机初态
        PC<=0;                //复位：初始化 PC 值
  end
else
  begin
    case(state)
        s0:                   //(步骤 1)初始状态
      begin
            PC = 0;           //初始化程序计数器
            if(start == 1'b1) //start 为启动信号
              state <= s1;
            else
```

```
                state <= s0;
            end
        s1:                                //(步骤 2)取指令
        begin
          ROM_en<=1;                       //使能 ROM 输出
          state <= s2;
            end
        s2:
        begin
            OPCODE = IR[9:6];   //将指令分开存储在不同信号中
          register=IR[5:4];
            address= IR[3:0];
            state <= s3;
            end
        s3:                                //(步骤 3)使 PC 增 1
        begin
            PC = PC + 4'b1;
            state <= s4;
            end
        s4:                                //(步骤 4)指令译码
        begin
            case(OPCODE)
                loadi:                     //译码后该指令为取立即数
                    state <= s5;
                add:
                    state <= s6;
                sub:
                    state <= s7;
                jz:
                    state <= s8;
                store:
                    state <= s10;
            halt:
                    state <= done;
                default:
                    state <= s1;
            endcase
        end
```

```
        s5:
      begin                      //(步骤 5)装载立即数进入通用寄存器
        imm=address;             //将立即数交给 imm 信号
        en_imm=1;                //将 imm 存入寄存器
            state <= s5_2;
      end
        s5_2:
      begin
        sel_mux=0;               //用多路选择器选择 imm 输出
        en_alu=1;                //使能 ALU
        sel_alu=2'b00;           //使 imm 直通输出
            state <= s5_3;
      end
     s5_3:
      begin
        en_rf=1;                 //使能寄存器文件
        r_wf=0;                  //写有效
        sel_rf=register;         //选择写入的寄存器号
            state <= s9;
      end
        s9:                      //(步骤 6)第一条指令执行完毕！返回取第二条指令继续
            state <= s1;
      endcase
    end
```

关于其他指令的执行过程，读者可对照代码进行分析，在此不再赘述。

我们也可以将该设计引脚锁定，建立 SignalTap 文件，引出相应的引脚，然后将设计编译下载到硬件 FPGA 板中，通过 Quartus Ⅱ内嵌的逻辑分析仪观察。硬件的验证结果同以上仿真结果，这同样说明了设计的正确性。

8.4　小　　结

本章讨论了以下知识点：

❖ 专用处理器的组成结构以及实现技术。越来越多的专用处理器应用于嵌入式系统中，这对嵌入式系统的应用和发展起到了很大的推动作用。

❖ 本章完成了一个功能简单的专用处理器的设计，该设计用 FPGA 实现，因此具有很高的灵活性。该设计可以看做是一个专用处理器的原型产品，我们可以在此基础上增加元器件，比如可以在寄存器文件模块中增加更多的特定功能寄存器，也可以在 ALU 中完成更多的算术逻辑功能，如移位、计数等功能，这样就可以形成一个功能更强大的专用处理器，甚至可以构建一个通用处理器。

❖ CPU 的设计是一个非常综合的设计，通过对该设计的学习和理解，可以进一步加深对 Verilog HDL 的认识，加强对 Verilog HDL 相关语法的理解。

习　题　8

1. 根据控制器中状态机的描述，说明指令“ADD R0,R1;”的执行过程。

2. 根据控制器中状态机的描述，说明指令“MOV 10H,R0”的执行过程。

3. 对专用处理器进行修改，为其增加一条装载指令 LOAD，其功能是从数据存储器的某个地址取出数据并放入寄存器文件中。给出 LOAD 指令的运算流程，对控制器的状态机作相应的修改。

4. 根据控制器的代码，画出与控制器中的状态机相对应的状态图。

提示：控制器的代码是根据状态图得出的。同样，要读懂代码，首先要清楚与该代码对应的状态图，所以画出状态图是读懂代码的第一步。

5. 请读者为本设计增加单步执行功能。通过单步执行功能再配合 Quartus Ⅱ内嵌的逻辑分析仪功能，就可以观察到指令的每个周期的执行过程。

参 考 文 献

[1]　[美] Vahid Frank，Givargis Tony. 嵌入式系统设计[M]. 骆丽，译. 北京：北京航空航天大学出版社，2004.

[2]　[美] Palnitkar. Verilog HDL 数字设计与综合[M]. 夏宇闻，等，译. 北京：电子工业出版社，2004.

[3]　夏宇闻. Verilog 数字系统设计教程[M]. 北京：北京航天航空大学出版社，2008.

[4]　潘松，黄继业. EDA 技术与 VHDL[M]. 2 版. 北京：清华大学出版社，2007.

[5]　杭州康芯电子有限公司. EDA 技术实验讲义. 2008.

[6]　IEEE Std 1364-2001. IEEE standard Verilog hardware description language. 2001.

[7]　贺敬凯. 基于 FPGA 的信号发生器的设计[J]. 深圳信息职业技术学院学报，2008，2.

[8]　贺敬凯. 基于 FPGA 的专用 CPU 的设计[J]. 深圳信息职业技术学院学报，2008，4.

[9]　贺敬凯. 时序逻辑电路设计方法浅析[J]. 深圳信息职业技术学院学报，2009，2.

[10]　李洪伟，袁斯华. 基于 Quartus II 的 FPGA/CPLD 设计[M]. 北京：电子工业出版社，2006.

[11]　EDA 先锋工作室. Altera FPGA/CPLD 设计[M]. 北京：人民邮电出版社，2005.